ちくま学芸文庫

仮面の道

クロード・レヴィ=ストロース
山口昌男 渡辺守章 渡辺公三 訳

筑摩書房

《仮面の道》　目次

第1部　仮面の道

第一巻

- I　9
- II　11
- III　30
- IV　63
- V　82

第二巻

- VI　96
- VII　119
- VIII　120
- IX　140

第2部 三つの小さな旅 233

仮面の道

第1部　仮面の道

第一巻

アメリカ自然史博物館の北西岸部に関する展示室（ニューヨーク）

I

一九四三年に私はこう書きとめて置いた。「ニューヨークには、幼年期の夢が一堂に集まったような魔法の場所がある。そこでは、歳月を経たトーテム柱が歌い、また語りかけ、奇妙なオブジェが、不安気に凝固した表情で訪問客の方を窺い、また人間離れした優しさをもつ動物たちが、小さな前脚を人間の手のように合わせて、こう祈っているように見える、選ばれた者のためにビーバーの宮殿を築き、海豹《あざらし》の王国の案内人となり、あるいは神秘的な抱擁のうちに、蛙や川蟬の言葉を教える特権を委ねて欲しい、と。ここに言うのは、時代遅れではあるが、奇妙にも有効な展示の仕方のおかげで、仄暗がりに光のさす洞穴に入って、過去の稀らしい宝物の崩れんばかりの山を前にしたような感動を与える、予想外の魅力をもっている場所で、毎日十時から五時までは誰でも訪れることのできる、あの「アメリカ自然史博物館」の一隅である。そこは一階の広い部屋で、アラスカからブリテイシュ・コロンビアに至る太平洋北岸のインディアン諸族の展示がなされている」。

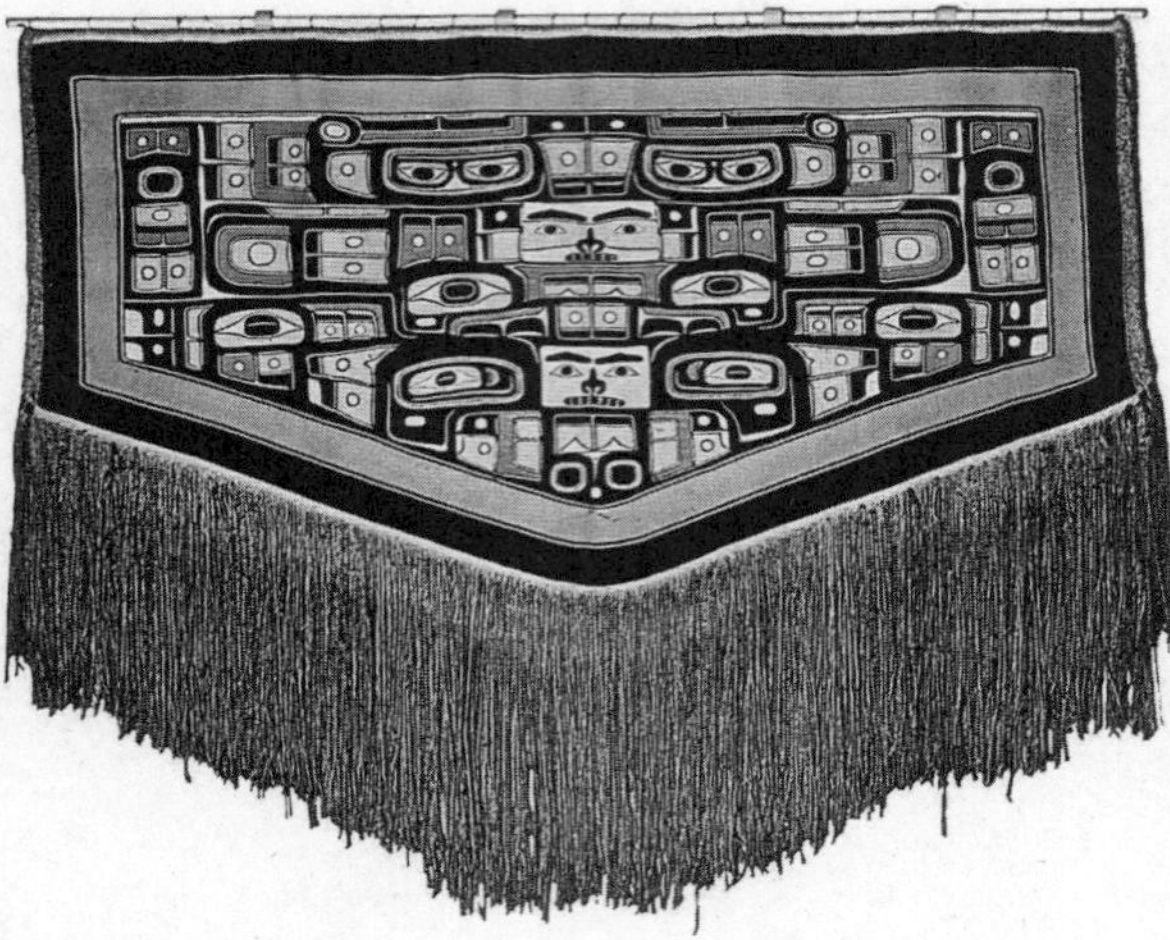

チルカット織りのケープ

「この地域から蒐集された収蔵品が民族学博物館を出て、美術館の、古代エジプトもしくは古代ペルシャと中世ヨーロッパ部門の間に陳列される日が、遠からずやってくるに違いない。と言うのも、これらの芸術は、第一級の芸術作品に較べても遜色がないばかりではなく、また我々が知るようになってからの一世紀半の間に、その多様性においては、あれら第一級の芸術品を遥かに凌駕するものを持ち、さらには常に新しい様式を生みだす可能性を明らかにしてきたからである」。

（……………………………）

「この一世紀半の間に、一つならず十指に及ぶ多様な形の芸術が生れ、発展していった。十九世紀にはまだ広く知られていなかったチルカット族の刺繍入り袖なしマント——それは苔から取り出した強烈な黄色、杉の樹皮から抽出した黒、それに緑青《ろくしょう》の青を加えただけで最高度の織物の域に達したが——から、黒曜石のごとくに輝くあの絶妙な粘土板彫刻——鉄器を所有しながらその鉄器によって滅びていく工芸は、絢爛たるデカダンスのうちに骨董と化していった——に至るまで、様々なものがあった。その間には、数年しか続かなかった途方もない流行もあり、舞踊用髪飾りで、真珠貝に彫刻された形が紋章となり、毛皮か白い羽毛で縁取りされ、そこから、耳飾りのように夥しく白貂の毛皮の垂れ下ったものもあった。こうした絶えざる改変を試み、工夫すれば、どのような局面であれ、成功疑いなしという確信を抱き、先人の道は絶対に歩まないという態度をとることによって、常

彫刻のほどこされた粘土製パイプ（ハイダ族）

(左) 家の柱（トリンギット族）
(右) おっとせいを象った大魚撲殺用の棍棒（トリンギット族）

家の柱（ハイダ族）

に新しい即興への志向が生れ、その新たな即興が確実に紛れもない成果へと繋っているわけであるが、こうした事態を我々が想像するためには、ピカソのごとき人物が辿った全く例外的な生涯の出現を待たなければならなかった。ただそこで違うのは、三十年間我々が息を詰めて見つめて来た一人の人物のスリルに満ちた実験を、一土着文化全体が、百五十年あるいはそれ以上もの長期に亙って実行してきたという点である。というのも、この多様な芸術が、今なお未知のその遥かな起源から、同じリズムで発達しては来なかったと考える根拠は、我々にはないからである。しかしながら、発掘された幾つかの石器類によれば、この芸術には、非常に古い時代の作品にもはっきり見てとれる強烈な個性が認められるが、但しこの古い時代《アルカイック》という用語は、アメリカ考古学に適用した場合に通用する相対的な意味での、非常に古い時期という意味ではあるが」。

「ともあれ十九世紀末にはまだ、アラスカ湾からヴァンクーヴァーの南まで、大陸沿岸および島々には、村落は数珠のように連なっていた。北西岸の部族は、その最盛期には十万から十五万の人口を数えた。この数は、新大陸のこの辺境において、このような力強い表現力やそのゆるぎない技法が、人口密度一平方キロ当り僅か〇・六人、地域によっては〇・一人という住民によって磨き上げられたことを考えれば、微々たるものと言えよう。南下北部には、トリンギット族の鋭い詩的な想像力にみちた彫刻や凝った装飾品がある。南下すれば、ハイダ族と、その力強い記念碑的作品がある。ハイダ族に比肩されるツィムシアン族は、恐らくより人間味のある感受性の持ち主である。ベラ・クーラ族の仮面は、派手で大袈裟な様式の仮面であり、コバルト・ブルーが支配的である。奔放な想像力のクワキウトル族は、舞踊のための仮面を作り出すに際しては、ありとあらゆる途方もない形態や色彩を用いた。ヌートカ族では、もっと控え目な写実が働く。そして最後に、南端に位置するサリシュ族では、極めて単純化されたその様式は、角張ってニュアンスを欠き、図式的であり、北部からの影響は消えている」。

（……………………………………………………………）

▲バークリー海峡地域の「歓待の像」と呼ばれる彫像（ヌートカ族）

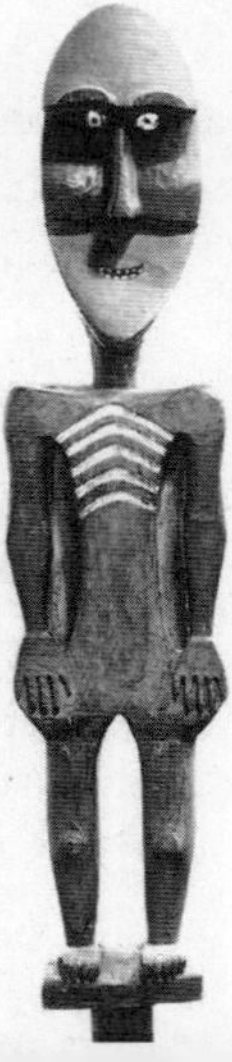

▼サリシュ族の彫像

「成人式の儀礼の見物たちにとって、これらの舞踊用仮面が突然半分に割れて、第二の顔が、また時にはその背後からさらに第三の顔が、いずれも神秘と威厳を帯びて現われる時に、それは超自然的なものの遍在と、神話の突然の氾濫の証しとなる。日常生活の安逸を破壊するこうした未開からの言葉《メッセージ》には、実に強烈なものがあり、今日でも、陳列ケースで囲う予防策程度のことでは、その伝達力を妨げられるものではない。この〈生きた列柱〉〔ボードレールの詩「万物照応《コレスポンダンス》」〕に満ちた展示室を、一、二時間歩き回っていただきたい。もう一つの〈照　応《コレスポンダンス》〉を通じて、詩人の言葉が、家の梁を支える彫刻柱に託された土着的な言い廻し《ロキユシヨン》を正確に翻訳しているのである。すなわちこの柱は、事物と言うよりも〈親しい目差《まなざし》をもった〉生き物であり、迷いや苦痛の日々には、柱自体も〈混沌とした言葉〉を発するのであり、その家に住む者を指導し、助言を与え、元気づけ、さらには困難を乗り越える道を示してもいるのだ。現在でも、それらに死んだ棒杭しか見なかったり、そのおし殺された声に耳をかさずにおくには、努力がいるほどである。同様に、陳列ケースのガラス越しに、陰鬱な顔の背後で、翼の代りに嘴を鳴らしている〈人食い鳥〉や、巧みに操作できる目の瞬きによって潮の満干を司る〈潮の支配者〉を、思い浮べないでいることも殆んど不可能なのである」。

「というのも、これらの仮面の殆んどは、からくりが素朴《ナイーヴ》であると同時に、強烈な効果を

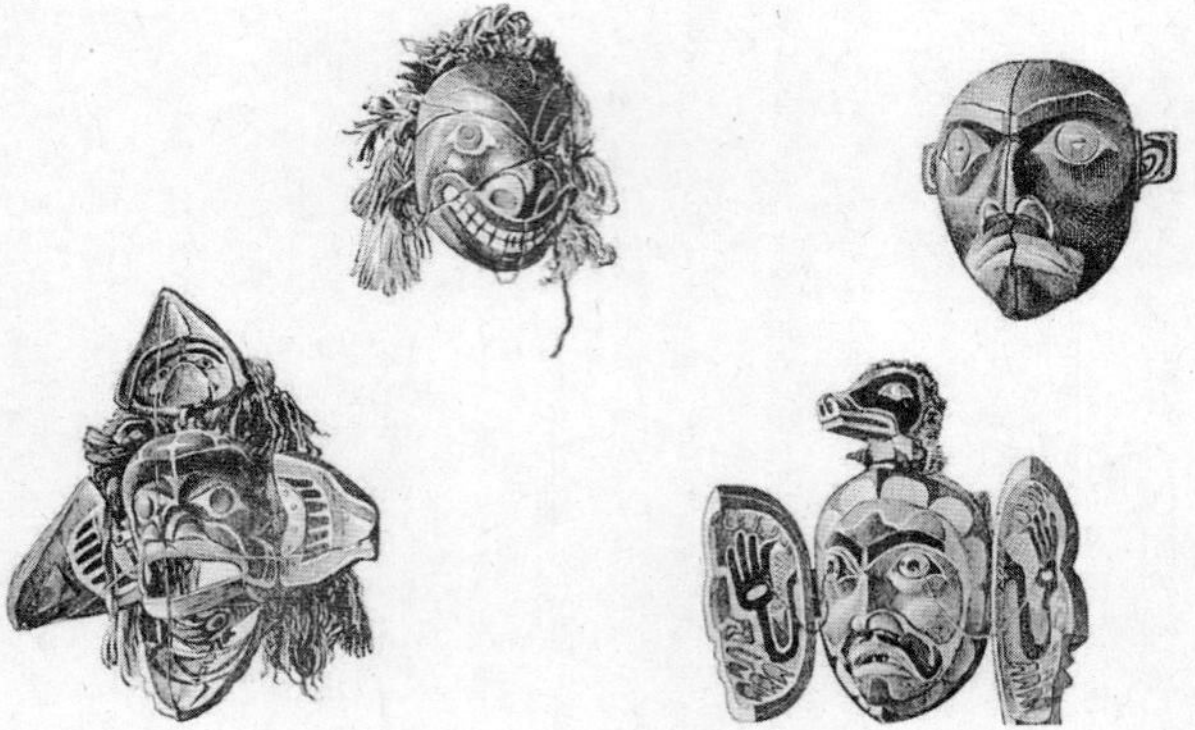

クワキウトル族の開閉できる仮面　開いた図〔上２点〕と閉じた図〔下２点〕

もっているからである。紐と滑車と蝶番の作動によって、その口は、恐怖の虜となっている成人式の受戒者を嘲笑し、目はその死を悼んで泣き、さらに嘴は屍体を貪ることもできるようになっている。この類いの芸術では他に例を見ないが、この仮面芸術の表現は、シャルトル大聖堂やエジプトの墳墓を飾る彫像の瞑想的な静謐と、カーニヴァルの喧騒の派手な仕掛けとを併せ持っている。これに匹敵するほど壮大かつ正統な伝統は、他の場合なら細切れにされて、縁日の出店や大聖堂に保存される類のものだが、ここではそれが始原的な統一体として生き続けている。こうした様々な要素を統合できるディオニュソス讃歌的な才能と、他の人間には差異と映じるものを同一なも

開閉できる仮面——開いた図と閉じた図（ハイダ族）

彩色彫刻入りの木箱（ツィムシアン族）

のと観る、殆んど怪物的とも言ってよい才能とが、恐らくは、ブリティシュ・コロンビアの芸術の例外的かつ、天才的な特徴をなしている。一つの陳列ケースから他のケースへ、一つの陳列品から隣の陳列品へ、時には同じ陳列品の一方の端から他の端へと移る度に、我々は、エジプトから十二世紀ヨーロッパへ、ササン朝ペルシャから郊外の縁日の回転木馬へ、ヴェルサイユ宮（その紋章や勝利の楯に見られる尊大な誇張と、殆んど恥知らずと言ってもよい造形的な隠喩や寓意の乱用も含めてだが）から、コンゴの密林へと移るような感じに捉われる。黒と赤の色彩が際立てている浅浮彫りの貯蔵函を、傍へ寄って眺めていただきたいが、その手法は純粋に装飾的であるように見える。伝統的な約束としては一応、熊、鮫あるいはビーバーの姿が描かれているはずだが、しかし芸術家を束縛するような強制力は、全く働いていない。というのも、これら

彩色彫刻入りの木棺（クワキウトル族）

人間を口にくわえた熊を象った彩色彫刻入りの木箱（ハイダ族）

の動物は同時に、正面からも背面からも、側面からもその姿を現わすからである。上と下から、外側と内側から、同時に見られているのだ。約束事と写実的手法の大胆極まる混淆によって、図案家である外科医は、動物の皮を剝ぎ、関節を外し、内臓を抜き取って、その解剖体のあらゆる部分が平行六面体の表面に符合するような新しい生き物を再構成し、さらに同時に函であり動物でもある、しかも同時にまた一匹ないし数匹の動物であり、一人の人間でもあるようなオブジェを造りだした。その函は、家の片隅で語りかけ、任された財宝をしっかり見守っており、その家はどう見てもそれ自体がもっと大きな動物の骨格であって、そこにぱっくりと開いた口である入口からはいりこむと、内部には、愛すべきものや悲愴なものが、百面相のごとくに立ち並んでいる。人間や人間ならざるものの象徴の森である」。

もっと後になって、私は北西岸の別の蒐集品を知った。「アメリカ自然史博物館」の蒐集品であり、よくあることだが、責任ある館員の非常識のために、フランツ・ボアズの構想した展示の段階ではまだ充分認められていた魅力の多くが失われていた。マックス・エルンスト、アンドレ・ブルトン、ジョルジュ・デュテュイと私は、手分けして、当時の各人の資力の許すかぎり、ニューヨークの骨董商の出物を漁って、ずっと小規模のコレクシヨンを作った——今にして思えば、信じられないことだが、当時これらの作品は殆んど蒐集家の対象にもなっていなかった。もっとも、私の蒐集品は、一九五一年に手放さなくてはならなくなったのではあるが。一九四七年頃、私は大使館の文化参事官として、現在アメリカ西海岸のさる博物館に収蔵されている有名なコレクションをフランスのために手に入れる機会があった。売り主は、課税対象となるドルではなく、何点かのマチスやピカソを手に入れる方がよいと思っていた。努力の限りを尽してはみたが、私は、その時偶々ニューヨークに来ていたフランスの芸術政策の責任者たちを説得することはできなかった。その当時、フランスの国有コレクションのなかには、売りに出せる近代絵画がなかったのは事実であり、先に挙げた二人の芸術家に、この素晴しいコレクションの用益権または更に所有権を提供することを条件に、この二人の芸術家に直接当って頼んでみるといった私の考えは、非現実的だと判断されたのである。一度《ひとたび》フランスに渡れば、いずれこのコレクションが我々の博物館に入るだろうということは明らかであったのだが。

こうした苦い経験にもかかわらず、また恐らく幾分かはこうした経験があったからこそ、両大戦間の時期から、フランスの国有コレクションや、幾人かの古美術商のもとにあった数少ない作品に接して、私とアメリカ北西岸芸術との間に生れた肉体的とも言える絆は、決して弛むことがなかった。ごく最近も、この芸術が生れ発達した土地の近くで、そのことを再確認したが、それは、ヴァンクーヴァーとヴィクトリアの博物館を訪ね、その多くのものが偉大な先駆者に比肩するような熟練したインディアンの彫刻師、彫金師たちが鑿や彫刻刀を振るってその芸術を再生させているのを見た時のことであった。とは言うものの、何年もの間、このような崇敬の念には、常に或るこだわりがつきまとっていた。この芸術は、私に解けない問題を提起していたからである。ある種の仮面は、すべて同じタイプのものだが、その造りの特異な点が気になった。その様式や形態が奇妙なものに思われたのだ。どうしてこのような造形になるのかが分からなかった。確かに、彫刻家の鑿で深く抉られ、装飾的な付属物が付けられており、突出した目立つ部分があるにもかかわらず、この仮面はなにか大きな塊のような感じを与えるのだ。顔につけるように作られているはずだが、その殆んど凹みのない裏側が、顔にぴったり合うことはないのである。

人間の顔よりずっと大きいこれらの仮面は、上方では丸みを帯びているが、両側面の輪郭は内側へカーヴを描いてから、次第に平行線になるか、あるいは下すぼまりになる。こうして下方三分の一は、大体長方形か逆梯形の様相を呈している。下の端は全く水平で、あたかも途中で仮面を切ってしまったようである。このため下顎が失くなったような形となり、その中央に、浮彫りのある舌か朱塗りの大きな舌が垂れ下っている。仮面のほぼ三

スワイフウェ仮面（サリシュ系，マスキーム族）

分の一のところには、上顎が突き出している。そのすぐ上には鼻があり、ただ鼻だということを示している場合もあれば、鼻のない場合もあるが、多くはその代りに鳥の頭が飛び出していて、嘴は半開きになるか閉じている。また同じような鳥の頭が二つ三つ、角のように仮面の上部に付いているのもある。こうした鼻の形や、角の本数や位置によって、ある部族では、仮面はそれぞれ〈ビーバー〉〈鋸嘴《のこぎりくちばし》の鴨〉〈鳥〉〈蛇〉などと呼ばれ、ま

スワイフウェ仮面（コウィチャン族）

た他の部族では、〈ビーバー〉〈鋸嘴の鴨〉〈烏〉〈みみずく〉〈春鮭《はるさけ》〉などと呼ばれている。しかし、具体的な形態はどうであれ、基本的な形式は変らない。例えば、木製の円筒状の目玉がそれであり、不完全な彫刻をほどこされたもので、かつては白鳥や山鷲の羽根の王冠（あるものは純白で、他のものは上方だけが白い）を戴き、その王冠の間には、羽毛の玉飾りのある数本の細い棒がついていて、踊り手の動きにつれて揺れるようになっていた。さらに仮面の下部には大きな襟飾りがついていて、かつては硬い羽根で作られていたが、近年では刺繍した布になっている。しかし、古い写真に見られるこのような飾りを考慮に入れても、仮面の神秘的な様相は解き明かされぬばかりか、かえってその異形性が増すばかりである。なぜ口を大きく開け、垂れた下顎から大きな舌を突き出しているのか。なぜ一見、他の部分とは関係のない鳥の頭が、しかもおよそ異常な形で付いているのか。なぜ、あの突き出した目が、これら全ての様式の不変的な特徴をなしているのか。さらに言うならば、なぜあの殆んど悪魔的と言ってもよい様式が、生れたのであるか。周辺文化のみならず、その当の仮面が生れた文化の中においてさえも他に類似物の見出せないにもかかわらずである。

これらの疑問の全てに対して、私は、仮面もまた神話と同様、それを一つの孤立した対象として、それだけを、それだけで意味のあるものとして解釈することはできないということを理解するまで、解答を見出すことができなかった。意味論的な観点から考えれば、神話が意味を持つのは、変形された神話の群のなかに置き換えられてである。それと同様に、ある類型の仮面は、造型的な観点だけから見れば、他の類型の仮面に対して成立するものであり、それらの仮面の輪郭や色彩を変形させることで、その固有性を獲得するものなのだ。その固有性が他の仮面の固有性と対立するための、必要かつ充分な条件とは、最初の仮面が、一次的意味、あるいは二次的（文化的）意味として伝えるべきメッセージと、同じ文化あるいは周辺文化のなかで別の仮面が担うべきメッセージとの間に、同じ対比関係が成立していることである。従って、このような観点に立てば、次のことが確認されるはずである。すなわち比較するために対置した異なる類型の仮面の、それぞれに付与されている社会的ないし宗教的機能は、単にそこに物としてあるオブジェとして見た場合の仮面の、造型性、絵柄に託された意味、彩色などと、同じ変形の関係にあるということである。しかも、それぞれの類型の仮面には神話が結びついており、これらの神話は、これらの仮面の伝説的、超自然的起源を解明し、儀礼や、生産配分の関係、社会生活における仮面の役割を説明することを目的としているからこそ、芸術作品の領域にまで（しかしそれらは単に芸術作品であるだけではないが）、神話の研究（神話はやはり神話だが）で有効性の証明された方法を適用しようとするこの仮説は、純粋に造型的観点から見た仮面そのものの間で支配的な変形関係と等しい変形関係を、各タイプの仮面の成立神話の間にも、最終的に見出すことができるのならば、実証されることになるはずである。

この計画を実行に移すためには、まず我々に多くの謎を差し出して来ている仮面の類型を考察し、その仮面についてのあらゆる情報、すなわちその美的特徴、製作技術、使用目的、そこから期待される効果について、さらには、その起源、その外観、その使用条件などを説明した神話についての情報を、綜合的に蒐集することが重要である。いかにも、こうした大局的観点から集められた資料があって初めて、他の資料との有効な比較が可能となるからである。

II

これまで述べてきたタイプの仮面は、サリシュ語族に属する十二ほどのインディアン部族特有のものである。これらの部族は、それぞれ凡そ三百キロの長さに及ぶ二つの地域に分布している。すなわち大陸部では、フレーザー河口の南北を占め、ジョージア海峡の反対側では、ヴァンクーヴァー島の東部を占めている。この仮面は一般に〈スワイフウェ[1]〉と呼ばれているが、それはフレーザー河流域で使われている名称による。その他の地域における名称も、これと類似しているので、それらを全て列挙する必要はなさそうだが、あるとすれば、次のことを指摘しておくためであって、それは、この仮面が知られていないピュジェット海峡《サウンド》地域では、仮面を意味するスワイフウェと殆んど同じ〈スクウェクウエ〉という語が〈贈与儀礼《ポトラッチ》〉を意味していることである。この贈与儀礼とは、言うまでもなく、招待者がその席に招待された人々に富をばら撒くことによって、招待された者が居並ぶ前で、新たな位階への昇進、あるいは新たな地位への移行を認めさせる儀式である。

スワイフウェ仮面（サリシュ系，マスキーム族）

スワイフウェ仮面の踊り手が持つ〈がらがら〉。木のたがに通した板屋貝の貝殻で作られている（サリシュ族）

この〈仮面と〈贈与儀礼《ポトラッチ》〉の〉類似関係については、後ほど考えることにしよう。仮面を付けている者の衣裳を見ると、白色が際立っている。既に述べたように、襟は白鳥の羽根で作られているが、それは、踊り手が付ける腰蓑や脚絆、腕当て――時に海鴨《あび》の皮製のこともある――についても同じである。北方部族のクラフセ族やスライアムン族などでは、羽根の代りに光沢を帯びた種類の麦藁が使われるが、白いことに変りはない。仮面を付けた踊り手は、木の環に板屋貝《ペクテン》の貝殻を通して作った独特の〈がらがら〉を手にしている。カーティスがヴァンクーヴァー島のコウィチャン族を訪れた時には、彼らのなかにスワイフウェ仮面を所有する者が七人いて、〈贈与儀礼《ポトラッチ》〉の際に姿を現わしていたが、冬の儀礼の際には現われなかった。〈贈与儀礼《ポトラッチ》〉、またはそういった非宗教的祝宴を執り行おうとする者は誰でも、仮面の所有者に金銭を払って協力を得るのであった。彼らは、天を指さして踊るが、これは後で述べるように、彼らの祖先が天から降りて来たことを想起させるためである。フレーザー河口のマスキーム族は、上流の部族《グループ》から仮面を手に入れ、〈贈与儀礼《ポトラッチ》〉、婚礼、葬儀、および成人式に伴う非宗教的舞踊の際に使っている。この河口のいくつかの部族《グループ》においては、儀式道化がやや毛色の変った仮面を被り、スワイフウェ仮面の目を潰そうとするかのように、槍で攻撃をしかけ、踊り手たちは道化を追い払うような身振りをしたものである。

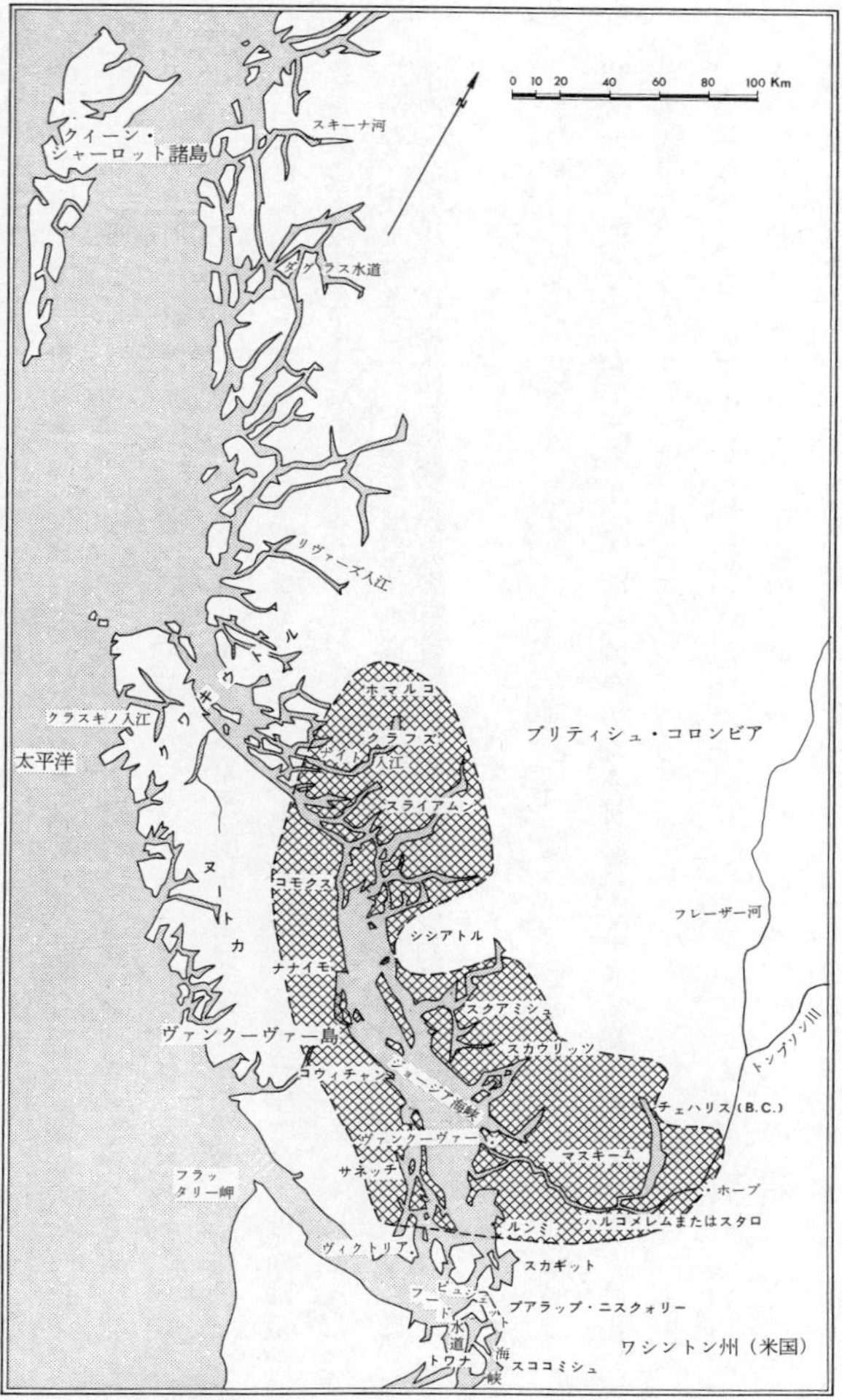

スワイフウェ仮面の分布図

スワイフウェ仮面と、儀式で仮面を付ける特権は、いくつかの上層の家系にのみ属している。この特権は、相続または婚姻によって継承されていく。すなわち、仮面の所有権を持った家系に属する女性は、その権利を、夫との間に儲けた子供に譲渡してきたのである。こうして仮面は、恐らく単一であったはずのその原点から広まっていき、大陸部からヴァンクーヴァー島に至るまで、またフレーザー河口から南北二百キロほどの地域に伝播していった経緯が説明できる。この島のコウィチャン族や、隣接のナナイモ族では、仮面は穢れを清める役割を果すために登場した。つまり、儀式の参加者を「洗い浄めた」のである。しかも、我々の考察している地域全体を通じて、仮面は幸運を授け、富の獲得を容易ならしめてきたのである。

この最後に挙げた仮面の機能は、どこでも見られ、従って、そこに仮面の持つ恒常的な特徴を見て取ることができるが、その起源をめぐる神話は、それが島系統のものか大陸沿岸系統のものかによって、はっきり異なっている。

島系統の説話《ヴエルシヨン》〔伝承〕では、仮面の祖先は初めに天から降りてきたと述べられている。その祖先の顔は、あらゆる点で現在の仮面とそっくりであった。まず二人の祖先が地上に降り立ち、程なく続いて到来した三人目の祖先を追放したが、その理由については、ある説話ではその体臭の所為《せい》だと述べ、他の説話では〈がらがら〉の音の所為だと述べているが、いずれにせよ、その体臭や音が鮭を驚かすのではないかと恐れたためである。四番目の祖先は、地上に辿り着くや地震を起した。祖先は総勢六人で、それぞれが特別な財物をもたらした。武器、狩猟や漁猟の道具、家財道具、魔法の薬などである。

〈がらがら〉を手にしたスワイフウェ仮面の踊り手
（コウィチャン族）

スワイフウェ仮面

スワイフウェ仮面
（フレーザー下流地域，恐らくはマスキーム族）

その土地には既に、一人の男が住んでいた。彼には娘がいたが、娘は怠け者だったので、彼は、狩猟の名手と評判の高い新参者の男と結婚させることにした。娘は、随行の奴隷二人と共に長い道程《みちのり》を許婚者のもとに赴き、彼に干し鮭を贈った。この遠来の客たちは、お返しに肉を貰った。しかし結婚は恵まれなかった。女の生んだ三人の子供が夭折したため、夫は彼女を父親のもとに返した。

そこでこの同じ祖先は、仲間の一人が他所者の女との間に儲けた娘を娶ることとした。彼らには沢山の子が生まれた。ある日彼は、弟(兄の後を追うように天から降りてきた)と共に犬を見つけた。その犬は狩猟の際に彼を大いに助けた。ところが弟は、兄の監視の目を盗んで、兄嫁と性的な交わりにふけるという過失を犯した。すると、予想されたごとくに、犬は姿を消した。男二人は犬を探しに出かけ、鮭が遡ろうとしている滝の近くに辿り着いた。そこで彼らは、一計を案じた。籐で網を編み、滝沿いに吊り下げたのである。飛び跳ねる鮭がその網に沢山落ちこんだ。彼らはそれを大量に干し上げ、この食糧をかついで、村へ戻った。

確かにこの説話は、ここでは引用しないでおく他の説話よりも複雑になってはいるが、首尾一貫しているとは思われない。それぞれの挿話の間には関連性がなく、物語は筋とは関係のない釣りの場面で唐突に終っており、何の結論も出されてはいない。そこにはしか

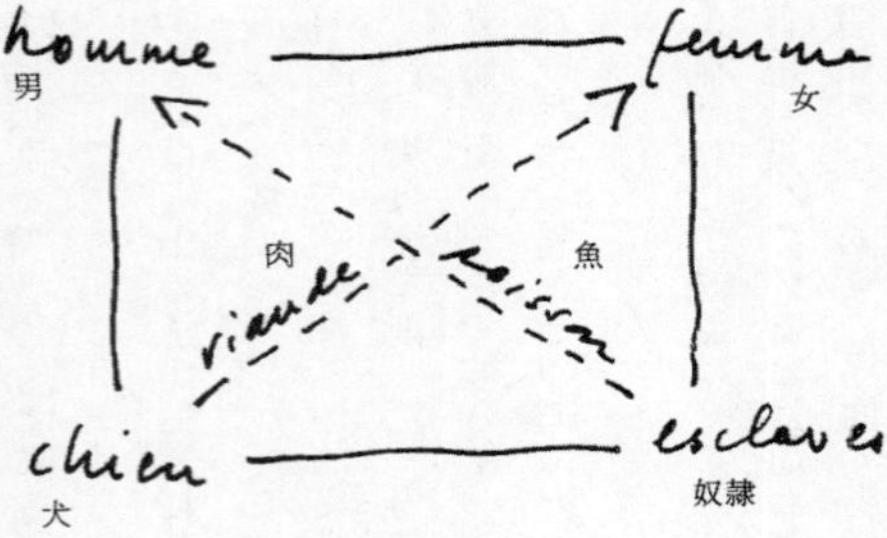

し、いくつかの並行関係が見られるのである。すなわち、主役の祖先は、二度続けて結婚しており、一度は前の女（彼より以前に地上にいた）とであり、かつ異部族の一人であるがゆえに遠い女とであり、もう一度は後の女（彼が地上に降りてきた後に生れた）であり、つまり近い女（彼の仲間の一人の娘）とである。

それぞれの結婚に際しては、二種類の補佐役が現われている。すなわち、最初の妻の奴隷で漁師で恐らくは男であろう。それと、二度目の結婚後まもなくして見つけられた猟犬である。サリシュ族の思考においては、犬は事実、奴隷の一種なのだ。ピュジェット海峡の方では、「犬も奴隷も、よく世話をすればよく働く」と言われている。この神話に出てくる動物の性別についてはわからないが、内陸部のサリシュ族では、女と犬とを結びつけている。オカナゴン族の神話では、「女と犬がどのような訳で今日存在しているか」の説明がなされている。狩猟で殺した熊の霊を祭儀的に喚びだす際には、「いかなる女にもお前の肉は食べさせはせぬ、またいかなる犬にもお前を侮辱させはせぬ」という約束がなされる。女と犬に対しては、男専用の炉の近くで放尿してはならぬという禁忌《タブー》があり、また、女と同じ場所で排尿した犬は殺された。カリエールの住民たち（サリッシュ族の辺境に住むアタパスカンであるが）においては、入口の側は女と犬に定められている。実際、この神話では、今見てきたように、狩猟者とその犬との関係が緊密になると、その男と妻との夫婦関係が弛緩することになる。夫婦の情愛にひかれ過ぎると、夫としては妻を被害者にしてしまうことにもなる。というのも、狩猟の禁忌を侵犯すれば犬の協力が得られず、従って必要な獲物を得ることもできず、それによって妻を養う義務を果せなくなるからである。妻に対する夫のこうした二重の過失に対し、この神話の最初の部分では、実父および夫に対する妻の過失が対応している。すなわち、怠惰な娘が毛皮を縫って服を作ることを拒むという文化に対する過失、および結婚後、丈夫な子供を産めないという自然に対する過失が対応している。その他の部分については、島系の説話は、定型化の方向に逆らいつづけている。この島系の神話の構成は、大陸部の神話と比較することによって、始めて明らかにされよう。そこで、今度はそれを考察してみることにする。

ほんの僅かな相違はあるにせよ、フレーザー河中流および下流の部族《グループ》は、どれも同じ物語を伝えている。その昔、ある所に、一種の癩病を患う若者がいた。彼の体は悪臭を発し、近親者ですら彼を遠ざけていた。不幸な若者は自殺しようと思い、湖に身を投じた。彼は湖底で海鴨《あび》（ガウィア種）に守られた住居の屋根に降り立ったが、そこの住民たちは、全員得体の知れぬ病苦に悩んでいた（説話《ヴエルシオン》によっては、ある赤ん坊もしくは首長の娘だけが主人公によって背中か胃のあたりに唾を吐きかけられると、痙攣《ひきつけ》を起したとされている）。彼は自分の病苦が癒ったお返しに、一人あるいは複数の病人を治療してやり、その娘を娶り、そして生れて初めて、スワイフウェ仮面、〈がらがら〉、踊り手の衣裳などを目のあたりにしたのである。その後彼は、奇蹟的にも、自分が以前身を投げた地点に連れ戻された。あるいはまた、ビーバーや、〈コホエ〉と呼ばれる種類の鮭――説話によってはもっと数多くの動物（仮面の名前を参照されたい、前出、二六―七頁）――が、彼のために、現在のイエールの町の近くに抜ける地下道を開いてくれた。

主人公は、その湖まで妹を行かせ、もしくは連れていき、そこで釣針の付いた、もしくは付いていない釣糸を（ある説話《ヴエルシオン》では餌の代りに羽毛を付けて）垂らすよう命じた。彼女は水の精霊を捕えて水面に引き上げた。その精霊は仮面と〈がらがら〉を投げ棄てて、糸を振り切り、湖底深く戻っていった。若者と妹は、この宝物をいざという時のために編んでおいた装飾付きの籠の中に収めた。あるいは二人はその宝物を、母親が持っていたなかでも一番美しい布で包んだ。主人公は、一説によると仮面の複製を作って、従兄弟に公衆の面前で被るように命じ、仮面のオリジナルは湖水に戻して置いた（その神話によれば、従兄弟に被らせたのは、彼自身がこの役割《フォンクシヨン》を果す方法を知らなかったからである）、また一説では同じ理由から、オリジナルを弟に譲渡している。しかし、たとえそれがオリジナルであれ複製の仮面であれ、殆んどすべての説話《ヴエルシオン》を通じて、仮面は、婚姻の際の嫁入道具として、主人公の姉妹あるいは娘に渡されている。唯一つ型破りの説話《ヴエルシオン》があって、仮面は敵の手中に落ちたと述べている。事実、仮面は貴重なもので、その最初の所有者には、痙攣《ひきつけ》や皮膚病を癒す能力が賦与され、それにまた同じ説話で述べられているように、一般に「仮面の所有者の許には、何であろうと簡単に集まってくる」のである。

大陸部の神話には、もう一つの共通する特徴がある。すなわち、神話の筋書において正確に地域を限定している点である。ある神話では、物語が展開される舞台は、現在のホープの町の上流約三キロにある、イワウスあるいはエワウス村である。主人公が死を求める湖は、フレーザー河左岸の支流で現在のホープの町まで延びているコクイハラ川の河口近くにあるカウクウェ、またはカウカワという湖である。地下を彷徨したあげく、主人公が到り着くのは、イエールの町の近くであり、彼の家族が揃って漁に出るのもイエールの辺りである。

ウタンクト族《グループ》のインディアンであるトンプソン族には、これに極めて近い説話《ヴエルシオン》がある。

彼らは村の名前をワウウスと呼び、それをホープの東四、五キロの所に位置づけている。フレーザー下流系の説話では、妹に対しより重要な意味を与えている。物語の冒頭部では、妹は兄と二人だけで暮している。湖の精霊たちが彼女の釣針に付けてくれた仮面を釣り上げた時、初めは魚を引掛けたものと思いこむ。ところが羽根飾りを見てこわくなり、逃げ出してしまう。兄に追い返されて、再びやり直し、ようやく仮面を取り上げるが、彼女はそれを布で包み、籠に入れてしまう。兄はその仮面を何かの踊りの際に披露して見せた。以後、仮面は遺産相続あるいは結婚によって伝承されていくことになるが、戦いの際に盗まれることもあった。それが由々しき一大事とならなかったのは、敵が仮面に効力を発揮させる歌や踊りを知らなかったからである。

同じくフレーザー河下流にあるハリソン川の河口地帯では、最初の祖先に二人の息子と二人の娘が居たことになっている。二人の娘は毎朝釣りに出かけたが、ある日、彼女たちは釣糸の先に何やら重い物を引き揚げ、スワイフウェ（この地ではスコアエコエと呼ぶ）の飛び出した目と羽根飾りを見たのである。彼女たちが父親を呼びに行くと、この超自然的存在は、仮面と衣裳を残して消えた。この家族の末裔は、異部族から妻を娶り、こうして仮面の使用範囲は広がっていったのである。(2) 一九七四年七月に、私は、フレーザー下流地域で、これと多少違ったチリワック近くのサルディス族系の説話を聞いた。仮面は、結婚を毛嫌いしていた二人の独身の姉妹が、ハリソン湖で釣り上げたものだと言うが、結婚については、唯一人の兄弟も同じ感情を抱いていた。仮面には長い嘴が付いており、羽根飾りがあったが、彼はその羽根のおかげで助かったのである。すなわち、ある日彼が敵に追跡されたとき、彼は泳いで逃れたが、ぽつんと水面に浮き出たその羽根の下に彼が居るとは誰も気付かなかったからである。この出来事で、仮面の魔力が実証された。後に、ある巫者《シャーマン》がこの仮面に、鷲の羽毛で作った舞踊用の衣裳を付けた。二人の姉妹は考えを変え、結婚に同意し、一人はスクアミシュ族に、もう一人はスマス族に嫁いだ。

これから検討してゆく他の説話と同様この説話も、殆んど近親相姦的な冒頭の設定が暗示されている。つまり一人の兄と妹たちは、結婚に対する共通の嫌悪感があるため、通常はあり得ない程に接近し、一緒に住んでいる。しかし最後には、他の説話同様、仮面を獲得し使用することで、女たちは部外婚をするに至るのである。この点では、水に浮ぶ囮《おとり》のモチーフが、スクアミシュ族の説話（後出、五二頁）の同じような挿話を思わせるが、この挿話はまさに、この姉妹たちが結婚したという二つの部族《グループ》の一方から由来している。

カナダと合衆国の国境の南に居住するワシントン州のルンミ族は、仮面をスクソアクシと呼んでおり、仮面の形態もいささか変えている。すなわち顔面が大きく、その口には前歯が一、二本欠けているため、仮面を付けた者がその隙間から僅かに外を覗ける仕掛になっている。下向きの尖った嘴をもつ鳥の頭部が、鼻の代わりに付いており、それが上へと繋がって人間の相貌をなしているが、その丸みを帯びた頭頂の仮面には、白鳥の羽毛を貼りつけた細い棒が何本も逆立つように出ている。上半身裸の踊り手は、野生山羊の毛で作った腰蓑、白鳥の皮で作った脚絆を付け、手には既に述べたような形の〈がらがら〉を持っている（三二頁）。仮面を横領する者は誰であれ、顔面潰瘍に蓋われるようになるとされている。舞踊には、儀礼的道化が一人加わることになっていた。彼が着ける仮面は、半分が赤、半分が黒く塗られ、口を歪め、髪はくしゃくしゃに乱れている。見物たちは彼の恰好を見ても笑ってはならなかった。笑ったら最後、彼らもまた、体と呼吸器系統を潰瘍で侵されることになっていた。この儀式道化は、仮面を付けた踊り手たちを追い回し、とりわけお定まりの大きく飛び出した目を潰そうとするのが常であった（前出、三二頁参照）。

スクソアクシ仮面は〈贈与儀礼《ポトラッチ》〉のような非宗教的な儀式に登場していた。守護霊の加護を受けている踊り手は、この儀式の場からは除外されていた。守護霊が場違いな所へ姿を現わして、神聖儀礼の特性が失われることを恐れたのである。この仮面の起源神話は特に注目に価する。それは以下のとおりだ。

母親の居ない一人の若者が、成人式を迎えることになった。父親は少年を手厳しく扱い、試煉という試煉を彼に課し、一人しかいない妹に近づくことさえも禁じた。妹は同情のあまり、密かに彼に会いに行った。彼女は兄に、次の試煉の際には一緒に随いて行き、僅かな食物でもそれを探す手伝いをしてあげると約束した。彼女が兄に渡したのは羊歯《しだ》の根であったが、それでも彼は帰る途中で加減が悪くなった。父親は、彼が命令に背いたのではないかと疑って彼を追い出し、お前は近いうちに死ぬだろうと断言した。

主人公は冒険の旅に出て、身体は潰瘍だらけになった。いずれ死ぬことは判っていたので、自分の死体を見られないようにと、できる限り遠くまで断乎歩き続けることにした。ある日、彼は疲労と病苦に力尽きて、小川の近くで立ち止った。彼が眠りこんでいる間に、一人は赤く、もう一人は黒く体を塗った二人の人間が夢枕に立ち、明日になれば赤い鮭と黒い鮭を一匹ずつ見つけるであろうと予言した。彼はそれを古式に則って下拵えし、焼いた上で、悪臭を放つキャベツ（リジキトン）を敷いた上に載せて置かねばならない、それのみならず、いかに喉から手が出そうであろうとも、それを口に入れることは慎まねばならないと。これを果せば、彼は最早二度と空腹に悩まされることはなくなるであろうと。主人公を挑発するこの鮭の一対の色は、明らかに、片側が赤で他方が黒い仮面をつけ、独特の方法でスクソアクシ仮面の所持者を挑発するあの踊り手を想起させる（前出、四四頁）。ただ、その追跡調査を試みるにしても、手掛りが欠落している。それゆえ、我々は再び神話の方に話を戻すことにしよう。

主人公は、夢枕に立ったその訪問者の指示を忠実に守った。すると、彼の頬と胸から蛙が飛び出して、鮭に跳びかかった。次の晩、二人の男が再び夢枕に立った。この守護霊たちは、主人公に、山地の奥から降る激流に沿って行くように命じた。彼が急流に身を任せて行くと、一軒の大きな住居に出たが、その壁には、舞踊の衣裳が掛けてあった。一人の老人が彼を招じ入れ、今ここで差上げられるものは何一つないと詫びた。老人は続けて、「村に戻って家を清めさせ、籠を二つ作るように」と言った。老人はまた続けて、次の日には主人公の妹に髪の毛を三通りの長さに切ってつなぎ合わせて貰い、それを釣糸のように水中に垂れさせるようにと言った。

妹は、兄に言われた通りにし、糸に重みを感じるや釣糸を引いた。水底からざわめきが聞えてきた。彼女が土手の上に引き上げたのは、〈がらがら〉を結びつけた、見るからに恐しい仮面であった。彼女が続いて二番目の仮面を釣り上げると、兄は仮面を一つずつ籠に入れた。夜になって、彼は集まった村人たちの前で、近親者から選んだ二人の逞しい若者に仮面を被らせ（前出、四〇―一頁）、仮面の歌を歌った。その後、他の村落からも、儀式の際に彼の仮面を披露して欲しいと頼まれるようになり、彼は大変裕福になった。

ヴァンクーヴァー島の説話《ヴエルシオン》とは違って、大陸部の説話は筋が明快であり、構成もしっかりしていることがよく分る。しかし同時に、前者の説話において一見、首尾一貫性が欠如しているのは、以下の事実に由来していることも分る。つまり、島の説話では、専ら全ての挿話《エピソード》場面を逆転することに限られており、各場面の配列順序を変えても、新しい筋を作り上げて場面場面を継ぎ合わせ、本来の形では冒頭にあった挿話の変形されたイメージを、物語の結びに置いているのである。

このような操作は、各地の仮面にまつわる起源説明にも、既に見受けられている。フレーザー河流域の説話では、湖底滞在の時点から地上に戻るまで、苦労して仮面を引き揚げねばならないが、これに対して島の説話では、仮面は第三者の手を煩わすことなく、自然に天から降ってくる。到着点、つまり地上が同じであるにせよ、一方では仮面が、天から、つまり上方から到来するのに対し、もう一方では、神話が湖底に設定している地下世界から到来する。両者の細部全体に、島の説話と大陸沿岸の説話との間には、同じ倒置の関係が保たれている。島系統では、筋のなかで夫と妻の関係が前面に置かれ、大陸系統では、兄と妹の関係が前面に出ている。大陸沿岸部の神話の冒頭をなす挿話では、母親に不治の病に罹った息子がいるという話に関わっており（父が死んだと明確に述べる説話《ヴエルシオン》もある）、その彼が悪臭ゆえに隔離され、水中に身を投げる——つまり上から下へ行く（垂直軸）――のだが、島の説話でこれに対応するのは、一方ではある父親の怠惰で無能な娘であり（島の神話では女系尊属についての記述がない）、夫を探しに遠くまで出かける女であるが（水平軸）、もう一方では、天から降りてきたが、彼の〈がらがら〉の音あるいは体臭のために、魚が逃げてしまうのではないかと恐れられて隔離された三番目の祖先である。ルンミ族の説話だけが、母親の死んだことを明確にした上で、父＝息子の形をとっているが、そのために大陸系神話のこの異本《ヴァリアント》を、他の異本のすべてと対立させるような置き換えが行われている。事実、主人公は不服従がもとで病気になったのであり、不服従が彼の追放された理由になっているのであって、他の地域の説話のように、病気のために自ら逃げだしたのではない。

島の説話では、怠惰な娘は第一の仮面と結婚するが、彼らの間に生れた子供が一人残らず夭折するので、彼女は仮面が祖先となる道を閉ざしてしまうことになる。逆に大陸部の説話では、病身の若者は最初の仮面である水の精霊の王の娘と結婚し、さらに彼が結婚し健康を回復したおかげで、他のすべての者たちの病気を癒し、祖先となることが可能になる。その後、島の説話の女主人公および大陸部の説話の主人公は、それぞれ送り返される。女主人公は父親のもとへ、主人公は母親のもとへと戻るのだ。島の説話に出てくる第一の仮面は、実の姉妹《きょうだい》ではないが近親の女と結婚するのに対し、大陸部の神話では、主人公は妹に重要な役割を与えており、特にルンミの説話では、妹を殆んど近親相姦に近い親密性をもって主人公に結びつけている。このような過度の親密さは、島の説話で主役の一人が妻と耽った性的惑溺に対応するものだが、これら二つの親密な関係は、一方では主人公の父親によって、他方では当事者の兄によって、禁じられていたにもかかわらず行われたのである。

ここにおいて初めて、島の説話が唐突に終っているあの奇妙な釣りの場面の存在理由が分る。仮面の起源を、物語の末尾でなく冒頭に持ってきて、さらに仮面を水底から引き揚げる大陸部の説話とは逆に、仮面を天から降りて来させたために、島の説話は文字通りどのように結末をつけたらよいか、分らなくなったのである。そこで結びが必要となったのだが、そのためには大陸の説話の結びは、魚が滝を遡ろうとして簾の網の中に落ちるという空中の漁という逆説的な形でしか成立し得なかったのである。この筋書は、水底にある仮面を釣りあげ、わざわざそのために作った籠に入れるという仮面釣りと完全に対応している。こうして、相称的な二つの結末が得られる。すなわち、一つは人間が釣糸で水中の仮面を釣り上げて籠に入れるという結末であり、もう一つは仮面の祖型《プロトタイプ》である超自然的な存在が籠を作り、極めて特殊な動きで水から飛び出してくる魚を捕獲するための、筋書の必要上作り出された釣りの技術に従って、その籠を空中に吊すのである。

以上の分析から、二つの結論が導き出される。まず大陸の説話を島の説話に作り変えるほうが、その逆を同じ操作でするよりも容易であることが分る。それは、大陸の説話が論理的に構築されているのに対し、島の説話はそうではなく、しかも、もし、もしという仮定が可能だとしての話だが、後者は前者の表現している当初の状態を変形して得られたものであると解釈するならば、それだけで島の説話は大陸沿岸部の説話から派生したという論理性を獲得することになるからである。そこから明らかになるのは、大陸の説話が本原的であり、島の説話は派生的であると見做さねばならない。このことは、フレーザー河中流をスワイフウェ仮面の発祥地であり伝播の中心であるとする、この地域に関する専門家の見解を裏付けるものであるが、ここで我々が行なってきた比較研究から導き出された論旨と較べると、かなり曖昧で、説得力の乏しい論旨を引き立てることになった。つまりこの構造分析は、歴史研究に背を向けるどころか、歴史研究に貢献しているのである。

このようなわけで、我々は次に、古代における大陸沿岸から島への部族移動を主題としていると思われるスクアミシュ族の説話の雑種性に注目することにしよう。

まだ地上に人間が極めて少なかった太古の頃、二人の兄弟が住居の屋根に騒々しい音を聞いた。それは、一人の男がスクサイクシ仮面（スワイフウェに当るスクアミシュ語）を被って踊っていたのであった。兄弟は男に降りて来るよう促したが、男は拒んで踊りつづけた。結局男は同意したが、すぐさま自分は兄であると言い張った。兄弟は「いや、お前は最年少だ、我々はお前より先にここに居たのだぞ」と言った。すると男は再び踊り出して、やめようとしなかった。ほとほと困り果てた兄弟は、男を下流の、とある湾の方へ追い払った。見知らぬ男はその地で、どこからか見つけてきた女と結婚し、彼らは激しい気

衣裳を付けて踊るスワイフウェ仮面の踊り手

性の元気な子供を沢山儲けた。そこの村近くの岩礁には、時おり海豹《あざらし》がやって来ていた。その海獣の吠え声がしたので、海岸からずっと離れた村の先住民たちが駆けつけたが、ものの見事に無駄骨を食わされた。彼らの競争相手が既に現場に来ており、一匹残らず仕留めた後だったのである。こうした事態は悪化するばかりで、村の先住民たちの間には饑饉が広がっていった。

彼らのなかに一人の呪術師がいて、ある策略を思いついた。彼は何か月も、恐らくは何年もかかって、人工海豹を造りあげた。この模造品が河に姿を現わすや、上流の住民たちは猟をする振りをした。下流の住民は、出動命令が出たので、贋の獲物に一番銛を打ち込もうとし、その獲物に引寄せられて遥か上流まで行ってしまった。ついで、その獲物は、銛綱にしがみついていた者どもを曳いて、下流へ戻ってきたが、男たちの後を追って、女・子供も荷物をまとめて、舟に乗りこんでいた。木製の海豹は、大きな島に向って進んでいった。途中で銛綱を手離した者たちの家族はクーパー島（フレーザー河口の向いで、ヴァンクーヴァー島に接近している）に着いた。綱をしっかり握りしめていた者の方は、ナヌーセ（もう少し北で、ヴァンクーヴァー島沿岸にある）に着いた。こういうわけで、現在でも、大陸沿岸のスクアミシュ族は、海峡を挟んだ対岸の住民たちと友好的なのである。

この説話は、我々の解釈を裏付けている。すなわち、この説話は大陸と島との間を舞台に展開し、常に中間的な見解をとっている。天から降って来るとか湖底から出現する代りに、最初の仮面は家の屋根に現われる。すなわち、そこは天上と地下の中間の高さに当り、「水中」説話では、不本意ながら湖の精霊と会うことになる主人公が、まさに降り立った場所である(前出、四〇頁)。仮面は、特別な特徴のない取合せの二人兄弟に迎えられるが、彼らにおいては夫と妻とか、兄弟と姉妹といった明確な対立は消されている。この仮面にしても、相対的には天上界起源的色彩を残しているが、最初の祖先となるわけではない。というのは、先の兄弟やその同朋たちがすでに地上に住みついたのであり、しかも彼らは、島の説話が始祖としている唯一人の居住者に与えている、影の薄い役割よりも遥かに重要な役割を与えられているからである。結局、水平軸と垂直軸という対立もまた、解消されているわけだ。何故なら仮面は、単に家の屋根から降りてくるだけであり、また、完全に海面でなされる海豹狩りが、地下の深淵で行われる釣りに取って代っているのである。

さてここで、第二の論点に移ることにしよう。大陸の説話から島の説話へと移る際に、我々は最後の場面で、仮面が魚に置き換えられるのを見た(前出、四九頁)。釣糸で釣り上げるからには、大陸の説話においても恐らく既に、勿論本来の意味ではなく比喩的な意味でだが、仮面は既に魚であったようである。また、仮面の舌が大きく垂れ下っているのは、仮面が、本来的にであれ比喩的にであれ、魚と同一視されているからではないだろうか。同じくサリシュ族だが内陸系のクール・ダレーヌ族の神話では、女が川の精霊を釣り上げたが、女がその精霊の舌を魚だと思ったからだという話がある。このような類似関係を逆にしたものとしては――しかも、かなり距った神話の比較によって、こうした類いの変換が確認されることは屢々あるが――コロンビア河下流のチヌーク系のクラッカマス族では、貪欲な火の舌のゆえに〈舌〉と呼ばれる人食い鬼が知られているが、その舌は鋭い鰭を持った魚に切り取られることになっている。この魚は恐らくかさご科に属するものだが、これについては改めて触れることにする（後出、七六頁）。ヴァンクーヴァー島のサリシュ族からは、スワイフウェ仮面を象った彫像が知られているが、舌のあるべき部分には浅浮彫りで、魚の図柄が表わされている。一方、内陸部のリロエト族からシュスワプ族にかけては、半人半魚の水の精霊の信仰がある。こうした手掛りのすべてから、スワイフウェ仮面と魚との二重の親縁性が浮び上ってくる。すなわち一つは、隠喩《メタフォール》的な親縁性であり、その特徴的属性の一つである大きな垂れ下った舌が魚に似ており、両者が混同されやすい点からくる。もう一つは換喩《メトニミー》的な親縁性であり、魚を釣り、また魚を舌をつかん

魚形の舌を持つスワイフウェを象った彫刻（ヴァンクーヴァー島）

で捕えるからである。すなわち、クール・ダレーヌ族のもう一つの神話は語っている、「水中にひそむ牝の怪物は、口に釣針をつけたまま、そこにいた……」と。

我々は、内陸部のサリシュ族のなかからリロエト族の例を引いた。が、その仮面が一つも残されていないので、サインヌクスと呼ばれる彼らの仮面が、フレーザー河流域の隣接部族のスワイフウェ仮面に対応するものであると、はっきり断定するわけにはいかない。

墓碑柱（リロエト族）

しかしながら、一方のリロエト族の居住地で発見された彫刻入りの柱には、容易にスワイフウェ仮面を確認できるという事実があり、また、スワイフウェ仮面と同じような、サインヌクスと呼ばれるもう一方の仮面も、特定の家系の成員だけが〈贈与儀礼《ポトラッチ》〉の際にそれを被る特権を有するという事実や、その仮面が半人半魚の存在を象っているという事実を考えるならば、この二つの仮面は対応するものと思われる。この点については、第二部で再度触れるだろう（三一五頁）。しかし、その起源神話は、幾つか類似点はあるものの、相違点もある。すなわち、超自然的存在への訪問、地下世界の住人、水の盟友、それに強力な呪術師である。しかし主人公が、心ならずもそこを訪れ、住民を病気に罹らせ、次いで彼らを治癒してやり、その謝礼として嫁を貰うのに対して、ここでは、娘を娶りたい一心でやって来た若者たちを、水の精霊たちが病に罹らせて殺すことになっている。若者の一人は、呪力を賦与されていて、遂にはここの主である精霊たちと和解し、色艶もよく手触りもよいその肌のおかげで、見事に精霊の二人の姉妹の心を捉えるのである。従って癩病やみの若者の場合とは正反対なのであるが、後に、彼は病弱な老人となり、二人の妻のうち一人だけが操を守って、彼を籠に入れて運んでくれることになっている。

スワイフウェ仮面の起源神話の別な局面は、リロエト族にはっきりと原形をとどめているが、それは銅の起源をめぐるものである。よく知られているように、この地方の人々が、

細工をほどこした銅板（クワキウトル族）

この金属を大変珍重し、かつては物々交換によって北方の部族から手に入れていたが、その北方の部族はそれを、天然銅を採掘していたアタパスカン語族のインディアンから入手していたのである。有史時代に入って、航海者や交易者が帯銅をもたらし、それがたちまち他の銅に取って代るのである。

リロエト族の物語るところによると、一人の祖母と孫息子だけが、疫病のあとに生き残った。老婆は孫が泣きやまないため、あやそうとして髪の毛で釣糸を作り、釣針には、餌の代りに髪の毛玉をつけた。幼い主人公はその釣具をもって、最初の銅を釣り上げたが、この銅が魔除けとなり、そのおかげで立派な猟師となった。彼の祖母は獲物で干肉を作り、皮を鞣して縫い上げた。かくして二人は裕福になった。主人公は旅に出る決心をした。彼はスクアミシュ族と近づきになり、他の部族ともども彼らを招待した。彼は招待客の前で歌い、踊り、銅を披露に及び、莫大な富を分ち与えた。二人の首長がそれぞれ娘を花嫁として提供し、引き換えに銅の塊を貰った。若者とその妻は多くの子供を得、特に多くの息子に恵まれたが、この息子たちに、他の首長たちは娘を妻として与え、やはり見返りに銅を得たのである。このようにして、この金属はすべての部族に広まった。銅を所有した者は、これを大層貴重な宝物として手離したがらなかったため、それだけこの稀な金属は、彼らに威信を与えることとなった。

つまりこの神話は、他の神話がスワイフウェ仮面に与えたのと同じ水中起源を、銅に与えているのである。いずれも、釣り上げられており、またそれを所有することは、等しく富をもたらしている。銅と仮面は、異なる部族間で結ばれる婚姻によって広まったが、伝播の方向が違った。スワイフウェ仮面が妻から夫へ、さらに子孫へと伝わっていくのに対し、銅は夫から妻の父親へ、すなわち、その一部がセイヌクス仮面の起源神話に認められるが、それは恐らくスワイフウェ仮面と同じものだと考えられる。そして他の部分については、仮面とは明確な類縁性のない銅という金属の起源神話に現われているのだが、経済学的、社会学的角度から見れば、同じ機能を果しており、但し贈与関係が循環する意味については保留しておかねばならない。

スカギット族の神話は、次の点を除けばフレーザー流域のスワイフウェ仮面神話と同じ内容を物語っている。すなわち、湖底に住む超自然的精霊が訪問者に与えるのは、仮面ではなく、他の神話で仮面あるいは銅がもたらすものに当る「東西南北あらゆる地域の富」だという点である。スワイフウェ仮面の分布地域のもう一方の端にいるクワキウトル族には、ヘキーンという名の若者についての神話がある。彼は常に病気をしていて、皮膚が潰瘍だらけとなり、山頂に身を隠して死を待っている。そこで出遭った一匹のひき蛙が、霊験あらたかな油薬で彼を癒し、彼に細工をほどこした銅板（クワキウトル族および隣接部族が最も貴重な財産と見做し、社会、経済、儀礼上の取り引きに極めて重要な役割を持つ奇妙な物）を与えて、彼に〈銅製作者、ラクワギラ〉の名を授けた。主人公が親族のもとに戻ると、妹が迎え入れ、その生れ変ったような姿を言祝いでくれた。彼は、「未来の夫に持参金として持って行くように」と、銅を妹に贈った。

主人公が死出の旅に出立する場所が逆転している点（深い湖ではなく山頂）はともかく

として、この神話は銅の起源について同じ筋書を立てており、しかもスワイフウェ仮面の起源神話において重要な意味をもつと思われる幾つもの細部、特に妹のもつ役割に触れている。救いの神たるひき蛙についても、この種の神話には既に現われており、ルンミ族の説話では、主人公の体内から飛びだし、彼を病いから救う蛙という形で出てくる。この両棲類については、前には触れなかったが、既に述べたフレーザー下流域の説話（前出、三九頁）でも或る役割を演じている。すなわち主人公が、身投げをするつもりで湖のほとりに佇んだ際、彼はまず鮭を釣り上げて火で焙った。ところがいざ食べようとすると、鮭の代りに蛙がいた。この運命の悪戯が彼の決意をうながし、それを実行に移すのである。彼が病気治癒と仮面授与の精霊にめぐり会うためには、水中に身を投げねばならなかったのだから、鮭の代りに現われたこの蛙は、彼の幸運の間接的原因であると言える。同じくルンミ族の説話では、この両棲類が魚と一体化するか取って代るかのように二匹の鮭に飛びかかるが（前出、四六頁）、言ってみれば、彼が鮭を放棄することと引き換えに、蛙はその不吉な存在から彼を救い出すのである。クワキウトル族の神話とサリシュ族の神話は、ひき蛙（あるいは蛙）と鮭との間に、同様の相関関係と対立関係を打ち立てており、銅あるいはスワイフウェ仮面を手に入れるくだりでは、この両棲類に同じ役割を与えている。

以上のことから、二、三の中間的な結論が出てくる。スワイフウェ仮面については、造形面から見ても起源神話の面から見ても、恒常的な特徴のあることが明らかになった。その造形面での変らざる特徴として挙げられるものは、白鳥の羽根やむく毛が多く用いられているせいだが、衣裳の白色がある。仮面の垂れ下った舌と突き出た目が然り、屢々鼻の位置に付いている鳥の頭部であり、その頭上に載っていることもある。ここで、社会学的視座から見れば、次のことが指摘される。すなわち、仮面を所有するか、仮面の力を借りることによって、富の獲得が容易になったという事実。仮面が〈贈与儀礼《ポトラッチ》〉その他の非宗教的儀式には登場するが、冬の神聖儀礼からは除外されていたこと。しかも若干の高貴な家系にのみ所有され、相続ないしは結婚によってのみ継承されるという事実である。最後に、意味論的観点からすると、これらの神話はスワイフウェ仮面の二重の親縁性を浮彫りにしている。一つは魚との繋がりであり、もう一つは銅との繋がりである。こうしたばらばらな特徴の存在理由を把握し、それらを体系的につなぎ合せることは可能だろうか。目下のところ我々にとり、こうしたことが、スワイフウェ仮面によって提起された二重の問題なのである。

III

ヴァンクーヴァー島では、サリシュ語族は西でヌートカ族に隣接し、北ではクワキウトル族に隣接している。こうした隣接関係から、この二つの部族は、スワイフウェ仮面、およびその名称までも、つまりクワキウトル族のクスウェクスウェないしはクウェクウェ〔以下訳文中ではクウェクウェと表記する〕という名称をも、サリシュ語族から借りたことが説明される。より写実的な体裁のヌートカおよびクワキウトル族の仮面は、激情に駆られた表情を象っているが、ここまで我々がスワイフウェ仮面に認めて来た特徴をすべて保有している。全ての仮面が、野鴨の羽毛で飾られているのだ。クワキウトル族系の仮面のあるものは、白い塗りが施されており、その上部には、サリシュ族の同様な仮面の羽根飾りを想わせる様式化されたモチーフが描かれている。しかも、ヌートカ族、クワキウトル族を問わず、すべてのクウェクウェ仮面には、垂れ下った舌、飛び出した目、および鳥の頭の形の付属物が付いており、――最後の物は時にはずっと気紛れな付き方をしている。

クウェクウェ仮面（クワキウトル族）

クウェクウェ仮面（クワキウトル族）

踊り手たちは、スワイフウェ仮面の踊り手と同じ〈がらがら〉を持っていた。これは、まず疑いもなく同じ仮面であり、宗教的な調子を弱めつつ、より抒情的に、より激情をこめて様式化されたものである。

クワキウトル族は、クウェクウェ仮面を地震に結び付けていた。ボアズによれば、「彼らの踊りは、地震を引き起すものと考えられ、ハマツァを連れ戻す確実な方法だとされている」。このハマツァとは、最高の階梯に属する結社である「食人」結社の新入りのことである。この入社儀礼の際に、狂暴かつ野蛮と化した受戒者が森に姿を晦ますが、これを村落共同体に復帰させるために呼び戻さねばならなかったのである。こうしたクウェクウェ（つまりスワイフウェ）仮面と地震との関連は、既にサリシュ神話に見られるが（前出、三五、四六頁）、またこのことは、サリシュ族の踊り手たちが持つ〈がらがら〉や、その仮面の上で揺れ動く羽毛玉飾りの付いた棒の象徴性を巧みに明かしている。『蜂蜜から灰まで』のなかで、プルタルコスが、古代エジプト人における〈がらがら〉の役割について説明しているその説明の仕方について、注意を喚起しておいた。「がらがらが教えているのは、（……）物は揺れ動き、決して動きを止めてはならず、あたかも眠りこんで、しかも物憂気であるかのごとく、なかば目醒めつつ揺れ動いていなければならない、ということである」。この〈がらがら〉とは、両腿《もも》がくっついてしまった神の象徴であり、「従って、その恥しさから神は孤独を守っていたが、（……）イシスが彼の両腿を切り離してやったお蔭で、神は自由に立って歩けるようになった」。ここで、あのスワイフウェ起源神話で病気のため不具となった主人公や、また後述する際に触れるが、自由奔放な行動のゆえに、大地が破壊されないようにと縛り上げられてしまったカラヤ・インディアンの造物主のことが想い起されてくる。ヴァンクーヴァー人類学博物館の館長で、クワキウトル族出身のグロリア・クランマー・ウェブスター夫人の証言によれば、クウェクウェ仮面は踊りだすや、どうしてもやめようとはしないので、力ずくで取り抑えなければならなかった（前出、五一頁参照）。この仮面はまた、催し《スペクタクル》の間にばら撒かれる贈物（近年では硬貨）を子供が拾うのを妨げたという。この点についてはいずれ詳述するが（後出、七五頁）、極めて興味深いことには、スワイフウェ仮面の分布地域のもう一方の端に住むルンミ族では、仮面を被る者が長時間踊れるように、最も頑強な者が選ばれている。最終的にこれらの選手たちは、この祝祭によって祝福される当人にその役廻りを譲り、その当人は、最年少の見物たちが贈物を奪い合おうと、押し合い

切られた首を象った儀礼用の〈がらがら〉。〈食人〉結社の〈食人〉を「鎮める」役割の祭儀執行者が手にする（クワキウトル族）

へし合いその機を狙って熱心に見守るなかで、周囲に隔なく贈物を配ることになっていた。

クワキウトル族には、仮面の起源を説明する物語が二通りあった。その一つは明らかに神話的であり、もう一つはむしろ伝説的なものである。伝説的物語というのは、大雑把に見れば歴史的事実と一致しており、ヴァンクーヴァー島で南部クワキウトル族に境を接するサリシュ系のコモクス族との間に結ばれた姻戚関係についての物語である。その一つは、クワキウトル系小部族の領有するフォート・ルパート地域の首長が使者を通じて、コモクス族の首長の娘を娶りたいと申し入れるところから物語が始まる。この申し入れの後、この首長は直ちに夥しい数の部下を引き連れ、海を渡った。コモクス族は彼らを快く迎え入れ、小舟二隻に積んだ結納を受け取り、彼の許婚《いいなづけ》も荷物をまとめた。すると貝殻の〈がらがら〉が響くなかに、雷鳴のような音が聞えた。すると仮面を付けた四人の男が現われ、踊り始めた。それに続く祝宴の際に、このクワキウトル族は生れて初めてカマス（百合の食用球根）というものを賞味した。コモクス族の首長は、仮面を「鎮める」ように人々に命じた後で、それらの仮面を婿への贈物とした。花婿はまた、新しい名前と二十箱のカマスを貰い受けたが、帰国後そのカマスは部族の全員に振舞われた。次いで首長はスワイフウェ踊りを踊らせた。彼の妻は三人の子供を生んだが、四番目が生れた後に、二人は離婚

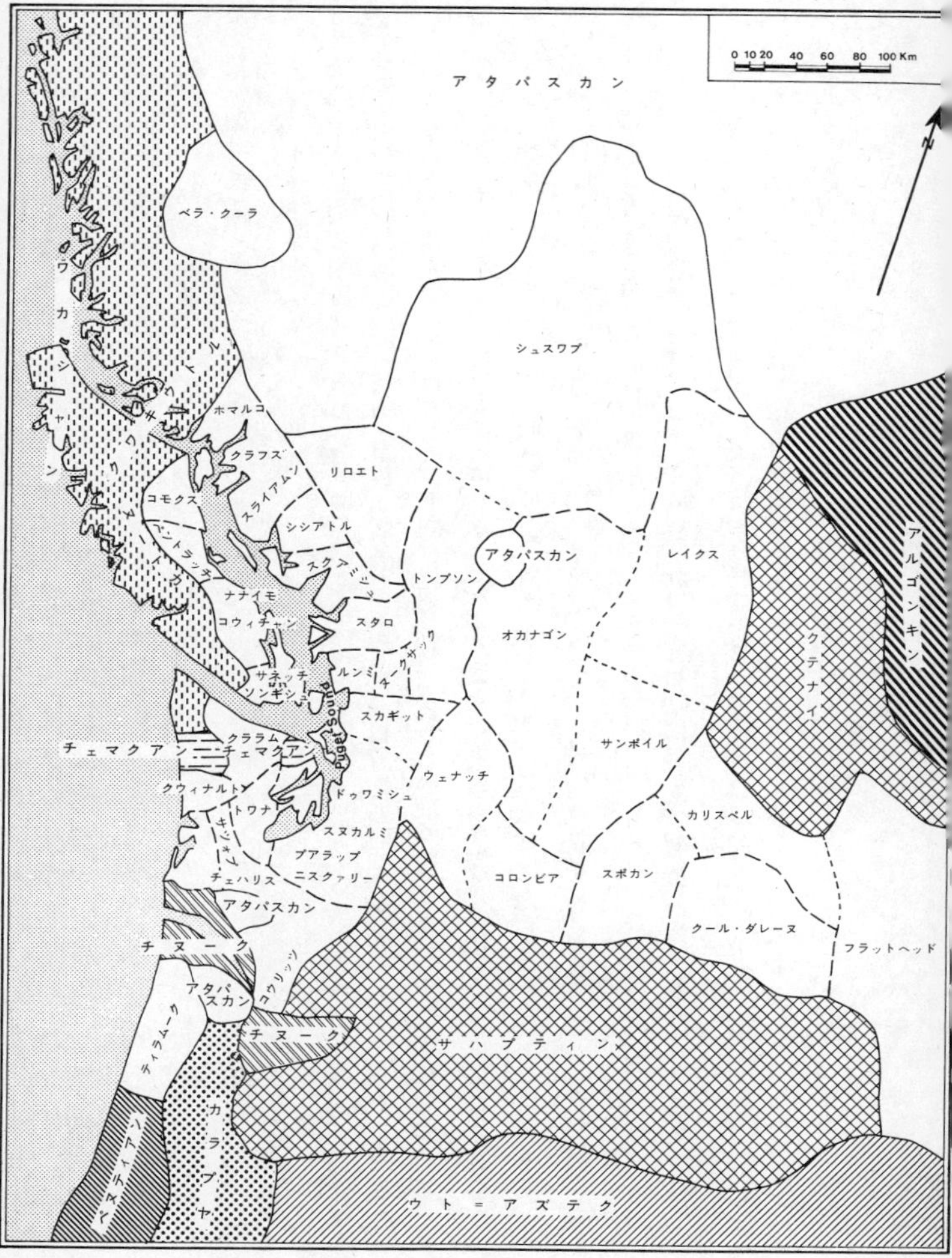
0 10 20 40 60 80 100 Km
アタパスカン
ベラ・クーラ
ワカシャン
シュスワプ
ホマルコ
クラフズ
リロエト
スライアムン
コモクス
シシアトル
ペントラッチ
スクアミッシ
トンプソン
アタパスカン
レイクス
ナナイモ
コウィチャン
スタロ
オカナゴン
サネッチ
ソンギシュ
ルンミ
スカギット
Puget Sound
クララム
チェマクアン
チェマクアン
サンポイル
ウェナッチ
クウィナルト
ドゥワミシュ
トワナ
カリスペル
スヌカルミ
プアラップ
ニスクァリー
チェハリス
コロンビア
スポカン
アタパスカン
クール・ダレーヌ
フラットヘッド
チヌーク
アタパ
スカン
ティラムーク
チヌーク
サハプティン
カラプヤ
ウト＝アズテク
クテナイ
アルゴンキン

部族分布図

した。妻は、二人の子供、およびコモクス族が冬の儀礼にクワキウトル踊りを踊る権利とを貰い、生れた村へ戻って行った。二人の子供には、クワキウトルの名前が付けられていたが、この二人を媒介として、初めてクワキウトル系の名前がコモクス族に「入りこんだ」のである。

別の伝説的物語は、コモクス族の二人の男の話だが、彼らは自分たちの孫であり息子である若者に嫁娶りをさせたいと願ってクワキウトル族を訪れたのだ。求婚者の若者は歓待され、新しい名前（娘の父方の祖父の名）を貰い、自分の新しい姻族に〈贈与儀礼《ポトラッチ》〉を行う一方、双頭の蛇〈シシウル〉の仮面を贈られ、かくして彼はコモクスの親族たちの前で、彼らが見たこともない踊りを披露することができた。彼自身はクワキウトル族のなかに住みついたが、〈シシウル〉仮面は彼の父親の手でコモクス族にもたらされた。このインディアン部族が、〈シシウル〉仮面の踊りを交えた冬の神聖儀礼を行うようになったのは、この時からである。

第三の伝説的物語には、コモクス族の外に、婚姻によって親族関係となった二つのクワキウトル族、すなわち島のニムキシュ族と、その真向いの大陸部のコエクソテノク族が登場する。ニムキシュの首長は島の東岸のクスルクに住んでいた。ある日、彼はコモクス族の「よい踊り」、つまりスワイフウェ踊りのことで婿を唆かした。婿には弟があり、その

儀礼用の壁布。下部に〈シシウル〉，その上に，虹に囲まれ，二羽の鳥が寄り添った銅板が描かれている（クワキウトル族）

踊りを奪い取るために、コモクス族を襲撃するよう弟を説得した。弟は血気盛んな百人の屈強な兵士を率いて舟に乗りこんだ。コモクスの領地が見える所に着くと、雷鳴の轟くような音を聞いた。それはあの見知らぬ部族が「クウェクウェ仮面のために歌っている」ものだった。戦士たちは全員、湾の反対側の突端に上陸し、そこから踊り手たちの姿と、天まで届くほどの鷲の羽毛の雲を見た。踊りが終った後で、半数の戦士が近づいて行った。コモクス族は彼らを席につかせ、饗宴を催した。またもや雷鳴が轟き渡り、羽根に覆われた黄土色の四つの仮面が、板屋貝《ベクテン》に糸を通して作った〈がらがら〉を手に、現われた。コモクスの首長は、遠来の客に長々と演説をした上で、彼らに舞踊を演じる権利と、仮面一式を収めた筐とを与えた。

島のサリシュ族と、島ならびに大陸のクワキウトル族との間には、姻族関係から交戦関係にまで及ぶ両義的な関係が存在していたことになる。いずれの場合でも、仮面およびそれに付随する特権は、女性や氏名や食糧と同じ資格で、戦争や交易の際の標的となっている。冬の神聖儀礼から除外されているスワイフウェないしクウェクウェ仮面は、これらの物語においても、戦士の遠征あるいは婚姻の機会に、サリシュ族からクワキウトル族へ伝播している。この結婚による仮面の移動は、嫁入りした女性と同じ方向性を持っている。冬の儀礼に必要欠くべからざるシシウル仮面は、逆にクワキウトル族からコモクス族へ移るが、それは従って逆方向なのであり、義父母のもとに留まるコモクス族の花婿の辿る方向性に他ならない。こうした物語は、恐らく実際にあった慣行を伝えている。その他の物語は、明らかに神話学的範疇に入るものである。

例えば、ニムキシュ族の、あのクワキウトル・インディアンの男が、これまで住んでいた、前述の、クスルクの町から、神秘的な出来事(3)で知られる場所を訪ねるべく、島の北端にあるスコット岬の先端まで行こうとした話がそれである。彼は夜になって、岬の付け根にあるグウェグワカワリスの小さな入江に到着し、雨風をしのぐ場所を作って火を焚き、食事をしたが、寝付かれなかった。一晩中轟音が聞え、大地が地震のように揺れ動いた。彼は外へ出て坐り、岬の対岸アクスデムの方からと覚しき話し声を耳にした。彼はねぐらに戻って眠った。夢に一人の男が現われ、彼に身を清めてアクスデムに赴き、そこで地面が四度揺れ動いた時、目に入った祭儀場の中に入って坐り、そこで起ることを待つようにと言った。同じ霊は次の夜も姿を現わした。二日間、彼は沐浴潔斎して、アクスデムへと旅立った。

彼は夕暮れにそこに辿り着いた。大きな家が見えたので、内に入った。部屋の中央に火がひとりでに燃え上り、やがて一群の男女が現われ、説教師が精霊に祈願の呪文を唱えた。四度《よたび》にわたって女たちは、主人公が聞いた轟音の原因である震動によって活力を得た赤い大魚にも変身を繰返したのち、また人間の姿に戻った。クウェクウェ仮面をつけた四人の男が、女たちの前で貝殻の〈がらがら〉を振りながら踊った。その間、祭儀の執行者たちは次のように歌うのだった。

「恐しい者どもよ出て行け」（繰返し）
「舌の垂れ下った恐しい者どもよ」（繰返し）

「突き出た目をした恐しい者どもよ」（繰返し）

踊り手たちが退場するたびに、魚は女の姿に戻った。

祈禱師は主人公を祝福し、〈赤い魚〉という名を与え、「この大いなる祭儀にまつわる超自然的な財宝」を彼に贈った。主人公は、祭儀場を自分の所まで運んでくれるよう頼んだ。すると、自分の住居に戻れば、祭儀場と祭具一式は後から従いていくと言われた。主人公はクスルクへ帰り、四日間寝たきりで過した後で、前もって斎戒沐浴しておくよう頼んでおいた全ての者を招き集めた。夜になると、目に見えないものがひそひそ声で、彼に祭儀場の到着したことを知らせた。彼は参集した者達と共に中に入った。轟音が聞え、地面が四度震え、仮面が現われて舞踊を始めた。主人公は一同に、魚から貰った贈物、すなわち彫刻を施した〈家の柱〉四本、〈クウェクウェ仮面〉四面、〈木製の太鼓〉四個と、その胴を叩いて轟音を出す〈鋸歯状の棒〉、それに四つの貝殻の〈がらがら〉を披露した。「これらはすべて広間に展示された。というのも、主人公が〈赤い魚〉から宝物として貰ったものには、保存された食糧も如何なる種類の財産もなかったためである。この魚たちが吝嗇だと言われるのは、こうした理由による」。

サリシュ族においては、スワイフウェ仮面がこれとは対蹠的な性格を帯びていること、つまり仮面を所有し、その魔力にあずかる者を裕福にするという性格を持っているということを忘れると、この吝嗇な魚の教訓も筋違いの話になる。住民が隣接の部族から借りた仮面が、移行の過程で、その属性が逆転するというのは、極めて示唆に富む事実であって、このことは後で我々の関心を大いに惹くはずである。しかも、上述したサリシュ族の説話では（前出、四二—三頁）、二人の姉妹と一人の兄の生き方が自閉的であり、結婚つまり外部との交渉を拒絶し、「石の胃袋」を持っているとされるだけに猶さら関心を唆《そそ》るのである。それはそうと、サリシュ文化の秀れた権威であるW・G・ジレックおよびL・M・ジレック＝オールの両博士が明らかにしようとしたところも、今日のスワイフウェ仮面讃歌においても語られるこの「石の胃袋」という言い廻しが、我利我利亡者《エゴイスト》、すなわち自分のことしか考えず、他人のために行動したり他人との交渉を拒む男あるいは女を指しているという点にあった。従って、サリシュ族は、クワキウトル族がクウェクウェ仮面に与えたのと同じ性格を、人間にも付託しているのであって、それはそこで、逆に気前のよい性格を帯びている仮面によって、人間がエゴイストな性格を克服できるようになるまで付託されるわけである。思い出しておきたいのは、クワキウトル族のクウェクウェ仮面が（前出、六六頁）、その卑しい性格を顕わしているのは、子供たちが投げられた硬貨を拾うのを妨害するという別な形によってだという点である。

他方、サリシュ族とクワキウトル族の仮面は、共通の特徴を保有している。というのも、魚を襲う痙攣は——地下のざわめきや、地震と関連付けられているのだが——サリシュ神話の水の精霊たちが、英雄たる主人公の唾に感染して起す痙攣や、それらの精霊を象る仮面に認められる痙攣治癒の呪力に、じかにはね返っているのである（前出、四〇—一頁）。しかし、これらの問題を論じるための遠回りな方法を探す前に（というのも、我々が持つ直接的な情報では明らかにならないので）、まず神話で語られる魚の身元を明らかにし、その意味論的機能を探りだす方が適切であろう。

一般に英語で〈赤　鱈《レッド・コッド》〉あるいは〈赤　鯛《レッド・スナッパー》〉と呼ばれるこの魚は、鱈ではなく、かさご科《スコルペニデ》のセバストデス・ルベリムス種に属する硬鱗類の深水魚である。その学名が示すように色は赤いが、同じ科には黒いのやその他の色の種類もある。我々が関心を持つ種類には、優に一メートルを超す巨魚もいる。漁師に傷を負わせることさえある鋭い鰭と鱗が特徴的である。従って、この地域の神話が〈赤かさご〉という、体に鋭い鰭をもち、背に棘を立てた恐しい生き物にまつわる村々について言及することが多いからといって（前出、五四頁）、別に驚くことには当らないのだ。もっと卑近な観点から言えば、この魚は身が瘠せて脂気がなく、たっぷりと〔食用〕油をかけねばならず、神話でも認めているように消化が悪いが、我々としてはこれ以上この魚の話はしない。後でまた問題にすることになるだろう（三〇七―八頁）ヌートカ族によれば、〈赤かさご〉は強力な魔力を持つ恐るべき呪術師であって、ある日彼は、客の〈大鳥〉をもてなすために、自分の十二人の生娘をかまどで料理し、しかもそのあと直ちに彼女たちを蘇らせたのである。〈大鳥〉は招待のお礼に〈赤かさご〉を招いた際に、同じことをしようとしたが、彼の娘たちは死んでしまい、〈赤かさご〉は彼女らを生き返らせる力は自分にはないと、独り呟くのだった。

ツィムシアン族（大陸系クワキウトル族の北方に隣接する）の神話では、〈赤かさご〉が銅の起源に結びついている。ある晩、天からの貴公子が、「光に包まれて」父親の厳重監視のもとにある娘のところに現われた。娘は、夫になる者が居ないので悩んでいた。次の晩、貴公子は彼女を迎えに奴隷を遣わしたが、彼女は貴公子と勘違いして、その男に身を任せてしまった。貴公子は、足の悪い妹の方に心を移し、その傷害を癒してやった。それから彼は、銅を独占することに成功し、奴隷だった男に復讐した。この貴重な金属は、近づきがたい山の頂にあったが、貴公子はそれを石投げ器で一撃のもとに落下させた。銅はゆっくりと峡谷を滑り落ち、ばらばらに割れて、現在の鉱脈となったのである。その後、貴公子と奴隷の男は、釣りの勝負の際に争った。貴公子はその奴隷を、頭を上げるたびに口から胃袋が飛びだす〈赤かさご〉に変えた。専門家の言うところによれば、この魚は水から引き揚げられると、頭をもたげる度に、内臓が口の所まで上ってしまうのだ。すなわちスクアミシュ族の言うように、〈赤かさご〉は「内と外とが裏返しになる」のである。貴公子はまた、義姉を〈青腹《ブラン・ブルー》〉と呼ばれる種類のかさご、つまり「姫であったが故に、魚のうちで最も華麗な」魚に変えた。それから彼は妻を伴い、この間に嫁いでいた二人の娘を地上に残して、天に戻っていった。ある日、姉娘は夫に、父親がスキーナ川上流に出現させた銅鉱脈のことを教えた。二人は遠征隊を組織して銅の鉱脈を手に入れようとしたが、その計画は実現しなかった。というのも、二人は探索行を途中で止めて、「馥郁たる香りを放つ木」を伐り出して売り捌く方を選んだからである。貴公子の娘とその夫は、それをなりわいとして裕福になった。

妹娘の方は夫を、銅に変るという鮭を探しに行かせた。彼は見事に探し当てたが、その「生きている銅」の発散する毒気に当り、ために彼は死んだ。そこで人々は、その銅を焼いてみることにした。すると、鋳造技術としか我々には解釈の仕様がなさそうな発見がなされたのである。航海者や交易者によって銅板がもたらされるまでは、太平洋岸のインディアンは天然の銅を鋸で挽いたり槌で叩くだけであって、この技術は知られていないとされるだけに、この話《エピソード》は猶さら不可解なのである。いずれにせよ貴公子は、再び地上に降りて来て、娘婿を生き返らせてやった。貴公子は「生きた銅」が危険であることを教え、彼の娘の夫とその子孫を除いて、銅の使用を禁じたが、それは、彼の言うところでは、

「生きている銅を殺し、貴重な物に変える」ことのできるのは彼らだけであるからだ。実際彼は彼らに、有毒な煙から身を守る術《すべ》を授けたのである。この知識のお蔭で、二人は思いも寄らぬほど裕福になった。

銅の知識および加工にかかわる、特定の一家系に関わる特権を裏づけるこの神話は、一連の構造的対立ならびに並行関係の上に成立している。登場人物は、その最終目的地が天上であるか水中であるかによって、二つの群に分けられる。この点から見れば、後半部の主役である二人の娘は、前半部の主役である二人の姉妹の再現である。というのも、姉娘のほうは空中の富である木の香料を、妹のほうは水中の富である銅の鮭を発見するからである。従って、一世代から次の世代へ移ると、姉と妹それぞれの姻族関係が交叉することになる。そのまた、次のような対立関係も指摘できる。すなわち、貴公子とその奴隷、美しい姫と身障者であるその妹、山頂の「死んだ」銅と水中の「生きた」銅、木の芳香と銅の人を死に至らしめる悪臭、二通りの富の源泉などである。

邪な独占者——奴隷——の変身である〈赤かさご〉は、ここでもまた、貪欲の側に置かれている。この魚は鮭と対立しているが、鮭は、所有者がその危険に備える術《すべ》を心得ている限りは、所有者を存分に裕福にしてくれる生きた銅なのである。従って、ツィムシアン族では、スワイフウェないしクウェクウェ仮面は知られていないが、対をなすその対立関係の内部では、クワキウトル族によって仮面の贈与主とされる〈赤かさご〉と、サリシュ族によって仮面と直接の関係に置かれる銅とが結びついている。

一方、同じ神話が、但し語りかたは逆の形で、スクアミシュ族（フレーザー河北部の大陸沿岸の）に存在するが、彼らは、スクサイクサイという名の仮面を持っている。巫者《シャーマン》の二人の娘が、屢々湖のほとりへ婿探しに行った。彼女らの呼びかけに最初に応じたのは〈黒かさご〉であったが、二人は飛び出した目を理由に彼を撥ねつけた。ついで現われたのは、炎を反射して燦然と輝く〈赤かさご〉であり、水面下で火が燃えているかのように湖水を輝かせた。これも、大き過ぎる口と巨大な目玉を持っていたので、お断わりだった。娘たちが本当に現われて貰いたいと願っていたのは、「輝く日の御子」であり、彼はここでは湖底から上ってくることになっているが、これはツィムシアン神話で天から降りてくる「光に包まれた」貴公子の別の姿《アルテル・エゴ》なのである。結局彼は「太陽のごとく金色《こんじき》に明るく輝いた」姿で現われ、妹娘と結婚することを承諾した。しかしサインヌクス仮面をめぐるリロエト族神話の水の精たちと同じように（前出、五七頁）、二人の姉妹の父親である老巫者《シャーマン》は、娘たちをだしに花婿志願者を募り、彼らに死に至るとされるような苛酷な試煉を課したのである。主人公は、すべての策謀《トリック》の裏をかく術《すべ》を心得ていたので、家を魔法の岩に変え、その中に義父を閉じ込めた。この岩は現存しており、それを侮辱すると暴風雨が起り、侮辱した者は舟もろとも沈んでしまう。

ここでも、従って主人公は、銅をもたらした存在であり、その太陽のような金属の輝きが特徴的であるが、〈かさご〉との相関関係および対立関係の中に置かれている。この魚にあたえられた役割については、第二部（後出三〇六頁）で深めることにする。以上に述べたことだけで次のことを納得するには充分であろう。すなわち、この魚が仮面の起源に関するクワキウトルの神話に出現していることは偶然ではないということ、および、その出現は、クウェクウェ仮面と、富の最高財でありその象徴でもある銅との共存不可能性によって説明されうるという点である。しかしながら、我々が確認したように、確かにスワイフウェ仮面はサリシュ族によって富の獲得に直接関係付けられているが、これに対し、〈赤かさご〉は――クワキウトル族では仮面と結びついているので――クワキウトル族では直接的に、またツィムシアン族では間接的に、反対の機能を果しているわけであり、それを理解するには、このような部分的、断片的な情報では充分ではない。それは、この仮面が存在する地域では、どこでも同じ造型的特徴があり、仮面と地震の間に同じ繋がりがあったとしても、なおかつ言えるのだ。この不明確な点を確認することで、探究を放棄することを拒否しようとするならば、我々が一次的に閉じこめられた袋小路から脱出するために、我々は迂回戦術によって、固有の道を探し出さねばならない。

IV

すべて神話や神話の段落が、次のような様態のままであれば、理解できないだろう。すなわち、それぞれの神話が同じ神話の別の説話あるいは一見異なって見える神話と対比関係になく、また神話の各場面が同じ神話の別のヴァージョン、あるいは他の神話とも対比関係になく、さらに言えば、とりわけその最も細部における論理的枠組や具体的内容に、逆の要素があると思われる対立関係が存在しないとするならば、である。こうした方法を、造形芸術に適用することは可能だろうか。そのためには、各作品が、その輪郭、装飾、色彩の上で、他の作品と対立していなければならず、この別の作品においても、同じ要素が異なった処理によって、特定の意味内容《メッセージ》を担うべく、本来の要素と矛盾・対立していなければならない。これが仮面について真実だとしても、言語における単語と同様、それぞれの仮面がそれ自体において、すべての意味作用を含んでいるわけではない、ということも認めなくてはなるまい。意味作用というものは、選んだ単語が内含する意味、ならびにこの単語の選択そのことによって排除され、その単語に代替しうる他のすべての単語の意味、という両面から生じるのである。

そこでここでは、一つの作業仮説として、我々にスワイフウェ仮面の特徴と思われた形態、色彩、外観は、それ自体としては意味を持たない、あるいは、個別的に捉えた意味では不完全なものである、として置こう。従って、仮面だけ切り離して解釈しようとするのは、全く無益な試みとなろう。次で、これらの形態、色彩、外観も、それと対比関係にある他の要素とは切り離せないとして置こう、というのもそれらは、最初の仮面と対立しているいることがその存在理由の一つとなるようなタイプの仮面を特徴づけるために選ばれているからである。このような仮説においては、二つのタイプの仮面を比較することによってのみ、意味論的な場、すなわちそのなかで各タイプの仮面の機能が相互補完される場が決定されることになる。このような全体的な意味論的場の次元においてこそ、我々は立脚点を見出さねばならないのだ。

スワイフウェ仮面と対立し、かつ相関的関係にあるようなタイプの仮面が存在すると仮定するならば、我々がスワイフウェ仮面を解明し、描写するのに役立った識別的特徴を手懸りとして、その仮面の識別的特徴を導き出しうるはずである。それを実際に試してみよう。仮面の付属品や、それに付きものの衣裳によって、スワイフウェ仮面が、白い色と親縁性のあることは明らかである。従って、もう一方の仮面は、黒いか、あるいは暗い色調と親縁性があるはずである。スワイフウェ仮面およびその衣裳は、羽根で飾られているので、もう一方の仮面に動物に由来する装飾が付いているとすれば、それは体毛に属するものとなるはずである。スワイフウェ仮面は目が飛び出している。それゆえ、もう一方の仮面では、反対の様相を示しているはずである。スワイフウェ仮面は、大きく開いた口と、垂れ下がった下顎があり、大きな舌を顕わにしている。従ってもう一方の仮面では、口の形は、舌が顕わに見えないようなもののはずである。最後に、二つのタイプの仮面の起源神話、その宗教的、社会的、経済的背景《コノテーション》の間には、既に造形面の角度からのみ述べたものと同じ弁証法的関係——対称、対立もしくは矛盾のそれ——が成立すると期待しなければなるまい。もしこの並行関係を確認することができるならば、当初の仮説を、最終的に証明することになるはずである、すなわち、仮面のような分野でも、——神話的素材、社会的、宗教的機能、ならびに造形表現が融合している分野だが——この三つの次元の現象がいかに異質なものに見えても、機能的には結びついているということだ。その結果、三つの現象に対して同じ分析を適用することが、正当化されるのである。

ところで、この理想的な仮面の実例を見つけるには、この仮面が満たすべき諸条件としてアプリオリに述べてきたことで充分である。実際、純粋に形態上の疑問を解決する必要

ゾノクワ仮面
（クワキウトル族）

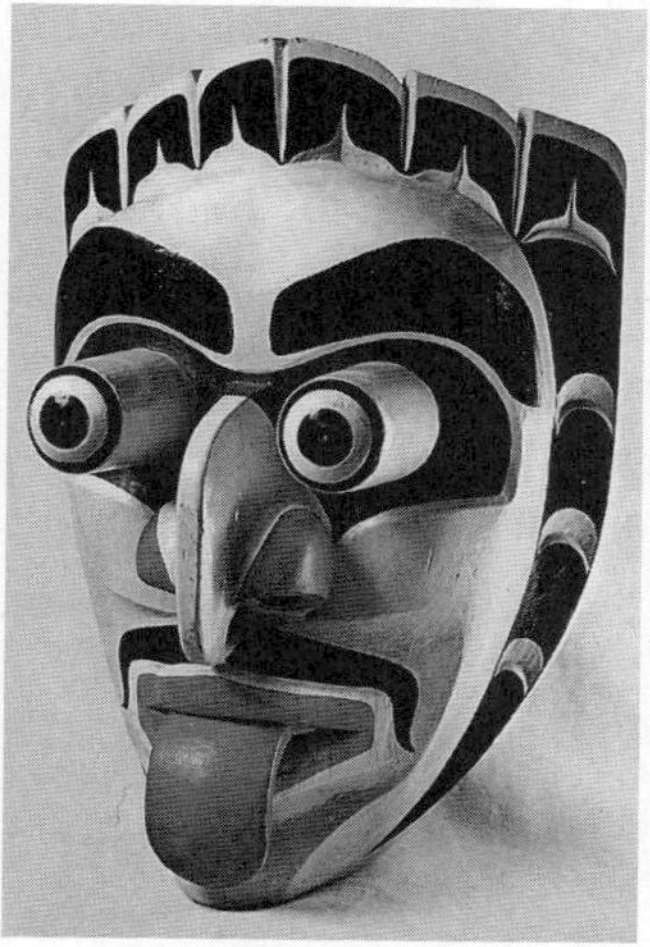

クウェクウェ仮面
（クワキウトル族）

に迫られて、我々が行ったのは、その造形的な特徴の全てを考慮に入れつつ、試みてきたのは、クワキウトル族の所有するゾノクワと呼ばれる仮面について、記述し復原するということ以外の何ものでもなかったからであり、同時に忘れてはならないが、彼らは、他の多くの仮面とともに、サリシュ族から借用した、クウェクウェという名のスワイフウェ仮面をも所有している。しかも、クワキウトルの、伝説的性格を持つ物語では、この二つのタイプの仮面に関連をもたせている。すなわちそれらの説話の一つでは、クウェクウェ仮面を平和裡に手に入れた主人公は、超自然的存在たる〈ゾノクワ〉の息子なのである。そしてまた、彼の呪力は、主として彼の祖先と同じく、叫ぶ能力に由来している。

一般的に言って、〈ゾノクワ〉という語は、或る一群の超自然的存在を指しており、多

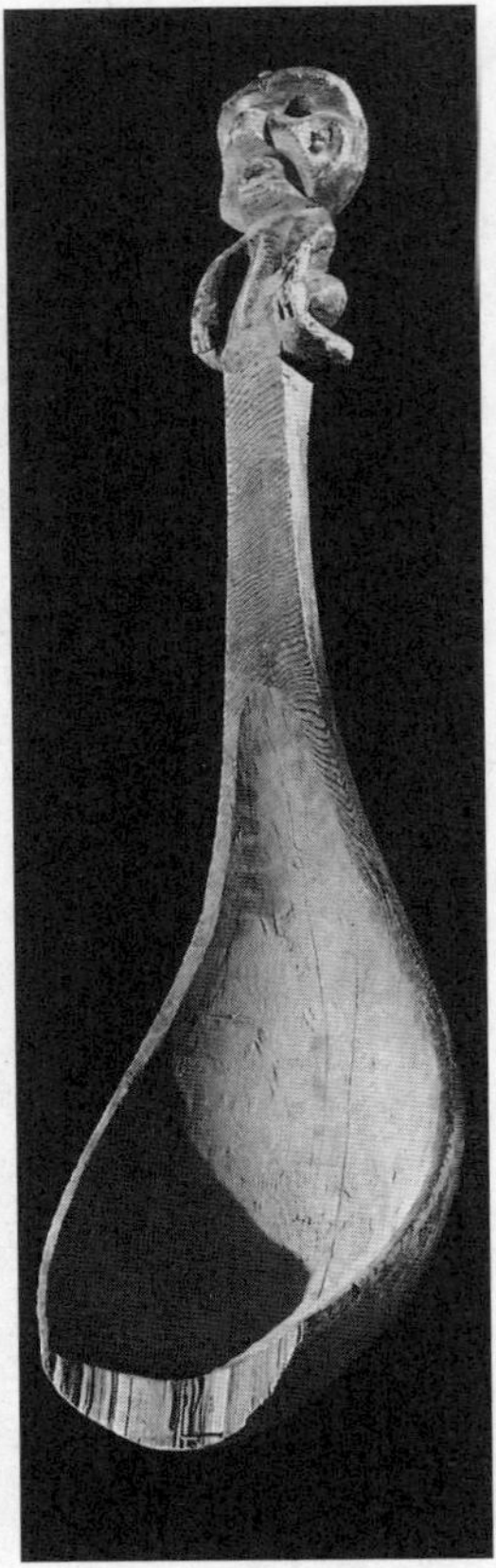

〈ゾノクワ〉の姿を彫んだ儀礼用大匙

くの場合女性であるが、性別を問わず大きな乳房を持っている。従って、我々としてはこの語を、主として女性形で用いることとする。〈ゾノクワ族〉は森の最も深い所に棲んでいる。獰猛な大女であり、あまつさえインディアンの子供を誘拐して食らう人食い鬼女でもある。しかしながら、ある場合には人間に敵対し、ある場合には人間と共犯関係にもなるという、曖昧な関係にある。クワキウトル族の彫像は、〈ゾノクワ〉を象ることを好んだ。この仮面は、その特徴のゆえに識別が容易であり、極めて数多くの作品が知られている。

この仮面は、それ自身が黒いか、あるいはその装飾に黒い色が支配的である。多くの場合、毛髪、顎鬚、口髭を表わす黒毛の飾りがあり（これらは女性仮面にも付いている）、仮面を被る者は、体を蓋う黒い布あるいは暗い毛色の熊の毛皮をまとっている。目は、飛び出て大きく見開いているスワイフウェ仮面とは反対に、落ちこんだ眼窩の底に孔があいているか、あるいは半ば閉じている。事実、凹んだ様態《アスペ》は目だけに限らない。頬も落ち窪んでおり、また〈ゾノクワ〉の立ち上がった像を作る場合には、体の他の部分も凹んでいる。或るクワキウトル族の神話に登場する主人公は、「水の流れの中に、鉢のような穴のあいた岩を見つけた（……）。彼はその穴がゾノクワの目だと分った（……）。彼は水に潜り、ゾノクワの目に入っていった」。別の神話によれば、〈ゾノクワ〉の頭蓋骨は浴槽に使

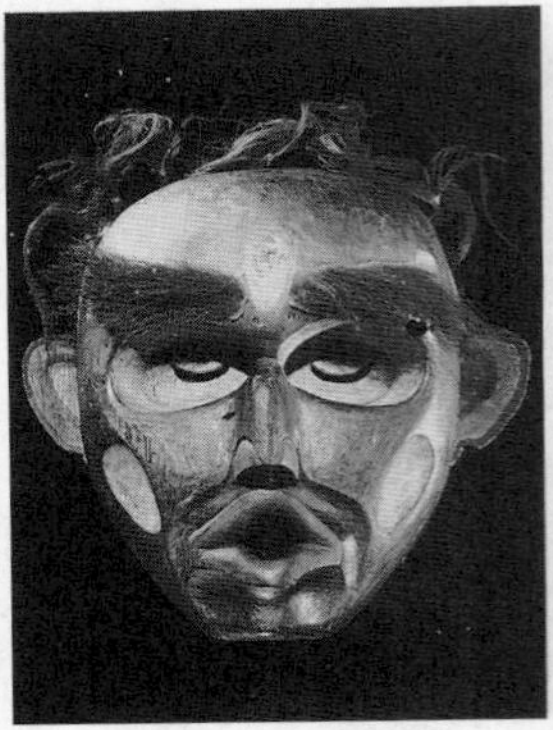

▲半ば目を閉じた〈ゾノクワ〉の仮面（クワキウトル族）

▲眼窩に目の落ち窪んだ〈ゾノクワ〉の仮面（クワキウトル族）

われている。儀礼用の皿は、時に巨大なものもあるが、人食い鬼女を象っている。主食の皿は、足を折り曲げて仰臥した人物像の腹部に彫られている。それには、実用の食器皿一式が付随しており、そのなかの凹んだ什器は、それぞれ顔、乳房、臍、膝蓋《しつかい》骨を象っている（一二九頁図版参照）。

これらの仮面やその他の彫像の口は、大きく開いていることはなく、逆にこの怪物が「ウーウー」と特徴的な叫びを発する時の、唇をすぼめ尖らせた恰好をしている。こうした唇の恰好のために、舌は、出すのはおろか見えさえもしない。しかし、〈ゾノクワ〉を象る彫像にはすべて、垂れ下った舌がない代りに、乳房が大きく垂れ下っており、時には地面に付くほど大きいと言う。

思い出しておきたいが、サリシュ族によると、スワイフウェ仮面の祖型をなす物は、天上ないしは水底から、つまり上方ないし下方から来たとのことであった。ゾノクワ仮面の祖型である人食い鬼、および人食い鬼女は、上述のように山奥もしくは森、つまり遠方から来ている。機能的な観点からすれば、スワイフウェ仮面は、最高の単系血縁集団《リニャージュ》の始祖

〈ゾノクワ〉の形をした儀礼用大皿の部分

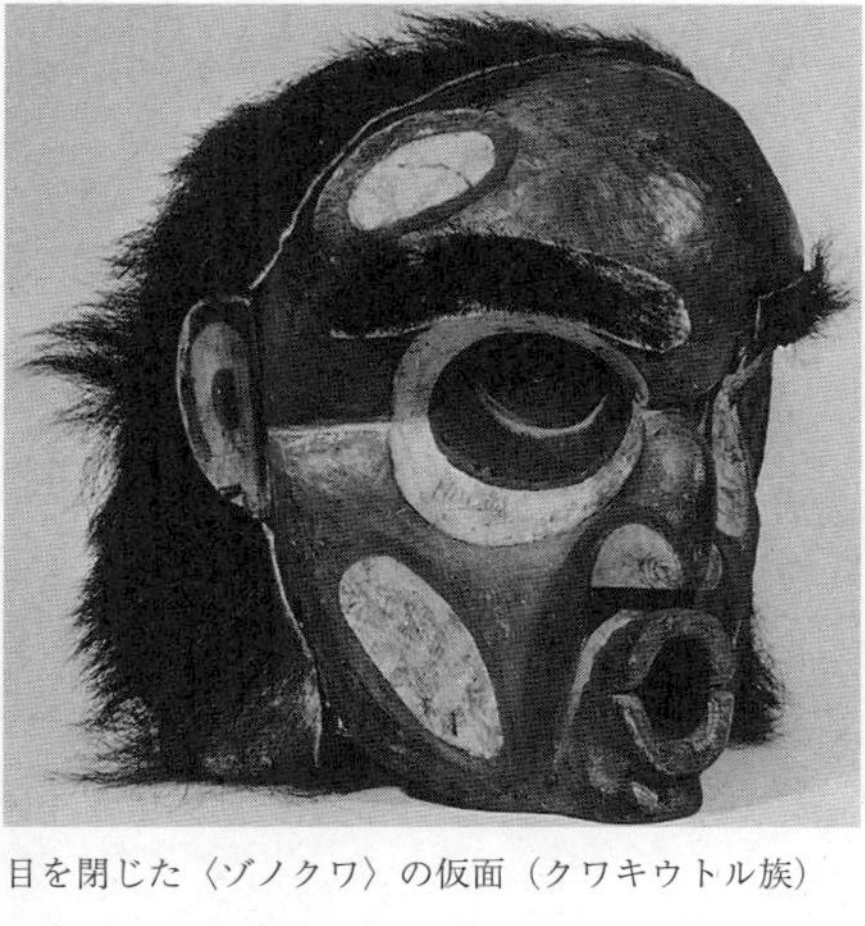

目を閉じた〈ゾノクワ〉の仮面（クワキウトル族）

を表わしている。すなわち社会秩序の具現であり、これは〈ゾノクワ〉とは対立関係にある、と言うのも〈ゾノクワ〉は、非社会的精霊であり、部族の祖先ではない者たち――祖先とは、その定義において続く子孫の産みの親である――そうではなくて、子供の掠奪者にして世代間の継承を妨害するものなのだ。踊りの最中に、ある仮面をつけた者がスワイフウェの目を槍の一撃で潰そうとする（前出、三二、四四頁）。後述するように、〈ゾノクワ〉は盲目であるか視力耗弱であって（後出、一一五頁）、この鬼女は、誘拐して負い籠に入れた子供の目蓋を樹脂でくっつけて盲目にしようとするが――これとは対照的に、スワイフウェ仮面は、籠に入れて運ばれて来るのだ。最後に、スワイフウェ仮面は、冬の神聖儀礼の際に現われることは全くないが、ゾノクワ仮面は、当然の権利としてこの祭儀に加わるのである。

ここで、クワキウトル族が、一年を二期に分けていたことに留意しておこう。春と夏を含む〈バクス〉という期間は、一連の習俗行事で占められていた。祖先の仮面が作られる〈クラシラ〉と呼ばれる四日間のカーニヴァルの後で、秋と冬を含んだ〈ツェツェカ〉期が始まる。一つの期間から別の期間に移るのに伴い、固有名詞、歌、および音楽形式まで変った。非宗教的な社会組織に代って、宗教結社が中心になる。個人個人が超自然的存在との間に保つとされる関係によって決まる特別な体系が、効力を持つに至る。この全面的に儀礼に当てられる冬の期間中、各結社では、出自および身分によって結社に志願する資格があると認められた者に入団式が行われたのである。

その際、村は二つの集団《グループ》に分割された。結社に入っていない者は観衆となり、入社した者は見世物を演じたのである。この後者は、更に主要な二つの範疇《カテゴリー》に分ける必要がある。結社における最高の階梯として、〈あざらし〉と〈人食い〉の結社があったが、それぞれ三つの階層に分れており、定められた年期は十二年であった。この二大結社のやや下に、〈戦争霊〉の結社があった。下級の結社をなす〈あとり〉あるいは〈燕雀〉結社は、年齢別に、更《さら》に〈ペンギン〉、〈雄家鴨〉、〈鯱《しやち》〉、〈鯨〉結社に分けられていた。女性も、これと並行する結社組織に属していた。この結社の階梯の両極、つまり〈あとり〉と〈海豹〉結社の間には、競争意識はもちろん、敵意すらあった。入社儀礼は、演劇的な様相を呈していた。すなわち、それはある時には劇的な、ある時にはサーカスじみた見世物であって、そこではトリックやアクロバットや奇術といった、巧みな演出を必要とするものが演じられた。

以上、この複雑な体系の大まかな輪郭を示すに留めたが、そのなかで〈海豹〉結社に属するゾノクワ仮面は、ささやかながらはっきり決められた役割を担っていた。仮面を被った踊り手は、眠った振りをするか、少なくとも夢うつつの振りをした。彼の座席から入口まで一本の綱が張られ、彼は手探りで動くことができた。それゆえこの踊り手は、〈食人〉結社の新入会者が食人の役割を演じる殺戮の場に列席する際に、常にやや遅れて辿り着くのである。儀式の歌は、人食い鬼女の威力をこう称えている。「見よや、これこその腕に人を攫って、悪夢と心身喪失をもたらす偉大なるゾノクワぞ。偉大なる悪夢をもたらす御方！ 我らを失神せしめる偉大なる女神よ！ 恐るべきゾノクワよ！」と。しかしながら彼女は、睡魔に襲われて踊ることもできず、炉の周りを巡りながら道順を誤り、よろめ

眠ったような〈ゾノクワ〉の仮面

〈ゾノクワ〉の化身となった踊り手

き倒れる。彼女がたちまちに眠りこむことになっている元の場所に、彼女を連れ戻さなくてはならない。目を醒すたびに、彼女は儀式に積極的に加わることはなく、指さされるたびに、再び眠りに落ちる。スワイフウェ（あるいはクウェクウェ）の踊り手の行動に対して、これ以上対照的なものは考えられないだろう。スワイフウェの踊り手は、サリシュ族では、自ら天上を指さして自分が何処から来たのかを示すのであるし（第三者が〈ゾノクワ〉を指さし、彼女の居る場所、彼女がそこから動こうとしない場所を指すのとは逆だ）、またクワキウトル族においても、ひとたび踊り始めるや、取り押えられない限り、止めようとはしないからである（前出、六六、五一頁）。

クワキウトル族が、スワイフウェ仮面をサリシュ族から借りたにしても、サリシュ族は〈ゾノクワ〉ないし、それと同称の登場人物を、クワキウトル族と共有している。フレーザー流域の部族および島のコモクス族は、その人物を〈サスクアッチ〉または〈ツァナク〉と呼称しているが、これはすなわち濃い眉と、眼窩深く落ちこんだ目をし、長くおびただしい髪、厚いすぼめた唇、屍骸のように窪んだ頬を持つ黒い大女である。仮面を被った者は黒い被布を纏い、あたかも眠気に勝てないかのように、入口でよろめくのであった。これは、子供をさらって負い籠に入れようと徘徊する、ルンミ族の人食い鬼女〈ツアルッチ〉と明らかに同一人物である。また例の島および大陸の人食い鬼女〈タル〉とも同一人物であり、この鬼女は、子供をかまどで料理し、自分もそこに落ちて焼かれ、その灰のなかから超小型の食人たる蚊が生れたと言われる。ところで、この仮面の所有が世襲的な特権を発生させたとは言え、資力さえあれば、いかなる家系であれ、それを買うことはできた。いくつかの高貴な家系の特権となっているスワイフウェ仮面とは逆に、タル仮面を購い求めることは「にわか成金」にとって、社会的地位を獲得する高価な手段ではあったが、その他のあらゆる点では容易な方法だった。この二つのタイプの仮面は、従って、この点でも対立しているのである。

V

造形的な角度だけから見ると、全体が突き出ていると言えるようなスワイフウェ仮面と、全体が窪んでいるゾノクワ仮面とは、対比的である。ただ同時に、両者は殆んど鋳型と鋳物のように、相互補完的な関係にある。この点は、その社会的、経済的、儀礼的機能についても恐らく同様であろうと予想される。この対立と照応の網の目は、それぞれのタイプの仮面にまつわる神話の総体にまで及んでいるのだろうか。我々は既に、サリシュ族にお けるスワイフウェ仮面の神話群《ミトロジー》を分析し解釈した。同じ調査を、クワキウトル族における ゾノクワ仮面について続けることとしよう。

一つ確認しておくべき事がある。クウェクウェ仮面――サリシュ族のスワイフウェ仮面に当る――に関する物語は、二つの形《タイプ》に属していることが分っている。一つは歴史的もしくは少なくとも伝説的な部類のタイプであり、もう一つは明らかに神話的なタイプである。第一のタイプには、クワキウトル系としては、小部族《サブ・グループ》のニムキシュ族とコエクソテノク

ナイト入江内の景観

半ば目を閉じた〈ゾノクワ〉の仮面

族が登場し、サリシュ系としてはコモクス族が登場する。その語り手の視点に立ってみると、これらの伝説的物語は従って、島および大陸沿岸の中央地帯、ならびにその真南に当る島の部分が舞台となっている。神話的性格を帯びている物語の場合は逆であり、ニムキシュ族の居住地とスコット岬の間、つまり島の同じ中央地帯と最北端の間の地域が舞台となっている。この二つの指摘を綜合すると、クウェクウェ仮面の起源神話は、すべて南北軸の上に展開していると言うことができる。

逆に〈ゾノクワ〉が現われる神話は、その殆んどが、ほぼ東西軸の上に分布するクワキウトル系に由来する神話である。この系統には、ナコアクトク、ツァワテノク、テナクタク、アワイトララ、ニムキシュ、トラスケノクなどの部族があるが、これには北方のヌートカ族も加える必要があろう。ボアズが蒐集した地名の幾つもが、〈ゾノクワ〉なる登場人物を暗示しているか、もしくはその名をはっきり挙げている。ところで、上記のすべての地点――ニムキシュ川の向いにある小島、セイムアー入江《インレット》の奥の地点、これから検討する神話の展開されるナイト（騎士）入江《インレット》の各地など――もまた同じような神話分布を示している。実際、神話の重心と言ってよければ、「ゾノクワの出てくる」神話の重心は、ナイト入江とその周辺にある。ナイト入江はクワキウトル居住地で最も深いフィヨルドであり、シルヴァースロン山や、ウェディントン、ティルドマン、マンディ、ロデルの山々のある、標高三〇〇〇から四〇〇〇メートル、場所によってはそれ以上高い山岳地帯に入りこんでいる。そこは、東に遠く隔った最も恐るべき地域であり、最も近づきがたい。従ってクウェクウェ仮面の神話が、二つの極、すなわち敵ではないまでも異人たちの世界であるコモクス族の居住地と、未知の部族の地である広大な地域という両極の間に分布しているが、これに対して、それを横切る軸に分布している〈ゾノクワ〉神話の分布軸の両極

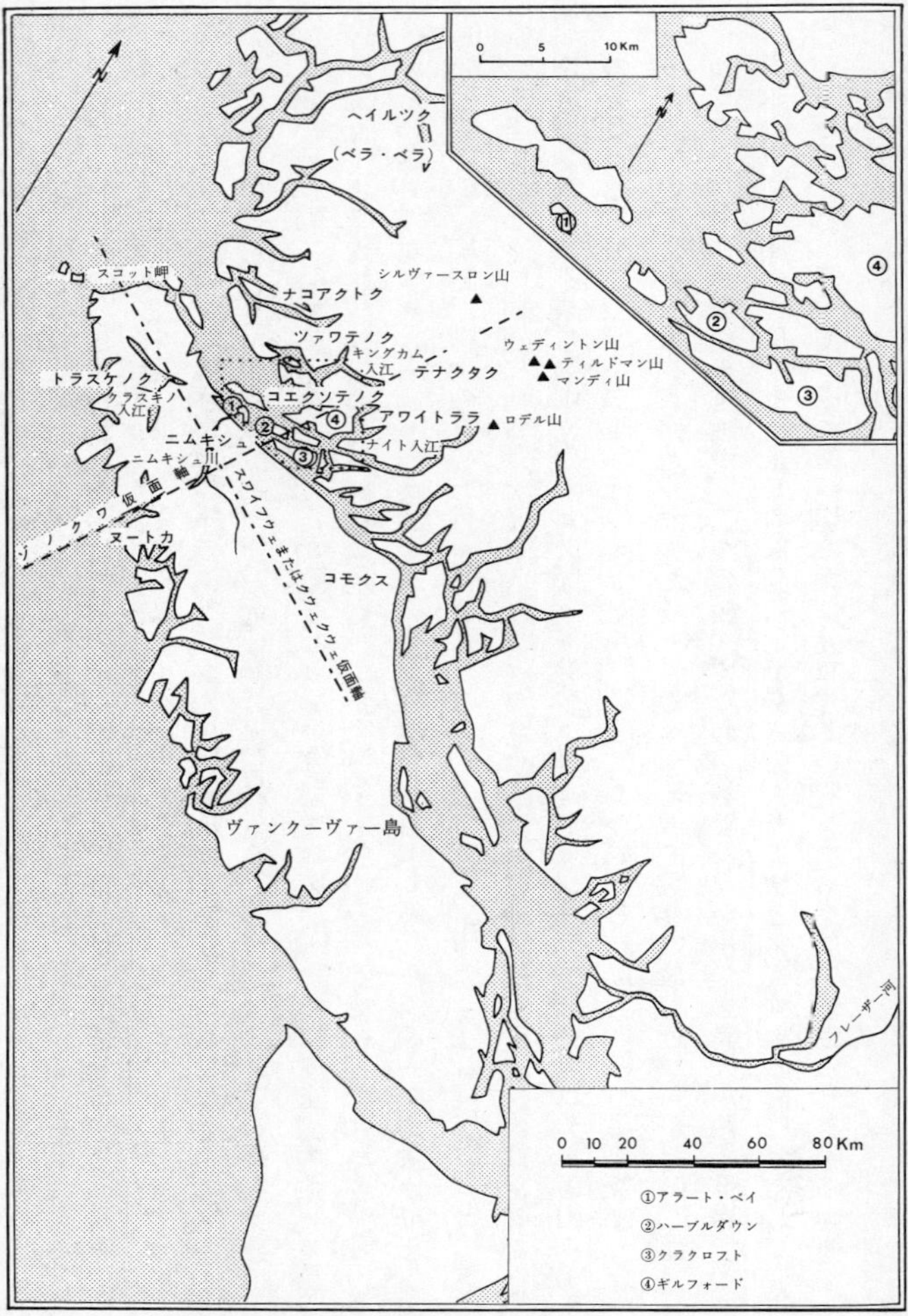

クワキウトル族居住地の地図。地域集団と，〈ゾノクワ〉神話軸，〈クウェクウェ〉神話軸の両軸を示す

に相当するのは、一方では海であり、もう一方では、より近づきがたく、より恐しいという点で閉鎖的な土地なのである。

恐らくこうした指摘には、あやしい部分もあるだろう。クワキウトル族についての我々の情報は、他部族に関するものと比較していかに豊富に見えても、完璧だとは言いがたく、また実際には神話や地名の分布がそれほど明確に捉えられていないことも否定できないだろう。しかし、ボアズの調査およびその後継者の調査に対して、試行的調査の評価しか与えないとしても、こうした調査によって、二つのタイプの仮面に関わる諸々の神話を、対蹠的な方向軸に従って分割しうることの重要さに変りはない。

クウェクウェ仮面の本来的な意味での神話群《ミトロジー》は、我々にはかなり貧弱に見える。ゾノクワ仮面神話の方が、極めて内容豊富であり、その迷路を辿るには、予備的な分類が必要になってくる。これまで検討してきたゾノクワ神話は両極のタイプに分類されるが、全く相対的な意味でだが、弱い神話と強い神話と言うことができる。まずは、第一のタイプについて述べることにしよう。

ニムキシュ族には、泣きやまない子供を黙らせるために、人食い鬼女でおどかすという話がある。おどされた子供が真夜中に逃げだすと、〈ゾノクワ〉に攫われた。鬼女は子供を地下に引摺りこんだ。子供の泣き叫ぶ声は聞えるが、その姿が見つからない。努力の甲斐もなく、捜索は打ち切られた。人食い鬼女は、子供を遥かな奥地へ連れて行った。だが、この幼い犠牲者も抜け目がなかった、四六時中監視の眼を光らせている鬼女に、美しくなる魔法を施してやると佯《いつわ》って、彼女を殺し、死体を薪の上に乗せて焼いた。村へ帰ると子供は、自分の冒険談を語った。村の者は〈ゾノクワ〉の棲処へ出掛けて行き、その富の一切合財を奪った。貯えられた漿果だの、干し肉、毛皮……などを手に入れた。この若い主人公の父親は、それらを〈贈与儀礼《ポトラッチ》〉の際に分配した。

ナイト湾右岸の内陸部の奥に居住するアワイトララ族の神話は、フィヨルド下流のハンワティという土地から話が始まるが、それによると、ある家族が漁を求めて、フィヨルド上流まで遡ることにした。ところが、獲物の鮭を干して置くと、それが次々と消えてなくなった。両親は、若い息子の怠慢のせいだとして荒々しくなじった。それと言うのも、彼の年頃の若者に義務づけられた試煉を済ませていれば、必ずや精霊の庇護を受けられ、精霊に一家の汗の結晶を守って貰えるに違いないからである。

図星を指された若者は、儀礼の沐浴を行なった。彼の前に精霊が現われ、彼に秘儀について教えてくれた。彼はまた、幾つもの丸い石を授けられた。その石を使って、逞しくなった若者は、紛れもない〈ゾノクワ〉の一団だった魚盗たちを、見事に退治した。主人公とその父親は、人食い鬼女の棲処で、二人の未だ幼い鬼女の娘と、山のような富を見出し

〈ゾノクワ〉を象るトーテム柱のあるクワキウトル族の廃屋

た、すなわち肉であり、熊や野生山羊の毛皮であり、干し漿果《しょうか》であり、更には盗まれた鮭をそっくり見つけたのである。彼らはこれらの分捕り品を、〈ゾノクワ〉の娘たちと共に、アワイトララ族の領土の対岸、ヴァンクーヴァー島東海岸のクワキウトル系の部族が住むと覚しき村に運んだ。父親は〈ゾノクワ〉を、祭儀の名として、「全ての部族」を招待し、饗宴を催した。そして興奮が頂点に達した所を見計らって、父親は、それまで隠しておいた〈ゾノクワ〉たちを登場させた。参会者一同はそれを見て麻痺したような状態になったところを、若者は機を逃さずその多数を殺してしまった。何人かの生き残りに、彼は皮と毛皮を配った。郷里に戻った彼は、その偉業を記念して、住居の前に四体の〈ゾノクワ〉像を建てた。

ナイト入江の奥に居住し、アワイトララ族に隣接しているテナクタク族の神話の舞台も、やはりハンワティである。或る猟師とその妻が、フィヨルドの入口で、漁のために野営していた。夜中に誰かが野営の雨囲いを剝がして、その下に干してあった魚を盗もうとしている物音を聞き、朧な人影を認めた。男は弓を取って射た。相手は矢を受けて藪の中に倒れたが、まんまと逃げおうせた。

翌朝、猟師が足跡を辿って発見したのは、奇怪な生き物の屍体で、乳房が大きく垂れ下り、丸くすぼめた口唇を突きだしていた。それは男の〈ゾノクワ〉だった（この解剖学的奇型については前出、八七頁参照）。猟師夫妻は、再びフィヨルドを遡って、村へ帰った。翌日、反対の方角へ向ったインディアンが、岩だらけの岸辺で涙にくれる大女の〈ゾノクワ〉をみとめた。彼らは村へ帰ってその見た通りを語った。かの猟師には、その生き物が死んだ同類を悼んで泣いているのだということがよく判った。若者たちは興奮して、直ちに押しかけようとした。しかし目撃者の夫婦は、彼らを必死に思い留まらせようとして、次のように説明した。「その目は巨大で、火が燃えているかのようだ。頭は貯蔵函ほどの大きさがある」と。それでも若者たちは出掛けて行き、〈ゾノクワ〉の鬼女を見つけて、問いただした。彼女は息子を失くしたのだと答えた。彼女の復讐を恐れて、若者たちは逃げ戻った。

村には、醜男だが遠慮深く無口な若者が住んでいた。彼は仲間の話を聞くと、一言も言わずに立ち上り、自分の小さなカヌーに乗って出掛けて行った。今度は、彼が〈ゾノクワ〉に問いただしてみると、彼女は、息子を返してくれた者を裕福にしてやろうと約束した。彼は鬼女を猟師の野営小屋へ案内し、それから足跡を辿って、屍体のある場所まで行き、〈ゾノクワ〉は主人公に付き添われてその遺体を自分の棲処まで運んで行った。

彼女の住居は大変広く、貯蔵品で充ち溢れていたが、鬼女は自分の守護する若者に、これらの貯蔵品を贈物として与えた。そのなかには、鞣皮《なめしがわ》、干し山羊肉、それに彼女を象った仮面があった。彼女は鉢から汲んだ魔法の水で息子の屍体を生き返らせ、また醜男だった主人公も、水を振りかけられ眉目秀麗な若者になった。だが彼は、両親を失くしたことが悲しいと、守護者の鬼女に言った。彼女は、彼が両親を生き返らせるのを手助けをしようと約束した。主人公は、それらの富のすべてを村に持ち帰り、冬の最初の儀礼を執り行い、鬼女から貰った魔法の水で両親を生き返らせた。翌日彼は、村の者全員の前で、鬼女〈ゾノクワ〉の舞踊を演じてみせ、魔女の富のおかげで、彼は招待した村の者をもてなし、存分に贈物を与えることができた。そのときこの物語の冒頭に語られている猟師が現われて、この踊りは、自分が血を流すという代償を払って物にしたのだと主張し、舞踊の引き渡しを要求した。これに対して主人公は、「それは違う。ゾノクワはこの踊りを私だけに伝授してくれたのだ。彼女は、息子を殺した男に譲り渡すようにとは言わなかった」と答えた。それ以後、二人の男の子孫の間には、反目と嫉妬が続いている。

アワイトララ族とテナクタク族も、ほぼ同様の表現で、次のように語っている。昔、女が息子と二人だけで住んでいた。ところが貯えておいた鮭が夜毎に消え失せるのだ。女は弓と鏃矢を作って待ち伏せし、屋根を持ち上げている〈ゾノクワ〉を見つけた。彼女は矢を射かけ、鬼女の乳房に傷を負わせた。その鬼女は逃げたが女主人公が跡を辿って行くと、棲処で死んでいる〈ゾノクワ〉を見つけたので、屍体から頭を切り取った。彼女はその頭蓋骨を切り取り、それを盥にして息子を沐浴させた。この施療によって、彼は人並外れて逞しくなった。後に若者は様々の怪物を退治するが、なかには彼によって石に変えられた〈ゾノクワ〉鬼女もいる。

クワキウトル系の別の部族であるツァワテノク族は、キングカム入江の北に居住していた。その神話の一つには、成人してのちも、「森のゾノクワ」に誘拐される危険をも顧みず、森を駆け回るのが好きな一人の姫君が登場する。果して彼女は、ある日、強い大女に出遭ったが、大女は言語障害のせいで吃りながら、彼女を住居に招待した。鬼女は、若い娘の毛を抜いた眉を讃めたたえた。娘は鬼女を、自分と同じくらい美人にしてあげると約束し、その代償の先取りとして、人食い鬼女の、他ならぬ結婚適齢期の装束である魔法の衣裳を貰い受けた。王女は〈ゾノクワ〉を村へ連れて行き、理髪師に紹介すると偽って戦士を招き入れ、槌と石鑿で〈ゾノクワ〉を殺させた。姫の命令で、屍体は頭を切り取られた上で、焼かれた。村を挙げて人食い鬼女の棲処へ押しかけてみると、そこは獣の皮、毛皮、干し肉、脂身といった富で溢れていた。姫君の父親は、巣の中にいる鷲を頂く人間の顔をした仮面を奪い、「悪夢をもたらす女の巣窟の仮面」と名づけた（前出、九二頁）。この出来事は聖なる季節ではない時に起った。〈ゾノクワ〉の貯蔵品は分配され、そのような贈与をした家系は最高の位階についた。婚期に達した若い娘が、山羊の毛で作った〈ゾノクワ〉鬼女の装身具を身に付けるようになったのは、この時からである。この結論については後でまた触れることにする。

島の北部に面している大陸沿岸部のナコアクトク族の語るところによれば、十二人の子供が砂浜で貽貝《いがい》を食べながら遊んでいた。彼らは、その兎唇[4]のために蔑視されている女の子を執拗にのけ者にしていた。女の子は負い籠を背負って近づいて来る〈ゾノクワ〉の姿を認めた。真先に摑まるものと思った彼女は、貽貝の殻を身に帯びて、彼女は、自分が入れられた負い籠の底をそれを使って破り、他の五人の子供とともに地面に転がり落ちた。

棲処に戻った〈ゾノクワ〉には、残った六人の子供を料理しようとした。すると小屋の片隅に胴まで埋められていた一人の美女が、人食い鬼女を眠らせる魔法の歌を教えてくれた。そうすれば子供たちは、鬼女を火の中に押し込んでやりさえすればよかった。実際彼らはそれをやってのけた。〈ゾノクワ〉の子供たちが戻って来たとき、美女は彼らに食卓につくように言った。それまで隠れていた他の子供たちは、鬼女の子供たちが母親の肉を食べていると言って嘲笑ったので、鬼女の子供たちは逃げ去った。命拾いした子供たちは、彼らの超自然的な守護者を掘り出し、村に連れ帰った。

最後に、言語および文化においてクワキウトル族に近く、クイーン・シャーロット諸島の南部に面する、リヴァーズ入江とダグラス水道《チャンネル》の間の、大陸沿岸部に定住するヘイルツクあるいはベラ・ベラ族の事例によって、この弱い形象の検討を終えることにしよう。彼らの語るところによると、泣きやまない女の子が祖母のもとに預けられていたが、それはその祖母なら泣きやめさせられるかも知れないという期待があったからである。〈ゾノクワ〉が、この老女の姿に変装して、子供を攫って行った。攫われて行きながら、その女の子は自分の衣服の縁をちぎっては落して行った。人々はその跡を辿って、人食い鬼女が棲む高山の頂まで行った。鬼女が留守だったので、女の子は救け出された。戻ってきた〈ゾノクワ〉は、女の子が失踪したと知るや、彼女の捜索を始めた。鬼女は救助に来た一行に追いついた。彼らは鬼女の魔力を鎮めるために、自分たちの舌を嚙んで、鬼女に向ってその血を吐きかけた。鬼女は、その子が愛らしいので、傍らに居たいのだと反論した。善意の証拠として、鬼女は首長に自分の踊りを捧げた。人々はやっとのことで、鬼女を放逐することができた。

ヘイルツク族の別の神話では、〈ゾノクワ〉が別の名称、すなわち方言の〈カワーカ〉

目を閉じた〈ゾノクワ〉の仮面
(ヘイルツク族)

なる名前で登場してくる。この人食い鬼女は、人命を奪う疫病の流行に乗じて屍体を奪い、壮健な者までも、彼女の目の放つ閃光に当って麻痺したところを攫われた。その目は穴のようであった。一人のインディアンは、人攫いが何者なのか、確かめたいと思った。彼はわざと人食い鬼女に攫われて行き、その後でまんまと逃げ出した。その村は〈カワーカ〉人食い鬼たちに戦争を仕掛けた。鬼たちは皆殺しにあい、その屍体は焼かれた。一方、主人公は財物を奪い取ったが、それは銅板、毛皮および干し肉であった。かくして彼は富裕になり、大首長となった。ヘイルツク族にもまた、先に検討した神話と殆んど違いのない説話がある。それについては別の箇所で論じたことがあるが、いずれにせよ、それらの説話が、当面の資料体に大きく付け加えるものがあるとは思われない。そこで今度は、特にヴァンクーヴァー島系の強い説話《ヴェルシオン・フォルト》に移ることにしよう。

ヌートカ族に隣接するトラスケノク族は、島の北部の西海岸に住んでいる。彼らの神話の一つには、ある家族が同じクラスキノ入江の対岸にある村を訪れる話が語られている。人食い鬼女がその一家の子供を全員攫うのだが、鬼女はまず子供たちの瞼を樹脂で閉ざして盲目にした。子供が居なくなった母親が余りに激しく泣いたために、洟《はなみず》が鼻から地面まで流れ落ちたが、そこから一人の子供が生れた。彼は長じるに及んで兄たちを探索に出かけ、地面に下半身を埋めた貴婦人に出遭ったが（前出、一〇八頁）、彼女は、鬼女が不死身になるためにおのが心臓を隠しておく場所を教えてくれた。主人公は彼女を美人にしてやるという口実を設けて鬼女を殺したが（前出、一〇八頁）、彼女はすぐに生き返った。最後に彼は、見事に鬼女を殺し、兄弟たちを生き返らせて、天に昇っていった。

これもまた島に住むニムキシュ族の話だが、洪水の後、地上に住んだ最初の人間の子孫についての神話がある。その息子は、未来の岳父によって課された、死を賭さざるを得ないとされている試煉を乗り越えて、愛する女性と結婚することができた。彼らは一人の息子をもうけたが、その息子は〈巨人〉と名づけられ、ゾノクワ仮面結社の長となり、後に太陽の娘と結婚する。そのまた息子は、大洋を騒がす波の渦を支配している。

島のクワキウトル系のこれらの神話には、隣接しているヌートカ族とはっきりした親縁関係があり、後者の場合には、より首尾一貫した説話《ヴエルシオン》がある。このインディアンにおいては、人食い鬼女は〈マラーハス〉と呼ばれる。彼女は、ある女から子供たちを攫い、炉の上で焙り殺したと言われている。母親のほうは、洟から生れたもう一人の子供を得、その息子は人食い鬼女探索に出かけた。ある日、彼が木に攀じ登っていると、人食い鬼女が、水に映った彼の姿を見て一目惚れし、その若者の隠れ家を探し出し、結婚したいと言った。彼は鬼女を美しくしてやると偽って、彼女を何度も殺したが、彼女の心臓が体の外にあることを知って、これを突き刺すまで、彼女はそのつど生き返った。主人公は、兄たちの遺体に放尿して、彼らを生き返らせた。それから、彼は父親に会いに天へ昇って行ったと言う。その際、彼はまず、二人の盲目の老婆に、道を教えて貰った代りに、彼女らの視力を取り戻してやったが、目的地に辿り着き、父親の許で暫く過すと、再び彼は地上に舞い戻って魚をもたらし、世界に正しい秩序を与えた。彼が降り立ったのは、ナイト入江側の地で、「炬火＝魚の地」と言われるザワデであり、捕えられていた魚を解放し、土地の首長の娘と結婚したが、娘は彼に父親を警戒するように言った。果して首長は、ありとあらゆる試煉を課して、自分の婿を殺そうとした。だが若者はそれを克服して、迫害者を殺し、妻のもとを去って、長い遍歴の旅に上ったが、その途上、敵を打ち破って彼らを種々な動物に変え、また性器が額に付いているために子供を作れなかった人間の夫婦に、正常な体の器官を与えてやった。そして最後に、現在の人類の起源である木製の小彫像に生命を与えた。

比較研究の立場から言えば、この強い形態は、殆んど変りのない形で南米にも見られるだけに、一層興味を唆られるのだ。従って、この形態は、新大陸の神話群《ミトロジー》の極めて古い時代《アルカイック》の層に属するものと思われる。しかし、ここで我々の問題となっているのはその点ではなく、むしろ〈ゾノクワ〉神話が二系統に分類されることを立証する点にある。

我々としては、人食い鬼女との闘争のみを扱っているものを弱い説話《ヴェルシオン・フェーブル》と呼び、それに続いて主人公が天界訪問を行い、そこで、多くの場合太陽と同一視される義父と、明確なまたは暗黙の形で対立する闘争のあるものを強い説話《ヴェルシオン・フォルト》とした。神話に明確な記述があるか、暗示されるに留まるかはともかくとして、主人公が天界訪問を企てるのは、結局太陽の娘を娶るためである。つまりこれらの説話《ヴェルシオン》では、彼は二人の女性の主役と係わっている。第一には人食い鬼女であり、冥界的な存在、もしくは地下世界と親縁関係のある存

大きく目を見開き，我が子を抱く〈ゾノクワ〉を象る現代の彫刻柱

在として、その盲目性ないしは視力欠陥が、夜の側に置く存在であり、ついで太陽の娘であって、天界的存在であり、その住処《すみか》ならびに祖先のゆえに、昼の側に身を置く存在である。この点が確認されれば、既に挙げたテナクタク族(前出、一〇四—六頁)における、その異本《ヴァリアント》で、この二つの様相を見事に綜合している神話に注目することができよう。

その昔、身体中を瘡蓋《かさぶた》と潰瘍で蔽われた若者がいた。彼の疾患は伝染の懼れがあったため、村長であった彼の父親は、他の住民のことを慮って彼を遺棄することにした。不憫に思った祖母は、彼に火種と僅かばかりの食糧を与えた。この不幸な若者は独りきりになった。すると突然、彼の胃袋から子供が一人出て来て、彼の病いの原因は自分であると告げ、その「父親」に自分を〈傷口の瘡蓋《かさぶた》〉と名づけて貰いたいと言った。この奇跡の子供は、彼の叔母たちの墓の上で拾い集めた針葉樹の葉から、魚を創りだした。ところが、しばらくすると魚は全て消え失せてしまった。〈傷口の瘡蓋〉は待ち伏せして、〈ゾノクワ〉に他ならぬ女盗人を見つけた。彼はその大きく垂れ下った乳房目がけて矢を射かけ、それを追払ったが、その人食い鬼女の娘に出遭った。彼女は自分の棲処まで若者を連れて行った。そこには、深傷《ふかで》を負った〈ゾノクワ〉がいた。最初は鬼女を責め立てたものの、主人公も折れて、彼女に手当を施し傷を癒してやり、感謝のしるしとして彼女の娘を妻として貰い受け、魔法の水と莫大な富を貰った。

彼は村へ戻ったが、自分には束の間と思われたにもかかわらず四年も村を留守にしていた。彼は、留守の間に死んだ父親の遺骨を探し出した。彼の妻である〈ゾノクワ〉は、「眼窩深く窪んだ目をした生き物なので」、つまりそのため、実際には盲目なので[5]、その遺骨を見ることができなかった。従って、骨を手探りで探さねばならなかった。彼女は彼の父親の遺骨に手を触れて生き返らせた。〈傷口の瘡蓋〉はやがて妻に厭きた。鴨雁が、彼の求めに応じて彼を天上へ運んだ。彼は〈太陽〉と〈月〉のもとへ赴き、その娘を妻として貰った。後に、彼は天の妻を伴って再び地上に降りて来て、そこで父親と最初の妻に会ったが、最初の妻は当然このライヴァルに嫉妬心を燃やした。二人の妻の間には、初めは確執があったが、後には和解した。それにもかかわらず、主人公は二番目の妻と天上界へ戻ろうとしたが、飛翔中に眠り、墜落死した。彼の父親と、嫁である〈女ゾノクワ〉だけが共に地上で生き永らえた。

この神話については、やはりボアズが、同じ語り手《インフォーマント》から、三十二年の間隔を置いて採集した二つの別の説話《ヴェルシヨン》がある。古い方の説話によれば、主人公が天から墜落して死んだ後、妻の〈ゾノクワ〉によって蘇り、地上で仲睦じく暮したという。もう一つの説話《ヴェルシヨン》によると、病気で身内から見棄てられたのは娘であり（こうすれば、その胎内から子孫が出てくるのがやや尤もらしくなる）、互いに憎み合う〈傷口の瘡蓋〉の二人の妻は、彼と離別したことになっている。彼は自分の好きだったほうの妻の後を追って天上へ行く途中で死んだ。彼の義父たる太陽が、彼を生き返らせ、彼は再び天上の妻との夫婦の生活に戻った。

このように、余りにも隔絶した両極——それぞれ、地上の暗闇の妻と天上の光り輝く妻によって代表される——の間の失敗した仲立ちという問題には、それぞれの説話で様々な解決が与えられている。無力な仲介者であるほうの主人公は、自分では仲介できると考えていた両極のいずれからも最終的には切り離されて死ぬ（第一の説話）。あるいは、彼はいずれか一方の極と決定的に切り離され、もう一方の極を配偶者とするが、場合によってそれが地上の極であったり（第二の説話）、天上の極であったりする（第三の説話）。それぞれが余りにも遠く隔っている妻たちと同時に結婚するというこの実現不能な婚姻譚は、フレーザー河のサリシュ系の神話における婚姻譚とは対照的であり、後者においては、一人の女が兄から婚資として贈与されたスワイフウェ仮面のおかげで遠隔の地へ嫁ぐことができるようになったと語られている。この順調な結婚は、兄弟姉妹間の殆んど近親相姦的な親密さに終止符を打っているが、ある説話の失敗に終った結婚では、義父《しゅうと》と嫁の殆んど近親相姦に近い関係をもたらしている。私はかつて、この〈傷口の瘡蓋〉の物語と、マルセル・デチエンヌ氏が新しい解釈をもたらしたギリシャ神話のアドニスとが示す類似性に注目したことがある。しかし、ここで強調すべきことは、別の類似性、つまりアメリカ大陸の神話に内在するもう一つの類似性についてである。と言うのも、本書の冒頭から続けてきた神話分析全体のなかで、その類似性というのは次のような点について言えることである。つまり、フレーザー流域でもナイト入江北部においても、潰瘍に蔽われたと記述されている臭気を発する主人公、泣き虫の子供、醜いもしくは怠惰なまでの不精者の若者、あるいはまた活発ではあるが反抗的な若者など、彼らはすべて、それぞれの場面で様々な理由から身内の者にとって厄介な人物として登場してくるが、彼らはいずれも外見は異なるが結局は同じ人物なのであり、神話は、登場人物の選ばれた者としての特権的立場の反対の表徴としての欠陥を、ある場合には肉体的な、ある場合には精神的な次元に置き換えることで満足しているからである。

第二巻

VI

南部のクワキウトル族においては、〈ゾノクワ〉は、〈贈与儀礼《ポトラッチ》〉の際にも現われる。この鬼女を演ずる者は、後に描写するようなタイプの銅板で（後出、二二〇頁）、我々がこれからは単に「銅」と呼ぶことにするものを積み上げた負い籠を背負っている。彼はその銅を、首長の必要に応じて首長に渡していく。儀式の最も荘厳な瞬間になると、ゲークムルと呼ばれる〈ゾノクワ〉の仮面を首長自身が着ける。この仮面の造りは、他の仮面より遙かに入念であって、この巨大な鬼女に、常の馬鹿気た表情の代りに、断乎としていかにも威厳に満ちた顔立ちを与えている。この仮面を着けた首長は、〈ゾノクワ〉の化身となるのである。従って、その銅のすべてを、売りに出したり、与えたり、あるいはまた、柄《つか》頭《がしら》にこの鬼女の顔を彫っていることが多い堅い木製の小刀によって切断したりするのも、鬼女自身だということになるのである。

事実、〈ゾノクワ〉に関するすべての神話は、彼女を途方もない富の所有者に仕立てており、その富を、彼女は彼女の保護する人間たちに自分の方から与えたり、あるいはまた、人間たちの方で、彼女を殺したり逃亡させせたりした後に、それを奪い取る、ということになっている。この富を手に入れるには、もう一つ方法がある。すなわち、〈ゾノクワ〉には一人の赤ん坊がおり、その子は決して泣きわめかないと彼女は傲慢にも考えている（それが、彼女の攫ってきた子供たちとは違うところだ）。鬼女がその一人児といるところを不意に襲って、その子をつねって泣かせることに成功した者は誰でも、鬼女から、魔法の丸木舟と、不老不死の水と、死の光線という、すばらしい贈物を受け取るのである。〈ゾ

銅板を売るクワキウトル族首長の彫像

ゲークムル・タイプの〈ゾノクワ〉の仮面（クワキウトル族）

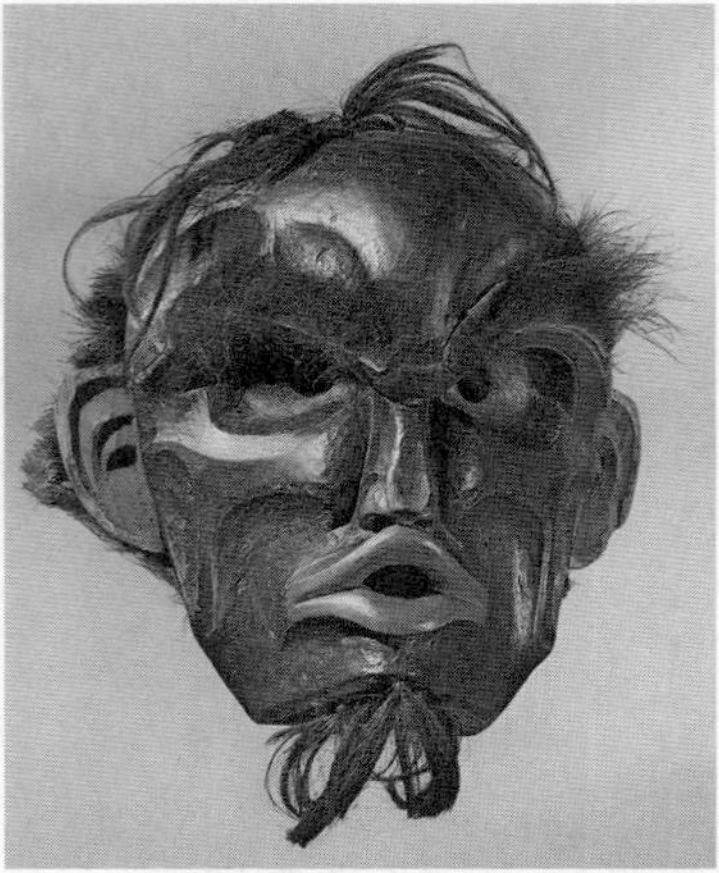

ゲークムル・タイプの〈ゾノクワ〉の仮面（クワキウトル族）

熊の形をした銅切断用の鉄床
（クワキウトル族）▶

▼動物の顔を描いた部分的欠損
のある銅板

ノクワ〉の棲処を不意に訪れると、彼女が木の幹に丸木舟を彫っているところにぶつかることがよくある。しかし、彼女は、盲目であるか、あるいは目が悪いかするために、自分で作った丸木舟に、不可避的に穴をあけてしまうのだ。この不器用さは、この人物が大地に結びついているらしいことを思えば、さして驚くには当らないだろう。〈ゾノクワ〉が折あるごとにインディアンから魚を盗むのは、まさしく彼女自身が水産物を持っていないからに他ならない。神話が描写するところによれば、彼女の富は、純粋に大地起源のもののように思われる。すなわち、銅、毛皮、鞣皮、獣の脂肪と肉、乾燥した漿果《しょうか》がそれだ。「おお、何と多くの富が見えることか！　だが、そこには、大小の河川に由来する糧はない（……）、いかにも彼女の持っていたものとは、己れの客に与えるための干し肉に尽きるのであった」。しかしながら、時として、「海のゾノクワ」というものも指摘されている。ある種の儀式用の皿には、魚を描いた他の三枚の皿と並べてこの鬼女を象ったものがあり、その家の祖霊は、正面入口に描かれているように、鯨なのである。しかし、記録には、「森の鯨」のことも出てきている。この二つのいずれの場合にも、陸の生物あるいは海の生物を、それと反対の自然界の領域に割り当てるのは、絶対的に考えられた陸地とか海を基準にしているというよりは、むしろ、地底の世界との関係でなされており、その入口は、後に見るように、北方の遥かの地点で、大洋の最も深いところに開いているのである。

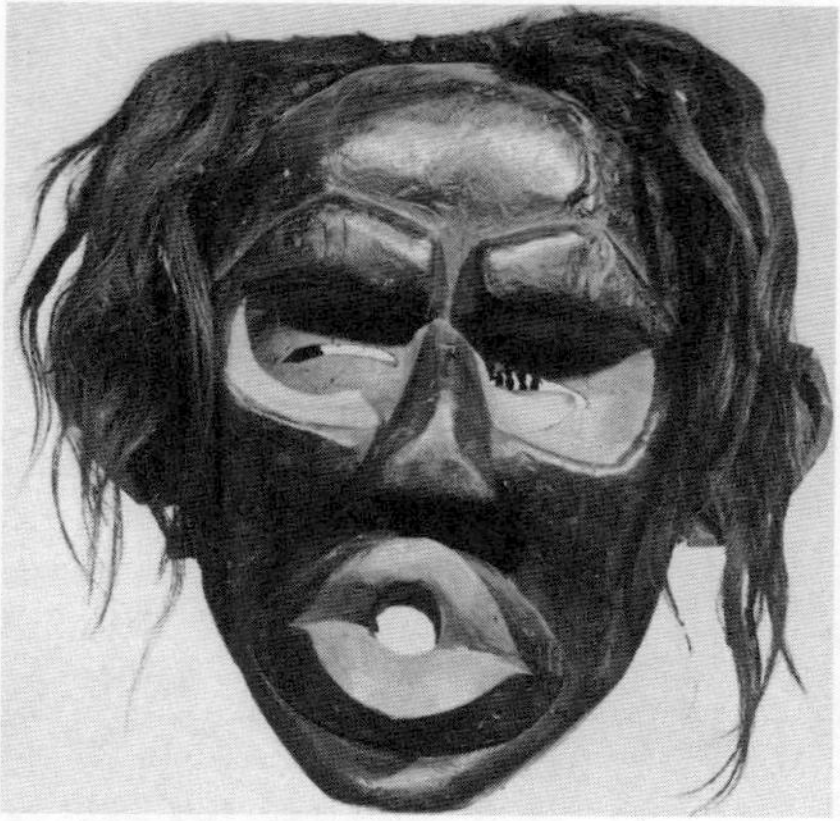

ゾノクワの仮面
(ベラ・クーラ族)

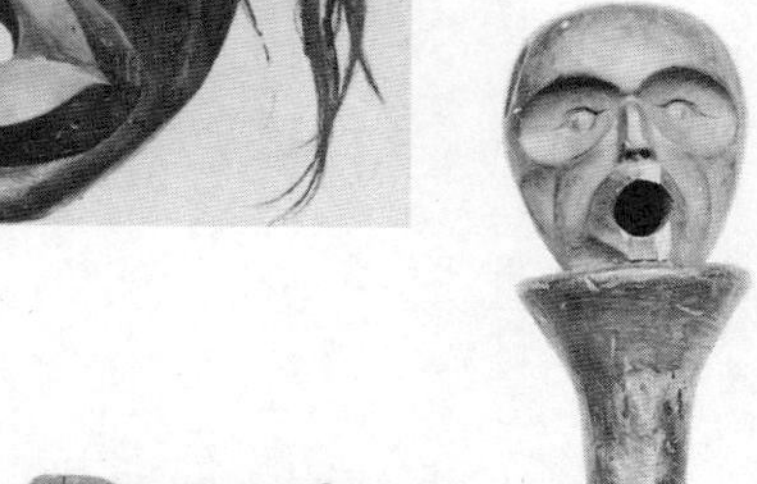

(右)〈ゾノクワ〉の顔の付いた銅切削用の鏨
(左) 双面の〈ゾノクワ〉の飾りを付けた銅切削用の鏨

ところで、〈ゾノクワ〉を象った記念碑的彫刻がある。七メートルを越える高い彫像の一つは、新妻の家族が捧げねばならない結婚の贈物の数々を受け取るべく、両腕を一杯に拡げた姿の鬼女を表わしている。我々はすでに、二メートルあるいはそれ以上に及ぶ鬼女が、足を曲げて仰向けに寝ているその腹の部分を掘って作った巨大な皿のあることを述べた。その顔と乳房と膝頭《ひざがしら》の部分には、より小さい皿がついている。躰のこれらの部分は、本来はすべて凸状のものであるが、それが、丁度正反対に凹状の窪みになっているわけである（前出、八七頁）。バレットの、見事な、しかし引用されることの少いテクストがはっきりと述べているように、人々はこのような皿で食事を出されるのを好まないのだ。主人役の方でこの皿を持ち出すつもりだということが分ると、客の方は、何が起きてもいいように準備をする。皆それぞれに、恐しい形相を与えるような装身具を着け、同様な絵を体に絵具で画き、自身の地位に応じて席に着き、恐れと敵意とからなる、入りまじった感情を抱いて、その皿の現われるのを待つ。いよいよその時が来ると、主人側の若者たちが、儀式にのっとった叫び声を挙げながら、戸外に隠してあったその皿を担ぎ上げ、家のなかに運び込む。頭の部分が戸口に現われるが、その頸のところに首長の息子が跨っている。すると、間髪を入れずに、最も地位の高い部族の説教者が、皿を担いだ若者たちに、止まれと命令する。歌を歌って、この説教者は祝宴を約す。すなわち、「ゾノクワの頭《こうべ》が我らの方を指ささんがためであり、けだし我らこそ至高の位の部族であるから」と。若者たちが再び高々と皿を担ぎ上げ、再び歩み出す、と、二番目の部族の説教師がそれを止め、彼もまた祝宴を約す。招かれている部族のすべての発言が終るまで、同じことが繰り返される。それが終ると、皿は、後部《しり》を戸口の方へ向けて置かれるが、但し、招かれた部族の一つが、儀式に加わるには余りにも貧しかった場合は別である。その場合には、皿の後部《しり》は、

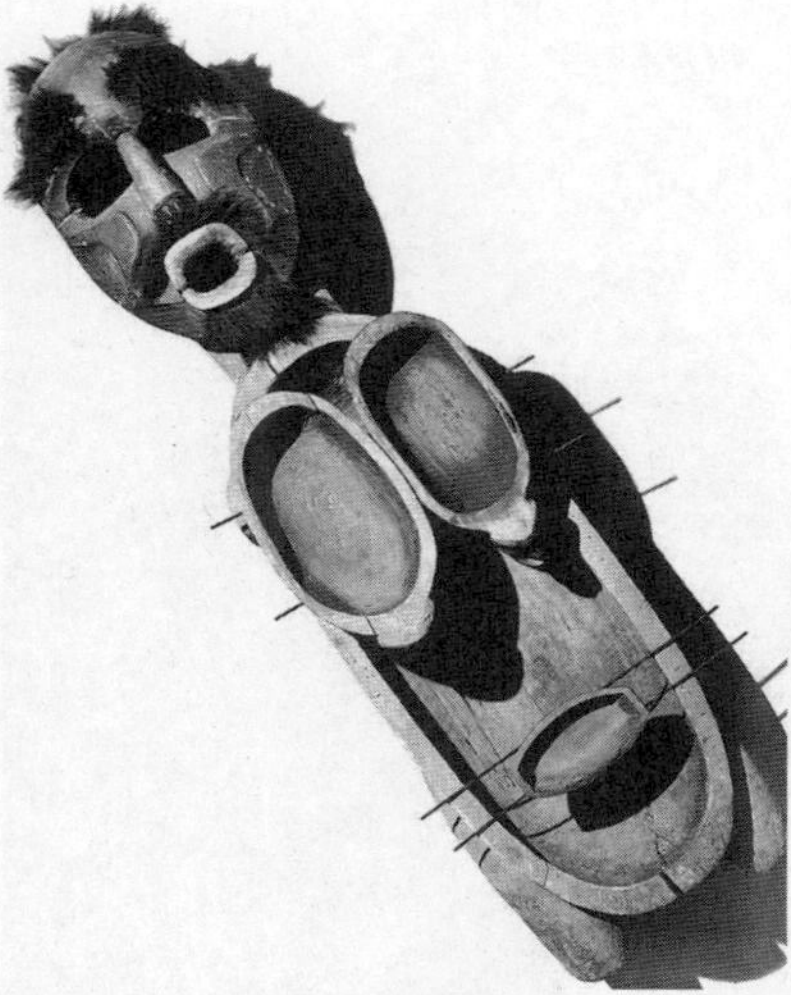

〈ゾノクワ〉を象る儀礼用皿一式
Conquer 259cm（クワキウトル）

両手を広げた〈ゾノクワ〉の巨像

この貧しい部族を指すように置かれる。すると、主人側と、このようにして主人側から侮辱を受けた客側との間に、つかみ合いが始まる。侮辱された連中が、その大皿についている小皿の一つを火の中に投げ込もうとしたり、あるいは、双方が互いに相手方を、大皿のなかに倒そうとしたりする。これは最高の侮辱であって、「儀式の皿のなかで洗われし」者は、永久に無能力者と見做されることとなるのだ。それゆえ、人々は、この食器の動き

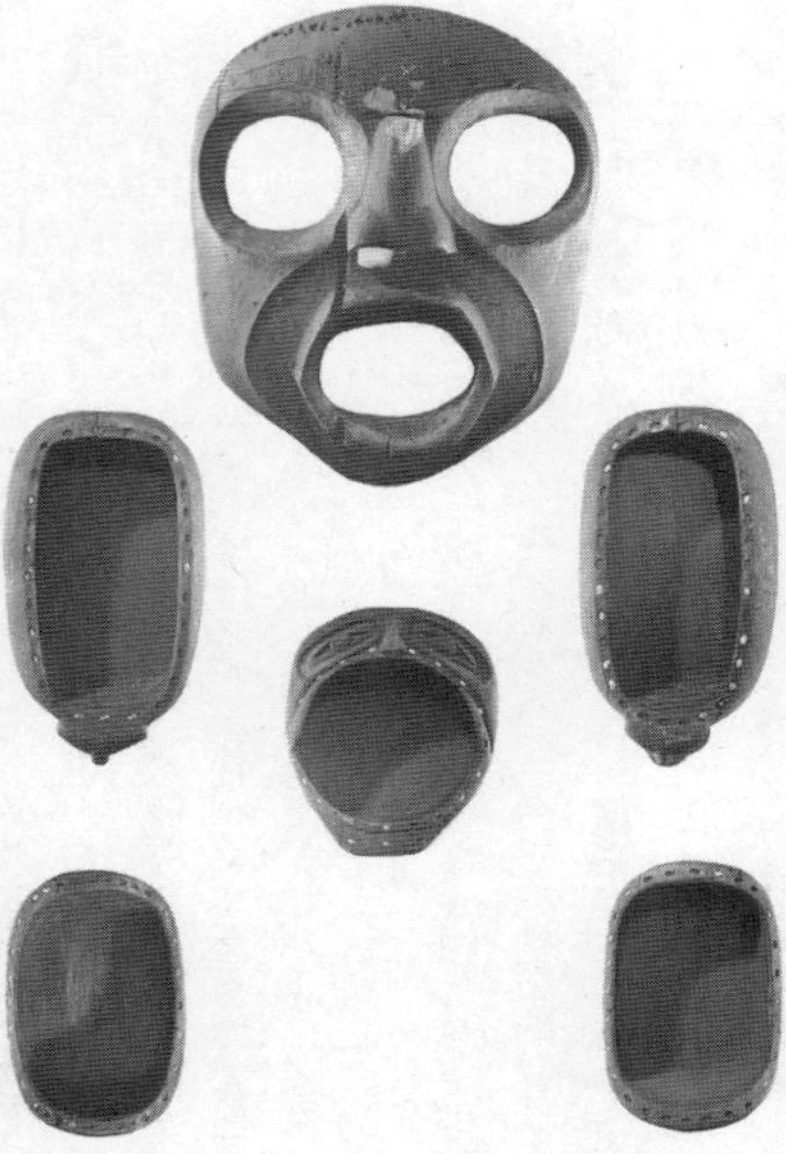

〈ゾノクワ〉の頭（ふた），乳房，臍，膝頭の形をした儀礼用皿一式

を、不安気に見守るのである。もし、何かの拍子にうっかりして、皿を担ぐ者たちが、皿の後部《しり》を、招かれた部族のどれかに向けようものなら、たちまちに警告が発せられる。そのような誤ちを犯した者たちがそれを改めないならば、彼らは容赦なくひどい目にあわされるのだ。ようやく大皿が正しい位置に据えられる。すなわち、かまどの後に、頭は家の奥に位置する中心の柱の方に向けられている。首長が次々と、頭、右乳房、左乳房、臍、右膝、左膝に当る小皿を叩く。それらが席次に従って各部族にくばられ、次いで普通の皿と匙とが運ばれてきて、大皿の腹の窪みから取った食物が順々に分けられる。一人の監督役がこの一切をとりしきり、会食者の各グループに割り当てられる皿の数を定め、告げ知らせる。会食者はその場ではほとんど食べず、食物の大部分は家に持ち帰ってもらうためのものである。この儀式的な皿で給仕されるものは、海豹、鯨、脂肪、果実、ならびに他の植物性の産物に限られていた。陸地の動物と魚介類は、小さな祝宴に際してのみ出されるものであり、日常の皿で給仕される低級な食物として排除されるのが常であった。

これらの事実はすべて、〈ゾノクワ〉という神話的登場人物と、集積されたり分配されたりする富との間に存在する結びつきを明らかにしている。そのような関係は他にもあって、注目しなければならないものだ。たとえば、神話によって〈ゾノクワ〉と婚期の娘との間に確立されている密接な関係がそれであり（前出、一〇七頁）、それは、婚期の娘たちが身に着ける儀式的な飾りが〈ゾノクワ〉の飾りを模倣していることを説明するためであった。この飾りは、樹皮の布と、山羊の毛の細い帯からなっており、それらが、娘の躰をぐるぐる巻きにして、事実上躰を動かすことができないようにしている。ある記録はこのような状態にある一人の王女を描写しているが、彼女は、その状況に合わせた名、「家ノナカニ動カズニ坐ス女」を意味する名を持っている。事実、彼女は、蹲って、膝を折りまげて胸のところに当て、じっと動かずに居る。その毎日の食事は、僅かに、干した鮭を小さく切って少量の油をつけたもの四枚に過ぎず、それを彼女の世話をする女巫者《シャーマン》が、彼女の口にそっと入れてやるのだ。飲み物といっては、僅かの水を、骨製の管で吸うだけである。唇の形を小さく保つために、彼女はできるだけ唇をあけないようにし、また彼女が水を飲むときには、肥らぬように四口だけ吸うので満足しなければならない。その後で

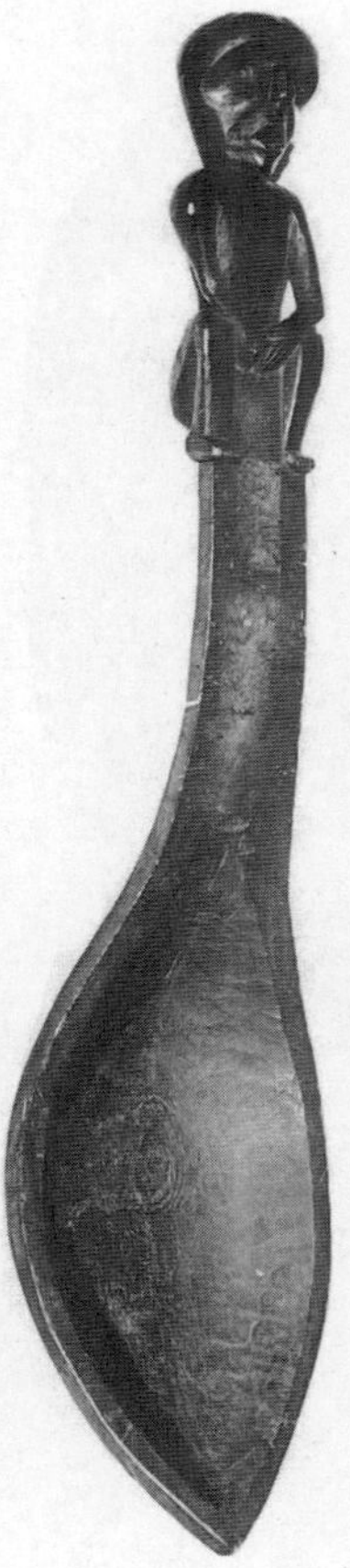

〈ゾノクワ〉の姿を彫った儀礼用大匙（クワキウトル族）

銅で裏打ちされた〈ゾノクワ〉の開閉できる仮面

ようやく、物を食べることが許されるが、彼女はゆっくりと嚙まなくてはならない。このような幽閉状態の続く間は、彼女は四日に一日しか躰を洗うことができない。一月後に、彼女は躰を縛っていた細い帯から解放され、眉毛が抜かれ（前出、一〇七頁）、髪の毛が切られる。女巫者《シャーマン》は、彼女の脱いだ細い帯を、いちいの木の枝の上に懸けるのである。

もし王女の父が銅を持っているなら、彼はこの尊い品を娘の右側に置き、後に彼女が、未来の夫のもとへと背負って行くべき銅を容易に手に入れることができるようにしてやる

のだ。婚期の乙女の儀礼的な歌は、未来の求婚者に向けられている——「準備しておいて下さい、あなた方、すべての部族の長《おさ》たちの息子よ！　私はここにいる。父は私の夫を偉大な長にしてくれましょう、なぜって私自身、女主人《あるじ》なのだから（……）。女主人であるこの私が、あなた方の妻となるため参ります、おお、部族の長の王子たちよ！　私は銅の上に坐し、父によって未来のわが背の君に授けらるべき数多《あまた》の称号、数多の特別な権能を持っております……」。

クワキウトル族においては、事実、結婚は、ボアズが明らかにしたように、銅を買うのと同じ原理、同じ規則に則った一種の買い入れとなっている。しかしながら、とボアズは付け加えるのだが、そこから、単に夫が妻を買うのだと結論してはいけないだろう。妻の方の家族もまた、これから祝われる結合の結果として生れてくる子供たちに対する権利を買いとるのであり、婿の方は、自分自身のためには何も手に入れてはいず、ただ子供たちのためにだけ手に入れるのである。子供たちが生れると、妻の家族は、新妻を引き渡したときに受け取ったものを遙かに上まわる額の品物を、夫に渡す。この対抗贈与は、妻を「買い戻す」ことを目的としている。従って、もし彼女が夫のもとに留まることを決心するなら、それは彼女の意志によってであり、いわば、無償の形でそれをするということになるのだ。婿の方は従って、屢々、新しい支払いによってそれに応え、妻に対する自分の権利を確保しようとする。婚姻の取り引きと、銅に関する取り引きとの間のつながりはまた、結婚の前にも後にも、妻の方で銅を集めようと努力するという事実からも明らかになる。彼女は、夫に与える棒の頂に、銅板を四枚結びつけておくのである。

これらの習慣は、〈ゾノクワ〉が婚期の娘に、最初は〈ゾノクワ〉自身のものであったあの儀礼的服装を与えている理由を説明してくれる。神話と祭儀とが我々にこの人食い鬼女の性格の二つの様相を明らかにしてくれているのだ。それはまず子供を攫う女であるが、同時にまた、〈贈与儀礼《ポトラッチ》〉の手段を独占し、かつそれを分ち与える女でもあり、そのような手段の第一のものとして、銅が存在しているのである。三つの部分が有機的に連結して出来ている一つの仮面があるが、そこでは、紐を作動させてその部分を引き離すと、下にある銅板が露出する仕掛けになっており、人食い鬼女の内にひそむ深い本質のごとくにして銅の部分が姿を現わすのである。

ところで、結婚適齢期になると、娘は〈ゾノクワ〉に比較さるべきものとなるわけであり、しかも二重の資格でそうなのである。彼女は未来の夫に銅を与えるが、同時に彼女は、彼らの結合から生れる子供たちを、前もって夫から奪ってしまう。子供たちは、事実、夫の方の集団には帰属していると言うよりは、彼女の方の集団に帰属しているのだ[6]。ある視野からすれば、人食い鬼女に与えられているこの二つの役割の間に存在する対立は、彼女の非社会的な性格を強調している。しかし、別の視野からすれば、婚期の娘は一定の社会的役割と経済的機能とを果しているのであり、それが婚期にある娘を飼い馴らされた〈ゾノクワ〉たらしめているのである。結婚を実現することによって、彼女は自分の家族に対しては〈ゾノクワ〉のように働くが、それは、交換の方向を家族の有利になるように逆転させることによってである。人食い鬼女は人間から子供を攫うが、同時に、彼女は、自分の意志によってであれ、意に反してであれ、人間たちに銅を譲るのである。反対に、結婚した娘は、家族から銅を奪うが、家族に子供をもたらしてくれるのである。

事実をこのように提示すると、神話がゾノクワと結婚適齢期の娘とのあいだに想定している近親性が説明されるのだが、しかしそれは、母方の権利を強調することで、今日のクワキウトル族の社会組織で優先している見方とは矛盾するように思われる。じっさい、ほとんどの論者は、このインディアンたちが、極めて明瞭に父系的な方向に屈折した、無差別出自の規則をもっていたと見なしている。とはいえ我々は、観察者と分析家たちがクワキウトルの諸制度の真の性質を理解しておらず、そこでは、母系と父系の二つの原理が、あらゆる次元で活発に競合していると考えている。この問題はここで取り上げるには大きすぎるので、深い議論は後におこないたい。それは第二部の第二章（後出、二四八頁）でとりあげる。もし我々の解釈が当っているならば、むしろ彼女は、彼女自身の配偶者に対して、真の〈ゾノクワ〉として振舞っている。生れる子供を夫から奪い、その代りに、銅がその実質であり象徴でもあるところの、有形・無形の富を彼に与えるのであるから。

同様に、サリシュ族において、スワイフウェ仮面は、富の源泉であり象徴であり、妻によって夫に伝えられる。すでに見たように（前出、三四頁ならびに後出、二一七―八頁参照）、この方法によって、仮面はフレーザー流域の集団から、河口のマスキーム族まで伝播したのであり、次いで、海岸線に沿って南北へと、そして、向い側のヴァンクーヴァー島へと伝播したのである。同じ仕組みによって、この島の人々は、仮面を南部のクワキウトル族へと伝えたのであった。

反対に、サリシュ族においてはかくも明らかであったスワイフウェ仮面と富との繋がりは、クワキウトル族においては逆転して、この部族は自分たちのクウェクウェの仮面に、全く対蹠的な機能を与えている。これらの仮面は、事実、吝嗇である。それは仮面を観る者が、富裕になることを助ける代りに、それを妨げるのだ（前出、六六、七五頁）。〈ゾノクワの鬼女〉にすべての富の原理を見ることを可能にしてくれた上記の考察に続いて、この二つのタイプの仮面と、二つの集団がそれぞれの仮面に託している機能との間に、一つの相関と対立の関係が現われてくる。この関係を公式として表わせば、次のように言うことができよう――

一つの集団から他の集団へと、造型的な形が保有されるときには、意味上の機能は逆転する。反対に、意味上の機能が保有されるときには、造型的な形の方が逆転する。

これまでの主要な点を、要約しておこう。様式的な差違という一点を除けば、スワイフウェ仮面の造型的特徴はすべて、クワキウトル族のクウェクウェ仮面に見いだされるが、しかし後者は、惜しみなく与える代りに吝嗇なのであるから、前者とは対蹠的な機能を果している。反対に、ゾノクワ仮面は、スワイフウェ仮面と同じく富を分ち与えるものであり、同じく、妻の家族の富を夫の家族へと移すものであるが、それが提示している造型的特徴は、最もとるに足らぬ細部に至るまで、スワイフウェ仮面の造型的特徴の体系的な逆転となっている（前出、八四頁）。

このようにして証明されるのは、サリシュ族のスワイフウェ神の仮面とクワキウトル族のゾノクワ神の仮面のように、誰も比較しようと思わぬ程に外見上は隔って見える二つの存在が、実は、それぞれを、それ自体において、孤立した状態で考察することによっては解釈できないものなのだ、ということに他ならない。それらはある一つの組織的体系を構成する部分的要素であって、その体系の内部で、それらが互いに変形し合うのである。神話について言えたように、仮面というものも、仮面の始原を根拠づける神話と、仮面が具体的に姿を現わす祭儀と共に、それらを統合している諸関係を通じてのみ理解可能なものとなるのだ。スワイフウェ仮面の飾りの白い色、ゾノクワ仮面の黒い色、前者の飛び出した目玉と後者の窪んだ目、垂れた舌と唇をすぼめた口、こういうものが、別々に取り出して意味があるのではなく、言うならば、対比的識別区分の体系を通じて一つの意味を持つのである。かくかくの特徴がかくかくの超自然的存在に帰属するとされるのは、それらの存在が、神々の体系のなかにあって、よりよく相互補完的な役割を果すべく互いに対立しているその仕方に基いているのだ。

ここでこの分析は終ってもよいであろう、というのも、この分析は、以上のことを証明する以外に目的はなかったからである。しかしながら、この対比構造《パラディグム》を拡大することも、また、探求を更に先へ進めて、今、限界を定めた対比構造が組み込まれているような更に大きい全体というものに到達することも許されているのである。

VII

〈ゾノクワ〉は銅を所有している、そして神話は、人間たちが如何にして彼女から銅を手に入れ、かくして最初の〈贈与儀礼《ポトラッチ》〉を行うことができたかを物語っている。しかし、この貴重な金属そのものはどこから来たのか。他の神話がそれを明らかにしており、どのような場所に幸運なある種の人間たちが到達でき、どこで銅を受け取り、どこから人食い鬼女の手を介さずに自分たちの同胞のもとへと銅を持ち帰ったのかを教えてくれる。

クワキウトル族は、海というものを、北の方へと流れていく広大な河だと考えている。また、死者たちの魂が超自然的精霊のもとへと戻る地底の国の入口が開いているのも北の方なのである(他の記録では西の方と言うが、いずれにせよ、遙かの沖合いである)。潮が引くとき、海は地底の世界を満たし、潮が上げてくるとき、地底の世界をからにするのだ。水の領分であると同時に地底に属するこの世界、様々な海の怪物と海の動物とが住んでいるこの世界には、一つの力ある神格が君臨している。すべての富の支配者たる〈コモグワ〉である。彼の宮殿はことごとく銅でできており、その家具もまた然りであるが、そのなかで特に重要なのは、彼の肥満した体を横たえるための長椅子（多くの神話は彼を肥った身体障害者のように描いている）と、彼の舟である。彼の番人は水鳥であり、召使は海豹であり、彼は無尽蔵の貯えを持っている。

一人の盲目の王女が、彼女の奴隷たちによって海で迷児にされて、波間を漂う危険に満ちた航海の後、ある日、〈コモグワ〉のもとに着いた。この神の息子が彼女を妻とし、奇跡の水のお蔭で彼女の目をあけてやった。二人には四人の息子が生れた。長ずるに及んで、彼らは母方の家族のもとへと戻ったが、そのとき彼らを運んだのは、銅でできた魔法の舟であり、銅やその他の贈物を満載して、漕がずともひとりでに動く舟であった。

もう一つの別の神話によれば、ある王女が、両親によって、ひどく傲慢な様子をした一人の異国人に与えられたが、この男の正体は、熊であることが分った。この〈青鬚〉によって虜の身となっていた女たちのうち一人が、王女に警告して言うには、夫の食べるものを口にしてはいけない、就中、夫に肌を許してはいけないと。しかし、ある日、眠りに敗けて、王女は接吻を奪われてしまう。するとたちまち、鬚が生えて胸に達した。哀れな王女は、人食い鬼の持つ唯一の舟に乗って逃げ出すことに成功する。潮流が彼女を海岸まで押し流してくれたが、そこは、彼女を攫った人食い鬼の住んでいる海岸の対岸に当ってい

富の支配者〈コモグワ〉を象る仮面。頭部には動かし得る水鳥が乗っている

嘴に銅板をくわえた双頭の海鴨《あび》

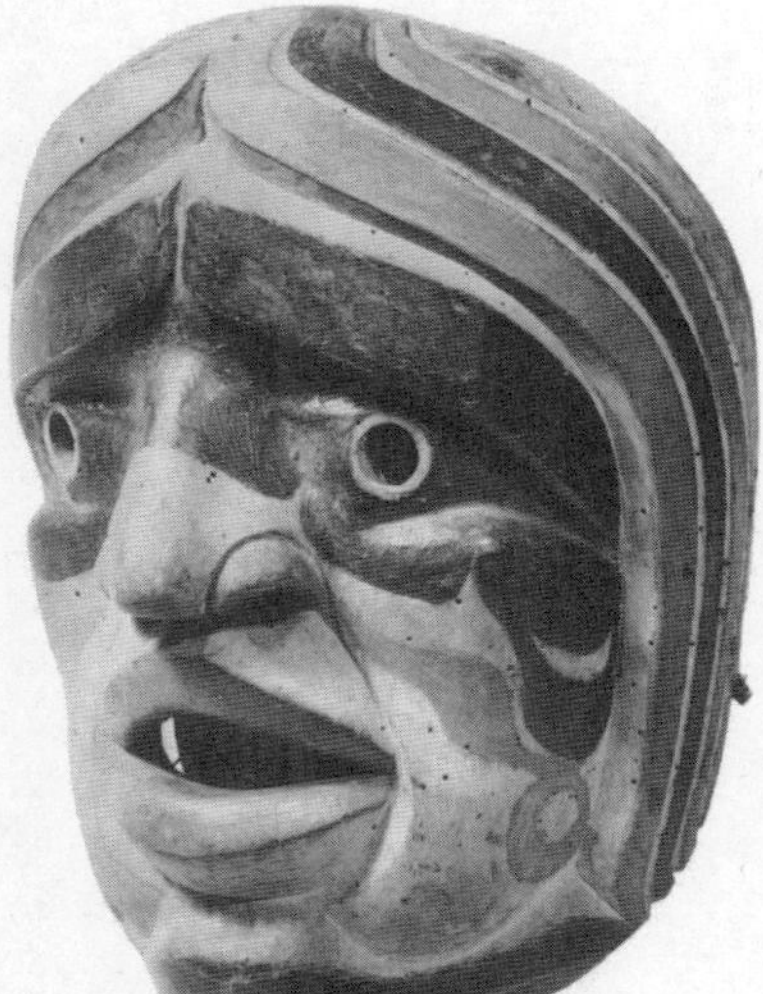

〈コモグワ〉の妻を象った仮面

た。そこに家が一軒あった。彼女がそこに入る。と、仰向けに寝ていた人物が彼女を迎え入れ、彼女を妻とし、彼女の無駄な毛をことごとく取り去ってくれた。それが〈コモグワ〉であり、その館は、〈仕合わせの家〉と呼ばれている。事実、その若い女は、初めは仕合わせであり、夫に四人の子供を、つまり、交互に男子と女子とを生んだ。しかし、やがて彼女は自分の一族のことが恋しくなった。情にもろい〈コモグワ〉は、彼女を生れ故郷の村に帰してやるが、その際、貴重な銅と、夥しい食糧と、儀式用の皿と、様々な贈物を持たせてやったのである。クワキウトル族の神話は、〈コモグワ〉を訪れる他の物語も語っているが、その主人公は、超自然的な力を求めている巫者《シャーマン》であったり、あるいは、辱しめられたために死を求めている若者であったりする。このいずれの場合にも、主人公は波の底に滑り込むか、引きずり込まれるかして、〈コモグワ〉のもとへ行く、と、この神は傷のために不具になっており、訪れて来たこの人物だけがその傷を癒すことができることになっている。彼は、傷を癒してやった報酬に、富と呪術的才能を授かり、自分の家へと戻って行くのである。

ここでもう一度、第二の神話の鬚の生えた王女の物語に戻ってみよう。彼女の冒険は水平方向の軸の上に展開されるが、一方には、夫である熊が彼女を捉えている固い陸地があり、もう一方には、海の神が彼女を迎え入れる沖合がある。二人の男の間の一人の女性というこの物語に対をなすようにして、二人の女の間にある一人の男の物語があり、それは、垂直方向の軸において、つまり地上と（それに、鳥が登場するのだから空も入るが）それから地底の世界との間で展開する。海岸沿いの村の長《おさ》が、ある日、ひどく銅の匂いを発する一羽の神秘的な白鳥をとらえた。その鳥は、女に姿を変えると、彼女が自分は何者であ

海の精霊としての〈コモグワ〉の仮面。そのてっぺんの小さな顔は尾鰭を，左右の突起は腕と脚を，顎の下の突起は鰭を象っている（クワキウトル族）

り、どこから来たのかをどうしても言おうとしなかったにもかかわらず、村の長は彼女を妻とした。ある日、彼女は、地底の偉い人物の娘を第二の妻として娶らせてあげるからという口実のもとに、夫を地底深くまで連れていった。その偉い人物は、外界との連絡のためにある小さな穴から、訪問者に、一人の赤ん坊と、尿の一杯入った尿瓶とを差し出した。主人公は、いくら幼な妻といってもまだ乳呑み子で、これから何か月にもわたっておんぶしてやらねばなるまいという展望にうんざりして、慇懃に申し出を断った。彼はひどい失敗をしたわけで、というのも、実は、この赤ん坊を艶麗な乙女に変身させるには、尿瓶の中味を赤ん坊に振りかけるだけでよかったからである。第一の妻は、夫を非難するが、しかし、実際には、彼女の関心は、夫のためにもう一人同衾の相手を手に入れてやることよりも、持参金となっているカナダ馴鹿《となかい》の皮を手に入れることであって、それは手ばやく安全な場所に移してしまった。彼女はその皮を用いて、舟を潜水艇に作りかえる。そうすることで、彼女は夫を〈コモグワ〉のもとへ連れていくことができるが、ここで、実は〈コモグワ〉は彼女の父であったということが初めて分る。彼女は父に、父の持っていない地上の富を持ってきたのだ。樅の木の竿や、草木の根や側根、針葉樹の若枝等である。事実、〈コモグワ〉は鮭を所有しているが、鮭をとるための堰を作るのになくてはならぬ木質の材料を持ってはいないからだ。主人公は妻の父のもとに滞在した後、豪華な贈物を山ともらい、妻と息子を伴って故郷に帰って来たと言う。

これらの神話の中では、特に三つの様相が注意をひくであろう。〈コモグワ〉のもとに迎え入れられた王女の一人は盲目であった。ところが、人々の語るところでは、〈コモグワ〉は人間の目を食って生きており、そのために食われてしまう目の所有者のほうは、盲目となったのだと想像される。太平洋岸の神語が屢々語っている一人の超自然的な子供は、毎晩、その時に彼が居た村の住民の目を抉りとって食ってしまうのであった。クワキウトル族に隣接するツィムシアン族によれば、この子供は、王子と湖に住む女神との間の息子であった。彼の恐るべき行動によって、彼の父と父の妹を除くすべての住民が死滅してしまった。夫の王子に烈しく責められた〈湖の姫〉は、彼を大変富裕にすることを約束し、夫の妹を〈富＝姫〉〔富そのものである貴婦人〕に変容させたが、この人物については、やがて語る時があるはずだ。女神の曰く、我が御子の泣く声を聞く者はすべて富貴の身となろう、と。兄と妹はそこで別れ、兄は北へ、妹は南へ去った。〈湖の姫〉はといえば、半人半魚のセイレーンとなって、海の水底に棲処を定めたのであった。

ハイダ族の彫刻をほどこしたトーテム・ポールでタヌーに立っていたものが知られているが、原住民の手になるその模写は、ヴィクトリア博物館の入口を飾っている。他の神話的人物にまじって、目玉の垂れた「海の長《おさ》」の姿が表わされている。彼の目玉は、夜毎に、

ブリティシュ・コロンビア地方博物館玄関のタヌのトーテム柱（目の垂れ下った人物が中辺に見える）

動物のたてがみと体毛で飾られた〈ゾノクワ〉の仮面

眼窩から飛び出してしまうのだった。食事の時刻になると、彼の友人たちが、目玉を元通りに収めてやり、自分の食べているものが見えるようにしてやるのである。この像を彫った者が想像した形では、役に立たなくなった目玉は、小さな人間の顔として表わされており、それが、長い柄の先について、この人物の足許まで垂れ下ってきている。これ以上に、スワイフウェ仮面のあの燃えるような目と対照をなすものはない。いかにも後者は、あの独特な円筒形の土台にしっかりと固定されており、それはあたかも、抉り出されてしまう人間の目玉や自然に外れる「海の長《おさ》」の目玉とは反対に、断乎として動かないぞということを強調するためであるかのようだ。ところで、スワイフウェ仮面は、兄にとっては、妹を上手に結婚させるための手段であった（前出、四一頁）。上手にというのは、分別にかなったやり方で、自分とは別の集団ではあるが、近くに住む集団のなかの男と結婚させる、ということである。

反対に、目玉が眼窩からとび出してしまった村人というテーマに直接・間接に基いて作られた神話は、ことごとく、世界の果てに居る〈コモグワ〉神とであれ、波の底に住む〈湖の姫〉とであれ、とにかく余りにも隔った者との結婚に関係を持っているように思われる。これらの危険を冒してする結婚は、敢えてそれを企てる男・女に有利にも働き得るし、不利にも働き得るのだ。しかし、恐らく我々は、〈好運〉というものを、盲目の女神、あるいは人を盲目にする女神という形で想像する唯一の人間ではないのである。このような比較は無謀だと言われるかも知れないが、しかしそれにもかかわらず、サリシュ族からクワキウトル族へと移るときにすでに指摘したのと同じ逆転が、それを別の角度から考えてみれば、この二つの部族の間で保有されているのである。サリシュ族は節度ある外婚制と賢明な富の増大とを〈よく見える目〉に結びつけているが、クワキウトル族は、節度なき外婚制と途方もない富の増大とを〈盲目〉に結びつけている、ということなのである。

もう一人の王女は盲目ではなかった。しかし、熊と結婚させられ（それは法外な外婚制のもう一つの形であるが）、そのために鬚が生えてしまうのだが、これこそ、〈ゾノクワ神〉という、その多毛性によって名高い人物へと彼女が変身するかも知れないことの前触れの徴であった。彼女の夫の舟が岸に着いたとき、彼女は岩壁が余りに急斜面なので、そこを攀じ登ることができないでいる。すると夫は、彼女を背負ってやるわけだが、この行動は、〈ゾノクワ〉が攫《さら》ってきた子供を背負うのと同じことであり、また同時に、その次に語られる神話の主人公が、乳呑み児にすぎない妻に対して拒んだことでもあった。それから、熊である夫は、妻を担って、水の流れで洗い出された針葉樹の強靭な根を伝って、這うように這い登るが、この根は海までも連なっているものであった（もう一つの神話では、根はまさしく〈コモグワ〉の富に欠けているものだった）。これらの話はすべて、〈コモグワ〉と〈ゾノクワ〉と人間とが、関係構造をなしていることを暗示している。そこでは一つ一つの項は、二つのタイプの富を所有しているが、第三の富は所有していないという形で設定されている。〈コモグワ〉は銅と魚を所有しているが、森の産物は持っていない。〈ゾノクワ〉は森の産物と銅は持っているが、魚は持っておらず、それを人間から盗まねばならない。最後に、人間はというと、魚と森の産物は持っているが、しかし、銅は、〈コモグワ〉か〈ゾノクワ〉から手に入れるまでは、持っていなかったのである。

	銅	森の産物	魚
〈コモグワ〉	+	−	+
〈ゾノクワ〉	+	+	−
人間	−	+	+

人類を二つのタイプの超自然的存在に結びつけ、かつそれと対立させているこの三角構造は、おそらく、〈コモグワ〉と〈ゾノクワ〉の間に認められる近親性を説明してくれる。どちらも人食いの神格であり、しかも、〈ゾノクワ〉は本質的に大地のものであるにもかかわらず、〈海のゾノクワ〉というものも存在している。山の頂に棲んでいるとしても、

『海のゾノクワ』（クワキウトルの芸術家ムンゴ・マーチン作。紙に描かれた絵で 1950 年頃のもの。）

そこでは非常に深い湖に、おっとせいやらっこと共に棲んでいる。事実、〈ゾノクワ〉が何よりも地底の存在であることには変りなく、それは丁度、〈コモグワ〉が、海底に棲む精霊として表現されながら、時として、〈ゾノクワ〉と同様に、山奥に棲息する精霊として描かれることもあるのと軌を一にする。そもそも、〈ゾノクワ〉の巨大な像が彼の棲処の入口に立っているが、その柱の彫刻は、おっとせいを表わしている。〈コモグワ〉が招いたインディアンに、別れしなに銅と仮面と容を与えるが、仮面と容は〈ゾノクワ〉を象っている。あるいは、もう一つの説話では、帆柱であり、その下の方に〈ゾノクワ〉の彫刻がほどこされている。

先に指摘した三つの様相のうち最後の様相が、殊に我々の関心を引く。すでに要約しておいた神話によれば（一四五頁）、〈コモグワ〉には一人の娘があった。初めは銅の匂いを発する白鳥の形で現われ、後に人間の形をとって、男性と女性の双児を生む王女である。そのうち女の子の方は幼くして死に、男の子の方が、母親と同じ匂いを放つのである。

〈バクスバクワラヌクシワエ〉を象った仮面

この王女が、他の伝承において〈コモグワ〉の娘とされている者と同一であるかどうかを知るのは難しい。それが同一人物であれ別人であれ、彼女は〈コミナーガ〉、つまり「富める姫」〔金持の貴婦人〕と呼ばれているのであり、〈バクスバクワラヌクシワエ〉、つまり「北の世界の果てに住む、人食う者」の妻であり、共犯者なのだ。この資格において、彼女は〈食人〉の結社における秘儀伝授に際して重要な役割を演じるが、この結社がすでに述べたように（前出、九一頁）、クワキウトル族における秘密結社のうちで最も高い位置を占めていることは思い出しておいてもよいだろう。〈コモグワ〉の娘と孫とを他の者と区別する徴となっている例の銅の匂いは、クワキウトル語では〈キールパラ〉と言われるが、この語は同時に、鮭の匂いをも指している。この側面からも、すでにサリシュ族の神話にはっきりと現われていた（前出、五八―六二頁）、あの銅と鮭の間の等価関係を再び見出すことができるが、しかし、この関係からは更に多くのことを引き出さねばならない。スワイフウェ仮面の起源に関する島部サリシュ族の神話は、この物語の主人公の一人を特徴づけている匂いと、彼の携えている楽器の〈ががら〉の音とを同一視している。事実、神話によっては、この匂いないしこの音が、鮭を驚かす危険があることになっている（前出、三五頁）。フレーザー河流域および海岸地帯に

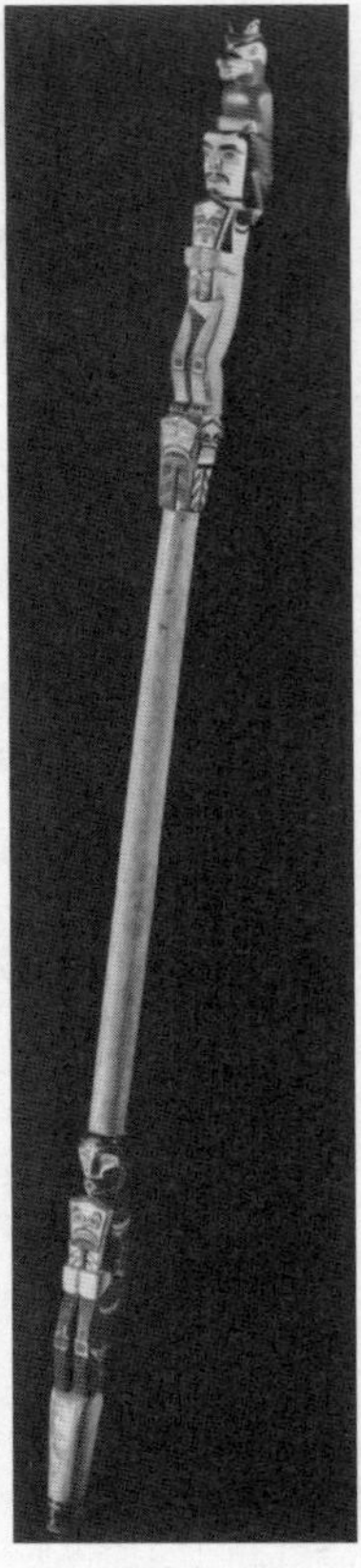
クワキウトル族の首長の儀杖

住むサリシュ族の神話について言えば、彼らは、主人公として、悪臭を発する癩病に冒された少年を設定している。彼は一匹の鮭を釣るが、その鮭はたちまち蛙に姿を変え、ために彼の困惑・動揺は絶頂に達する。あるいはまた、彼の病気そのものが、彼の躰から蛙の形で出てくるのである。ところが、クワキウトル族の方は、非常によく似た物語のなかに、病気を癒す力を持ち、銅を与えてくれる雌のひき蛙を登場させているのである（前出、六一）。ここでは四項構造が、臭いと（それはどこでも、耐えがたいものとして描かれており、それが銅のような貴重な物質から発する場合でも変りはない。〈コモグワ〉の婿について、「彼は息子の強い匂いが我慢できなかった、というのも息子は銅の悪臭を放っていたからだ」と言われている）、銅そのものと、蛙と、鮭とを密接な関係に置いている。この結びつきについては、やがて詳しく述べることになるだろう。

〈コミナーガ〉が、別のところで問題になっている〈コモグワ〉の娘と同じ娘であれ、別者であれ、この〈富める姫〉については大したことは分っていないので、このことは認めざるを得ない。クワキウトル族の隣人で血縁関係も近いヘイルツク族つまりベラ・ベラは、彼女を同じ名で呼び、しかももう少しはっきりしたことを語っている。彼らによれば、ある日、若い女が熊の排泄物のなかを歩いてしまった。余りに汚ないので怒った彼女は、その動物に対して、罵倒の言葉を吐いた。するとたちまち熊が現われ、彼女に、そんな風にわしの出したものに難癖をつけようというなら、いったいお前さん自身は、どんなものを出すのだねとたずねた。彼女は平然として、わたしのは真珠と銅よと答えた。それなら見せてみろと言われて、彼女は蹲って大便をするように見せかけ、そっとお尻の下に自分の腕輪の一つを外して、置いた。熊はそれを見て小躍りして、彼女を妻とし、自分の棲処へ連れ帰ったが、その柱に彫ってあるのは、〈カワーカ女神〉の頭にとまった〈雷の鳥〉の姿であった（〈カワーカ女神〉はベラ・ベラ族における〈ゾノクワ鬼女〉の等価物である──前出、一〇九頁）。やがてその女は、仔熊を生んだ。後に、彼女の兄弟たちが彼女を助け出すのに成功し、「人食い熊の踊り」に用いられる道具や飾りをまんまと手に入れた。村へ帰ってほどなく、一番年長の兄と彼女が姿を消した。それから、二人は再び戻って来たが、その時には、兄は人食いの踊り手となり、彼女は〈コミナーガ〉となっていた。

超自然的女と〈世界の果てに住む人食い〉との結婚、あるいは、人間の女と熊の結婚は、法外な外婚制の典型を、様々なレベルで提示している。ベラ・ベラ族と同じ神話を持っているトリンギット族は（もっともこの神話は海岸地帯のすべての部族に知られているものだが）、注解のようにして、次のように付け加えている。この時以来、女が熊の足跡を見つけると、熊に対して熱烈な讃辞を捧げ、どうか私を攫わないで下さいと嘆願することになった、と。外婚制のこの極端な形に対立するのが、外婚制の言わば下限と考えられるものである。すなわち、兄と妹の余りにも緊密すぎる接近であり、それをベラ・ベラ族は彼らの神話の最後の段でよく表わしている。クワキウトル族とベラ・ベラ族の間にあって孤立しているサリシュ系のベラ・クーラ族は、このような解釈を確認させてくれるような異本《ヴァリアント》を持っている。彼らによれば、熊の妻はみずから人食い熊に変身し、彼女の兄と妹を除くすべての一族を食い殺すが、生き残った兄と妹が彼女を殺すことに成功し、二人は近親相姦の夫婦となったと言う。調査を続けながら、我々がこうして常に遭遇するのは、一つの同じ主題であり、それは、余りにも近すぎる者同士の結婚と、余りにも隔った者同士の結婚との間の調整という主題なのである。

〈コモグワ神〉の娘、つまりクワキウトル族の〈富める姫〉については、ある種の難解さがつきまとっているが、それに反して、彼らの隣人であるハイダ族ならびにトリンギット族において彼女に照応する〈富＝姫〉という人物については、もっと多くのことが分っている。ハイダ族は彼女を〈ヂラコンス〉と呼ぶが、それは、沿岸の河の泉に出没し、魚の支配者である超自然的生き物のうち、最も重要なものを指す。ハイダ族の支配階級である〈鷲〉の起源は、〈ヂラコンス〉を捕えて、それを妻にした祖先に遡る（一四一頁参照）。ずっと後になって、漁師たちが、ある日、河のなかに、銅の皮をした蛙を見つけた。彼らはその蛙をさんざんいたぶって、焼こうとしたがうまくいかず、逆に、彼らの方が殺られてしまった。その時に、〈ギラコンス〉が、杖を持って現われた。クワキウトル族が〈ゾノクワ〉について言っているように、彼女もどもりであった。つまり、口頭によるコミュニケーションの障害に悩まされているわけであり、この障害は、欠陥のある視力によって暗示されていた視覚上のコミュニケーションの障害と対応するものである（あるいは、〈ゾノクワ〉の場合にはそれを更に強調することになっている）（前出、一〇六、一一五頁）。〈ギラコンス〉は火の雨を降らせて、罪ある者たちの村とその住民をことごとく破壊せしめた。彼女の娘だけがそのなかで助かり、灰のなかから夥しい量の銅を拾い集めた(7)。この豊富な持参金のおかげで、彼女は一人の王子と結婚することができ、夫と共にツィムシアン族の土地に移り住んだ（ハイダ族の住んでいるクイーン・シャーロット諸島の対岸に当たる大陸部である）。彼女は、確かに異国の地で結婚の契約を結んだが、しかし、それは適当な距離の地であって、丁度、現実に、貴族たちが求めていた結婚と同じなのであった。

〈ギラコンス〉はまた、〈スキール＝ギャア＝ダイ〉すなわち「財宝に富む姫」の名を持っており、〈スキール〉という語は、別に、超自然界の鳥を指している。かつてその姿を見た者はいないが、しかし、鐘の音か、金属板をぶつけ合わせたようなその音を聞いた者

住居入口の〈コノカダ〉を象った色彩板（ハイダ族）

は、誰でも金持になるのである。〈ヂラコンス〉を見た者にも、同じく幸運が約束されているが、就中、その者が〈ヂラコンス〉の外套の裾を捉えることができたり、その子供の泣くのを聞いたりすれば、特によい。クワキウトル族も〈ゾノクワ〉について同じようなことを語るので、決して泣かないと彼女の言うその子供を、つねって泣かせたときには幸運を得ると言うのである（前出、一二一頁）。従って、これらのインディアンにおいては、〈富＝姫〉の幾つもの属性を、〈ゾノクワ〉が引き受けているように思えるし——〈富＝姫〉は、巨大な女でない場合には、小さな足をしていると、好んで言われるようだ——そして、彼らが〈富める姫〉に対しては、さしたる重要さを与えていない理由も、この事実から説明される。

ハイダ族とトリンギット族にも〈コモグワ〉に当る神格があり、それを前者は〈コノカダ〉と呼び、後者は〈ゴナカデト〉と呼ぶ。ハイダ族によって〈ワスゴ〉と呼ばれている海の怪物の特性は、それが〈ゴナカデト〉と同じく、二つに裂いた木の罠にかかって死ぬにもかかわらず、はっきりしないところがある。〈ゴナカデト〉という名には、二つの了解事項がある。まず第一に、海の怪物であり、彼を見た者たちに厖大な富を与え、またその娘たちが、ハイダ族における〈ギラコンス〉と同じもので、トリンギット族においては、沿岸の河を支配する神格なのである。クワキウトル族においては、〈コミナーガ〉、すなわち、〈富める姫〉は、〈コモグワ〉の娘でもあったことを、我々は憶えている。他方、トリンギット族は、饗宴に招かれた異国人たちを〈ゴナカデト〉と呼ん

銅板をいくつも並べた飾りのある
首長の儀杖とその部分
（クワキウトル族）

でいる。事実、異国人のほうでも、遠からずして、さらに豪奢な形で招き返さなければならない仕組みになっていて、彼らが訪れてきたこと自体が、丁度〈ゴナカデト〉が訪れたのと同じく、ありとあらゆる豪勢な返礼の前ぶれとなっているのだ。〔ゴナカデトと異国人との〕この同一視によってはっきり思い出されるのは、カーティスがクワキウトル族の土地で写真にとった〈ゾノクワ〉の巨大な彫像のことである。その大きく開かれた両腕は、夫の家族によってすでに与えられた贈物の返礼として、妻の家族が与えるべき、予想される贈物を受け取ろうとしているのである（前出、一二八頁）。

トリンギット族の〈富＝姫〉である〈レナックシデク〉は、すでに我々が取り上げたツィムシアン族の神話の筋書と非常によく似た筋書のなかに登場する（前出、一四七頁）。一人のインディアンが、ある日、女の赤ん坊を、水の神であるその母親から奪いとった。しかし、夜毎夜毎、その赤ん坊は、村の住民の目玉をえぐり取り、食ってしまった。一人の女だけ、病気で、離れて住んでいたために、自分の子供と共に、この小さな人食い鬼の手をのがれることができ、その人食い鬼を自分の杖で殺した（杖は、ハイダ族の〈富＝姫〉につきものである——前出、一五八頁）。彼女は〈レナックシデク〉になった。誰でも彼女の子供が泣くのを聞き、それを捉えた者は、彼女の持っている銅と交換にでなければ、子供を彼女に返してはいけない。彼女は、人攫いの背を、自分の銅の爪で傷つけ、そして告げ知らせる、この傷の癒着するのは遅いが、そこに出来る瘡蓋《かさぶた》を贈物として受け取る者は、富貴になるであろうと。そしてその通りのことが起きるのである。

ところで、〈富＝姫〉が通過したことの徴というものも存在している。彼女は、自分の食べた貽貝《いがい》の殻を、丹念に一枚一枚重ねて積み上げるという奇妙な習性を持っている。クワキウトル族の儀式用の杖で、小さな銅片を重ねた飾りのあるものが、砂浜で拾い集められて、銅に変えられた貝殻に関する伝説を視覚的にうまく表わしている。この地域の他の神話では、傷の瘡蓋《かさぶた》とか洟汁とかを、これからまだ大きくなる貝のなかに入れておくと、次第に育って、末は高貴な運命を約されている子供になると言う。トリンギット族の方では、砂浜に捨ててある貝殻は拾ってはならないことになっている。この禁止にそむくと、嵐が起きるのである。こういうわけで、空《から》の貝殻というのは、一種の神秘的な価値を持つわけだが、それは、おそらく、貝殻が銅の自然界における対部として現われているからであろうし、神話によっては、傷の瘡蓋それ自体も、銅の解剖学的等価物なのである。より正確に言えば、空の貝殻と傷の瘡蓋と銅とは、二重の関係によって結ばれているように見える。まずそれは隠喩的《メタフオリック》な関係であり、何故なら、空の貝殻は銅に似ており、また、瘡《かさ》蓋《ぶた》は当の人間にとって貝殻のようなものであるからだ。しかもそれは、換喩的《メトニミック》な関係でもあり、それは神話が、貝殻と瘡蓋とを、銅を手に入れるための二つの手段と見做している限りにおいて、そう言えるのである。

VIII

泣く赤ん坊とか、人が泣かさなければならない赤ん坊とかを持った超自然的精霊、あるいは自分自身が幼児のように泣く精霊というものは、アメリカ大陸に極めて広く分布しており、両半球に伝播するのに十分なだけ古いテーマを構成していると想定できる。古えのメキシコ人は、〈獺《かわうそ》〉——ナフアトル語でアウイツォルと言う——に、〈トラロク神〉が悪霊として現われた姿を見ており、子供の泣き声と同じ鳴き声を発するものとしている。しかし、同情の余り、彼を探しに行く者には災いがある。その男は捕えられ、水に溺らされるのだ。この信仰は、クワキウトル族が、メキシコ人によって獺に与えられている価値を、否定から肯定へと逆転させているだけに、我々にとっては興味深い。クワキウトル族は、事実、海の獺《ラッコ》を、厖大な富を分ち与えてくれる者としているからだ。彼らにおいては、従って、獺の機能は〈富＝姫〉の機能を裏付け、繰り返している。ところで、彼らの隣人のツィムシアン族にとっては、この女神は、彼女の人間の夫の妹に対して、「富の衣」を

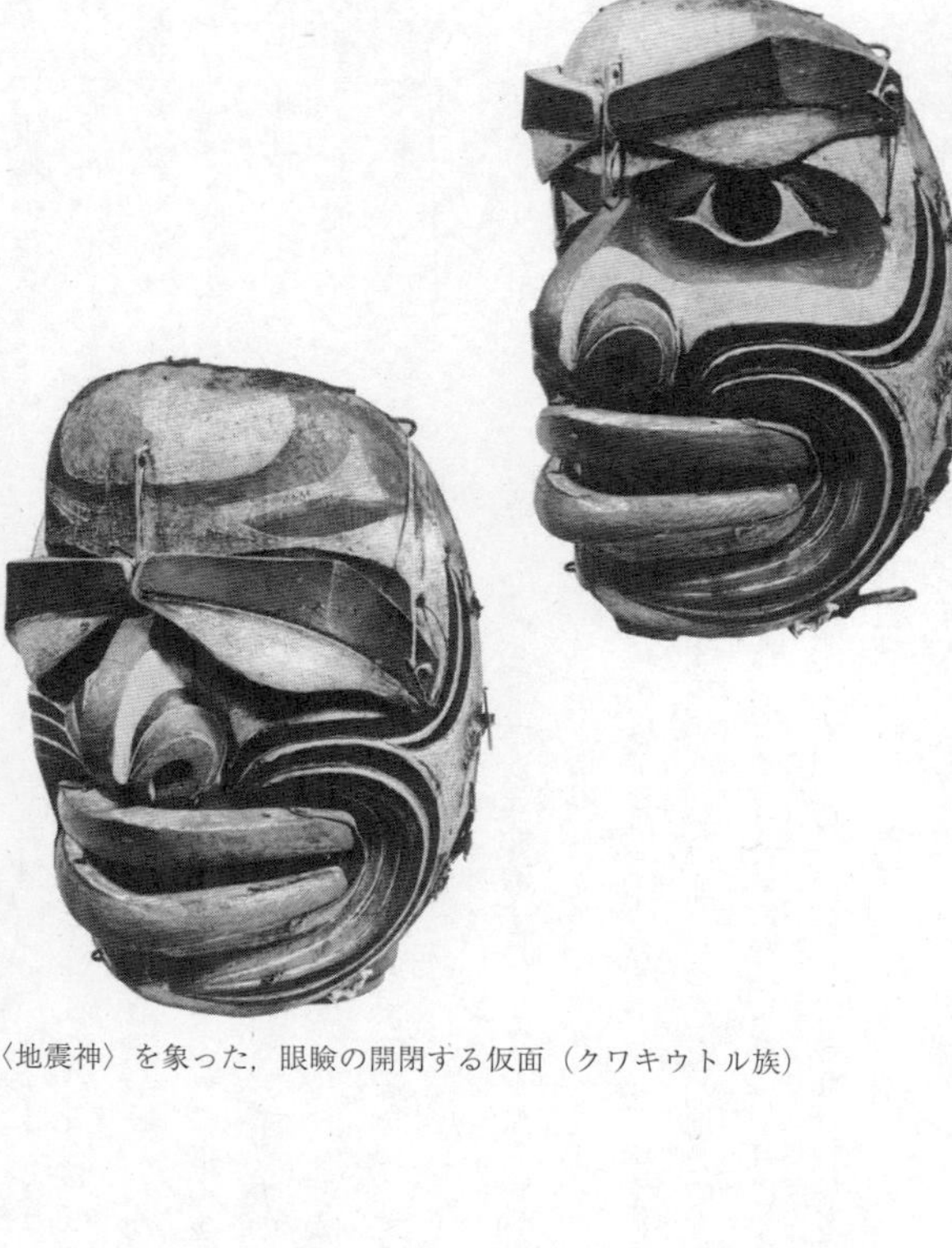

〈地震神〉を象った，眼瞼の開閉する仮面（クワキウトル族）

与えた、水棲の生き物であった。そして、ハイダ族とトリンギット族によれば、〈富＝姫〉は、彼の子供が泣くのを聞いた者は、誰でも富裕な身にしてやるのである。

似たような信仰が、南アメリカにもある。ギアナ＝アマゾン地域全般にわたって、幼児のように泣く水に棲む精霊のことが語られている。これらの精霊の一つは、少年たちを誘惑して殺害してしまう、恐しいほど美しい女の形で表わされている。ギアナのアラワク族は、太平洋北岸のインディアンたちに更に近づいている。というのも、彼らは、「水の姫」を信じており、この女神は、人間に不意を襲われると、土手に銀の櫛を残して逃げ去るのである。

北と東でトリンギット族に隣接しているタギシュ族もまた、〈富＝姫〉を知っていて、それを蛙女の姿で表わしている。男であれ女であれ、彼女の子供の泣くのを聞いて、それを捕えることに成功した者は誰でも、蛙女が黄金を排泄するまでは、子供を返してはならないのだ。蛙と貴重な金属とのこの組み合わせは、すでにもっと南の地方で我々が出会ったものだ（前出、六一、一五五頁）。事実、クワキウトル族によれば、蛙は水の底にあるものを見ることができ、この天賦の才能が彼に、〈コモグワ〉の豊かな棲処を発見することを可能にしているのだ。蛙は、その報酬として、銅を自分の歯で嚙み切ることができるという特権を与えられている。タギシュ族から更に離れたところに居るが、サリシュ族も、

銅の歯をした蛙を象る仮面（クワキウトル族）

富を分ち与える呪具（ハイダ族）

蛙に似ていて幼児のように鳴く超自然的存在を信ずることによって、クワキウトル族に呼応している。この精霊を見つけ、毛布に包んで、自分の家に保存しておく者は、誰でも確実に富裕になれると言う。この精霊は、サリシュ語で〈コマクウェ〉と呼ばれるが、それは、クワキウトル族が、富を分ち与えてくれる海の神〈コモグワ〉に与えた名とおそらくは同じ名なのである。コモクス族によれば、〈コーモーコアエー〉は、山の頂きに、灰色熊《グリズリー》の形で棲んでいる。彼は金属性の大きな函をもっていて、その中に、銅板や耳飾りなど、様々な宝物をしまっている。サリシュ族の信仰は、また、ハイダ族の呪具で、ずんぐりした小さな人間の形をしたものを思い出させる。それを盗み、かつそのなかに、これもまた盗んだ宝の断片を詰めた者には、この呪具を持っていれば、毛布と銅が豊富になることが保証されるのだと言う。

タギシュ族は、アタパスカン語族のデネ族に属するが、このデネ族は、これまで我々が扱ってきた沿岸の諸部族の背後の、ほぼ北緯五〇度線から先の、北アメリカの北西部全域に住んでいた。ところで、デネ族自身も、〈富＝姫〉に関する神話を持っていて、十九世紀後半のフランス人宣教師、エミール・プティが、〈金属を持つ女〉という、文字通りの意味にとるべき表現によって、その名を翻訳していた。事実、これらのインディアンは、もはや神ではなく人間であるこの女によって、銅が発見されたものとしている。他方、トリンギット族やハイダ族の〈富＝姫〉が、泣虫の子供を持っていたのに対し、〈金属を持つ女〉には、食いしん坊の子供がいて、これもまた、子供の不服従を表わす別のやり方にほかならない。

〈金属を持った女〉の神話は、多くの異本《ヴァリアント》によって我々に知られている。その全体的構成は、一つの点を除いて、ほとんど変わらないが、その一点とは、ある神話では、何故、銅の採掘が困難になってしまったのかを説明し、ある神話では、何故、今日、インディアンではなくヨーロッパ人が金属を所有しているのかを説明している、という点である。従って、いずれの場合でも、一つの喪失を説明することが問題なのであり、そこには、相対的な喪失の場合と、絶対的な喪失の場合とがあるということなのだ。しかし、どの神話においても、主人公はデネ族の女であって、エスキモーの猟師に攫われ、遠い北の国へ連れ去られて、その妻にされた。やがて二人の間に息子が生れ、そしてある日、女は息子と共に逃げ出した。彼女は、棒の先に差し込んだ突鉆《つきもり》で、一頭のカナダ馴鹿《となかい》を殺し、その肉を火で炙った。子供がこの肉にとびついて余りにもがつがつと食べるので、女は恐しくなり、子供を捨てた。一人で南へ南へと行くと、行手にきらめく光が見え、始めはそれを野営の火かと思った。しかし、それは、いまだ見たこともない物質の発する輝きであって、彼女はそれを叩いているうちに、小刀ができた。女は再び道を続け、家族のもとに辿り着き、自分の見つけたものを彼らに教えた。彼女は、男たちが自分を尊敬することを約束するという条件のもとに、彼らを銅のあるところまで連れていくことを引き受けた。しかし、男たちが、望んでいた金属の道具をすべて作ってしまうと、彼らは彼女を凌辱した。女は男たちと共に帰ることを拒否して、そこに留まった。その次に男たちが来てみると、女は同じ場所に居たが、しかし、地面のなかに腰のところまで埋まっていた。銅もまた、なかば埋れていたのである。今度もまた、女は男たちと共に帰ることを拒絶し、この次に来るときには、肉を持ってくるようにと命じた。次の時、女と銅は、すでに姿を消していた。男たちはその場に肉を残していくが、一年後に戻ってみると、肉は銅に変っている。元の肉が肝臓か肺臓かによって、銅は固すぎたり柔かすぎたりした。別の伝承《ヴェルシオン》によれば、単に銅が地中に姿を消した、ということになっている。

別の書物において、我々は、丸木舟のイメージと浮き島のイメージという二つのイメージを対比させ、そこに、水面に浮ぶ二つの流動体の一方が文化を意味《コノテ》し、他方が自然を意味《コノテ》していることを認めようと提案した。〈金属を持つ女〉の神話は、この解釈を再確認してくれる。逃げて行く女は、遠くから、カナダ馴鹿の群を認めて、それを初めは浮き島だと思う。そして、少なくともある一つの神話においては、女は、毎夜、それに乗って逃げて行く舟を、水底の泥に突き刺した竿に繋いでいる。彼女は、浅い海で野宿をするが、そのじっと動かぬ舟は、一つの家になった。これ以上よく、しかも二重に、次のことを物語っているものはない。すなわち、婚姻の絆を絶った女の逃亡は、それが水上を行くものであっても、丸木舟に乗った旅とは反対のものだ、ということである。事実、アメリカ大陸の他の神話にとっては、丸木舟でする旅は、妥当な距離に妻を求めるという行動を象徴するものであって、この神話の女の結婚のように、エスキモーに攫われて、「遥かに遠い北の国、海の向う側」で、つまり、続くには余りにもかけ離れた距離のところで行われた結婚とは正反対のものだ。敵によって強制された、この遠すぎる結合に対立するのは、女主人公の近親者による同じように度外れな——といっても方向は逆であるが——行動であり、彼らはこの女主人公を凌辱することによって、ともかく社会的レベルでの近親相姦を冒すわけだし、この過失のために、銅の喪失を招来し、あるいは、爾後、その発掘が困難にされるのである。

社会学的コードに従ってなされるデネ族神話のこのような読解を補強してくれるのは、トリンギット族において見いだされるそれとは対照的な神話である。近親相姦を冒した兄と妹が別れねばならなかった。兄は、ハリケーンと嵐を司る〈雷の鳥〉となって、一年に一度、暴風雨の季節に、妹を訪れるために戻って来るのだ。妹の方は、古い伝承《ヴエルシオン》では〈アギシャナク〉、新しい伝承では〈ハユイカナク〉と呼ばれるが、とある山の頂で地中深く潜ってしまう。以来、彼女は大地の乗っている円柱を支えているが、それは、火を熾して彼女を暖めてくれる人間たちへの友情からで、というのも、彼女が空腹になると、大地が震動して、人間たちは彼女を養うために脂身を炙るのである。他の伝承によれば、地震が起きるのは、彼女が、トリックスターである神、〈鳥〉に抵抗する時であり、この〈鳥〉は、人間たちを破滅させるために、彼女をゆさぶり、大地を支える円柱をその手から放させようとするのだと言う。地震の起源に関するこの神話が、デネ族の神話と対照的な関係にあるのならば、デネ族の神話で女主人公が銅と共に地中に埋没する運動はあべこべの地震だ、ということになるはずである。一方では大地が開き、他方では大地が閉じる。この点については、後で再び触れることにしよう。

さし当って、他の二つの具体的な点が注意をひくであろう。トリンギット族の神話の新しい伝承によれば、余りに近すぎる結婚という罪を犯した兄と妹は、女と犬との結婚から生れていて、言いかえればこれは、余りにも遠い結合なのであり、それがすでに我々が調べたデネ族の神話やその他の神話の骨組みを再構成しているのだ。その上、近親相姦の過ちを犯す兄は、それに先立って、称賛に値する行為もやりとげているのであって、それは、熊から「刃のついた、輝くたが」を盗み取り、それを二つに折って、その半分半分を空中に投げると、それは虹になったと言う。

このたがの話は、もっと南のサリシュ族においても、まずは、スクワミシュ族における銅の起源神話のなかに見いだされる。トリンギット神話を介して、この神話は、同じ主題を中心的に扱ったデネ族の神話へと我々を連れ戻す。二人の兄弟には、それぞれ、六人ずつの息子がいた。この兄弟の一人の方の一番年下の息子が、胃がふくらんでとび出す病気に苦しめられていた。ある日、十二人の少年たちは、山の頂に一人の男を認めた。彼は、太陽にきらきらと輝く銅の大きな輪を投げては、それを、自分の息で吸い寄せて取り戻すのであった。十二人の少年はまんまとそのたがを盗み取って、逃げながらそれを次々に手渡していった。しかし、たがの持ち主は少年たちを追いかけて捕え、次々と殺していったが、一番下の子だけは助かった。彼は、敵に向って自分のふくらんだ胃の中身を投げると、それは濃い霧となって、そのお蔭で逃げおおせたのである。子供たちの死に絶望した彼の父と叔父〔父の弟〕とは、かまどの火のなかに身を投げた。二人の目玉は火花のように噴出し、右の目は北に、左の目は南に飛ぶ。するとたちまちに霧が湧き起った。このように派手な喪の仕草をしたのちに、生き残った子の叔父は、たがを槌で叩き始め、それから銅の甲冑を作り出した。このようにして身を鎧い、また野生の羊の曲った角《つの》を武器として、彼は息子たちの殺害者を打ち倒し、この人食い鬼の胃から、少年たちの心臓を無傷のままで取り戻し、元の場所に戻して、少年たちを生き返らせた。それから叔父は、自分の着けていた甲冑を美しい若者に作り変え、そこに生命を吹き込んだ。銅でできているから、この若者は不死身であり、力ある首長、偉大な猟師となったのである。

クワキウトル族の信仰が、膨張した胃の主題を解明してくれる。この部族のインディアンが言うには、もしあなたがひき蛙にさわると、ひき蛙はあなたの胃の中に棲みついてしまうだろう。あなたは、満たすことのできぬ絶えざる飢えによって苦しめられ、あなたの肌はひき蛙のように緑色になり、あなたの目玉は飛び出してくるだろう。あなたは家から家へと、食べ物を恵んで貰いに歩かなければならなくなるだろう。ひき蛙はあなたの胃のなかで大きくなるだろう。それは膨らんで、ついにあなたは死ぬであろう。大食らいの子供のことを、胃の中にひき蛙のいる連中と同じようだ、と言うのである。

この注解は貴重である、というのも、それは、デネ族の神話の大食の子供と、サリシュ族の神話の膨張した胃を持つ若い主人公とを、近づけてくれるからだ。確かにそれは同一の登場人物だが、ただその価値が二つの集団の間で逆転しているのである。ずっと南に下って、コロンビア河下流のチヌーク族であるワスコ族は、彼らの神話の一つで、まだほんの一歳だが、過去を識り未来を予言し、また叩くと鐘のような音を出す胃を持った、泣き虫の子供の事を語っている。ある日、母親が、もう一人の息子に、弟の胃を踏んで小さくしてやったら、と言った。そうすると、その胃袋からは、蛇や蜥蜴《とかげ》や蛙がぞろぞろ出て来た。後になって、二人の少年は、太陽の熱気が人間には耐え難かったので、太陽を殺した。兄は昼の天体〔太陽〕の位置を占め、弟は月となった。それ以来、太陽の熱気も烈しくなくなり、二つの天体は交互に、規則的に、天に現われることとなった。

これらの神話が、これより前に我々が検討した神話によって、社会学的用語で表わされていた「適当な距離に置く」という問題を、宇宙論的コードの言葉に置きかえていることは明らかである。ツィムシアン族の神話の永久に離れてしまう兄と妹のように（前出、一四七頁）、サリシュ族の神話の二人の父親の目玉は、星に変えられて、というかそう考えられたわけだが、北と南とに引き離されるのである。金属のように鳴る大きな胃袋を持ったチヌーク族の少年は月になり、その兄は太陽になり、互いが互いにとってよい距離にあり、また地上に対してもよい距離を取ることになる。ところで、内陸部のサリシュ族であるトンプソン族は、銅を着た人物を——それは奇妙な形で、彼らの隣人スクアミシュ族の神話の人物を想い起させるが——太陽の息子としている。この理由から、彼らは銅の色をした甲虫類を「太陽の息子」と呼ぶのである。

今、トンプソン族のことを引いたが、このインディアンは、彼らの隣人のシュスワプ族と共通の一つの神話を持っており、それは、また、スクアミシュ族の神話にも非常に近いもので、ただ違うところは、二人の男の息子たちが――ここではその名は〈草原狼《コヨーテ》〉と〈羚羊《アンチロープ》〉(アンティロカプラ)とされている――銅のたがではなく、黄金ないしは銅の球で、排泄物の一杯つまったものを盗むことになっている。〈草原狼〉の方が〈羚羊〉の息子のうちの唯一人の生き残り(後は皆死んでしまったから)が持ち帰って来た球を奪い取ると、彼は、その球を覆う金属によって、鎧のように覆われた鹿に変ってしまう。彼は息子と甥たちを殺した男と対決するが、彼の躰には一箇所だけ不死身でないところがあったために、戦いの最中に死ぬ。同じ神話の他の形では、〈草原狼〉と〈羚羊〉の子供たちが夫婦になったと語っている。この異種間の結婚が、現在インディアンの間に見受けられる肌と髪の毛の色の違いの原因であった。また別のところでは、この違いを、〈羚羊〉と、それぞれ白い肌と赤い肌をしている二人の女との結婚によって説明している。あるいはまた、神話は、これらの主人公の父親二人に名を与えているこの二種類の動物が、現在互いに離れて棲息していることの理由を説明している。宇宙論的ないし社会学的なものから、ここではコードが、解剖学的ないし動物学的なものとなっている。しかし、問題になっているのは、常に変らぬ同じ問題であり、すなわち、識別を可能にするずれの間の調整という問題なのである。

もうしばらく、宇宙論的コードのレベルにとどまって、それが新しい局面に展開するのを見てみよう。大陸部のサリシュ族は、虹あるいは太陽の存在を次のように説明している。起源には、少年によって盗まれた銅の輪があり、その少年は、ある場合にはびっこで（つまり、異常な周期性を示す歩き方に苦しめられている少年だ）、ある場合には、不潔で傷だらけで、そこにはスワイフウェ仮面の起源にあった神話の英雄と同じものが容易に認められる（前出、三九―四〇頁）。スココミシュ集団の伝承では、かつては輝くたがは金持の玩具であって、貧乏人には遊ぶものが何もなかったのだと付け加えている。たがを盗むことによって、この不正は終りを告げた。銅の輪が太陽になるにせよ（コウリッツ族の伝承）、あるいは盗まれたこの品物が、スココミシュ族の言うように、虹の出現を誘発する原因となったにせよ、爾後、これら天上界の物体は、社会的地位や財産の大小に関わりなく、すべての人のために光り輝くようになったのである。

これらの神話と共に、我々がこの書物の冒頭の出発点として選んだサリシュ族のもとへと立ち返ることによって、一つの遍歴の円環を閉じることになる。しかしこれは、別の意味においても言えることなのだ。スココミシュ族の神話と共に、銅は、言わば、民主化されて、再び天に昇るが、島部のサリシュ族においては、銅はまず天から、貴族階級的な形において降って来たものであった。すなわち、スワイフウェ仮面という形においてであり、それはいくつかの高貴な家系の特権に他ならず、彼らはこうして自らの富を増大させる呪術的手段を独占しているのである。確かにスワイフウェの仮面は銅そのものではないが、しかしそれは銅を手に入れることを可能にするものである。相続上の権利や結婚によって伝承されるこの富を増す手段は、特権階級の手に握られており、彼らは、その手段を共に所有しようと願う者たちから、貸賃を徴収する。このことは、仮面が存在する集団においては、仮面に関わる神話的表象は、社会的・経済的下部構造に従属している事を示している。そのような神話的表象は、まずこの下部構造を反映していないとするなら、それに根拠を与えているなどと主張はできないはずである。

　こういうわけで、銅を天体という形で実体化している神話が、サリシュ族の集団のうち、その周囲の部族に比べてより平等な社会構成を持っているわけではないが、しかし、〈スワイフウェ〉仮面は持っていない集団に由来しているという事実は、意味するところ大である。呪術的・祭儀的道具によって不平等を裏付け、容認し、継続させるというあの手段を持たない彼らは、最も廉価な方法で、一つのイデオロギーという贅沢を手に入れることができたが、それは、確かに隠喩的な方法によってにせよ——というのも、虹にせよ太陽にせよ、銅が地上において輝くのと同じように天上に輝くものは、このようなコンテクストでは隠喩としての価値しか持たないからだが――とにかく、銅の享受を最も多くの人々に分ち与えてやるイデオロギーなのである。事実、神話によって約束されたこの享受は幻想に過ぎないのであり、何故ならそれが関わりを持つのは、誰でも見ることができ、誰でもその恩恵を蒙ることができる天体であり、そのような無償の恩恵に、神話はただ象徴としての価値をつけ加えるに過ぎないからだ。それは、物質的な富の象徴であり、現実には、最も貧しい者たちに、実にけちけちと惜しんで分け与えられるものに他ならない。

IX

すでに我々が分析したデネ族の神話は〔前出、一六九―七〇頁〕、如何にして最初にインディアンが、銅を、原石の状態で地表に露出している塊という具体的な形で手に入れたかを語っている。そのためには、敵のエスキモーに攫われた一人の女が、エスキモーによって押しつけられた、外婚制には違いないが、余りにも距離の距った結婚を破棄する必要があった。それから、身内のいる国へ帰るために夫から離れた彼女が、身内の者たちに、道で見つけた銅の存在を教えてやらねばならなかったのである〔次頁上図参照〕。

この経路は、クワキウトル族において、同盟している部族に女と銅とが移される経路を逆転させているが、異なる点は、クワキウトル族においてはこれらの銅は原石の塊ではなく、豪奢に細工をほどこした板の形をしており、その機能はサリシュ族においてスワイフウェ仮面が果していた機能に等しいということである。仮面と銅とは、事実、同じ方向において循環している〔次頁下図参照〕。

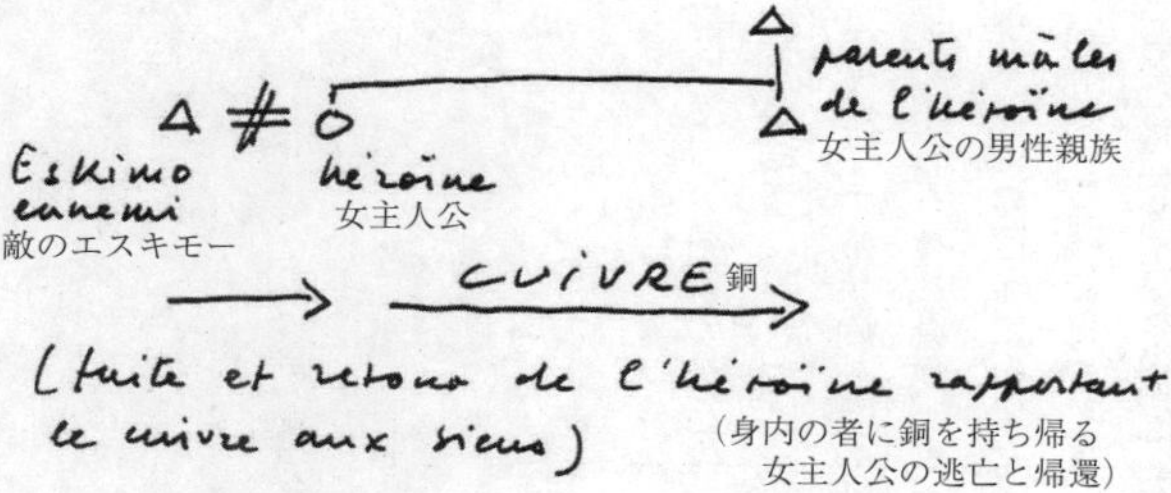

parents mâles de l'héroïne
女主人公の男性親族
Eskimo ennemi
敵のエスキモー
héroïne
女主人公
CUIVRE 銅
(fuite et retour de l'héroïne rapportant le cuivre aux siens)
(身内の者に銅を持ち帰る女主人公の逃亡と帰還)

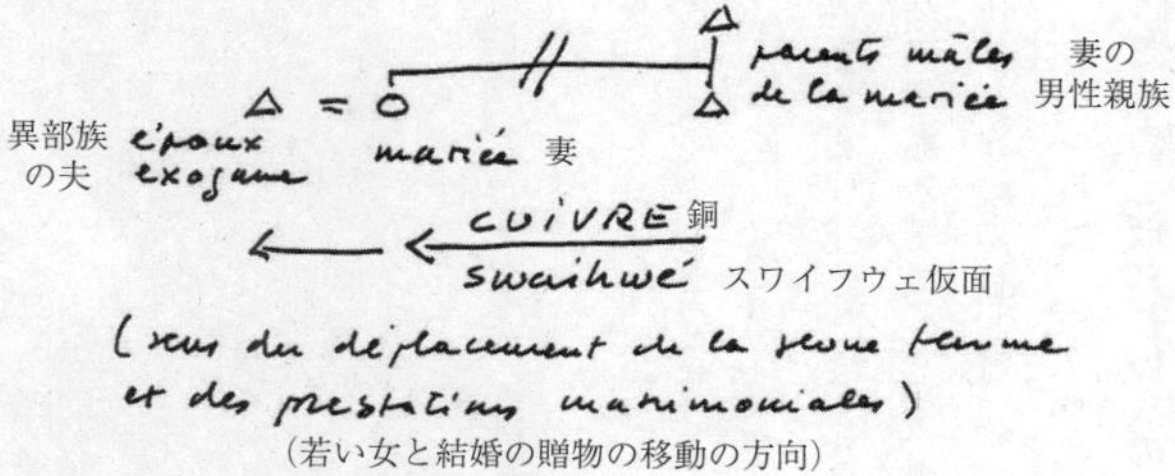

parents mâles de la mariée
妻の男性親族
異部族の夫
époux exogame
mariée 妻
CUIVRE 銅
swaihwé スワイフウェ仮面
(sens du déplacement de la jeune femme et des prestations matrimoniales)
(若い女と結婚の贈物の移動の方向)

従って、デネ族の神話は、サリシュ族式の結婚や、クワキウトル族において行われていたような結婚に際しての贈与《ポトラッチ》とは反対のことを語っているのである。しかしそればかりではない。デネ族の神話の結末は、銅の喪失であり、それは、女主人公の近親が彼女を凌辱して罪ある身となったあの近親相姦の結果である。こうして、デネ族の神話は、スワイフウェ仮面の起源についての海岸地帯のサリシュ族神話と対立しているのであり、後者においては、危険な形で接近した兄と妹が（丁度それは、デネ族の神話の女主人公が、ただ「兄弟たち」とのみ出かけることを承知した時の、彼女と彼女の「兄弟たち」の情況と同

銅をかかえる熊を象った墓の彫刻。銅板の上部が熊の頭部にそのままつながっている（クワキウトル族）

じである。その危険については、彼女がはっきり自覚していたからこそ、出かける時に、自分のことを尊敬すると約束することを兄弟たちに要求したのである)、スワイフウェ仮面を手に入れることによって、殆ど近親相姦的なこの情況を避けることができる。その仮面は、神話の語るところによれば、他部族との結婚の道具であり、こうしてあぶない親密な関係を終らせる道具なのである。従って、デネ族においては、銅が、近親相姦に対する罰として、インディアンの手から奪われているのに対して、サリシュ族においては、スワイフウェ仮面が近親相姦を避ける手段として与えられているのだ。

このような条件においては、サリシュ族の集団が、自分たちの間で、組織的に外婚制を実践していることに注目するのは、重要なことである。その主要目的は、このような血族の連繫によって、異郷において身内の安全を保証することにあるのだ、と観察者たちは言う。他部族との結婚は、甲冑と同じように自分を保護してくれるものなのだ。こう考えれば、スクアミシュ族は——彼らについては、そのスワイフウェ仮面の起源神話が両義的な性格を持ち、この仮面が彼らにとっては、就中、共通の起源という伝承の上に、周囲の部族との友好関係を築くのに役立っていることを指摘しておいたが(前出、五二頁)、——スワイフウェ仮面を天から降ったものとする集団と、逆に銅を天に昇らせて、天体や天上界の現象としてしまう集団との丁度中間に位置することが、よりよく理解されるのだ。事実、彼らの銅の起源神話はすべて、銅が由来する地上で展開されるし、まずそれを着た者を不死身にする甲冑という形で、次いで、同じ力を備えた銅の体の英雄という形で、銅は地上にとどまっているからである（前出、一七三―四頁）。

他部族との結婚の手段、すなわち、現実の、あるいは潜在的な敵を味方に変えるための手段であるスワイフウェ仮面は、こういうわけで、サリシュ族の神話においては、最もあり得べからざる同意をさえも強制するものとして立ち現われる。クワキウトル族も、サリシュ族からクウェクウェの名で借りてきたスワイフウェ仮面を持っているが、しかし、彼らはその機能を逆転させ、スワイフウェ仮面本来の機能を、銅に移している。スワイフウェ仮面の機能に似たこのような銅の機能は、はるか北部に、仮面を持ったことがあるとは思えないトリンギット族に至るまで拡がって存在している。非常に普及してもいる一つの神話の彼らなりの伝承形態《ヴェルシオン》が、この機能を極めてよく明らかにしてくれている。

一人の王女が、ある日、灰色熊《グリズリー》の糞の上を歩いてしまった。彼女はこの動物に対して罵倒の言葉を投げつける。するとたちまちその熊が人間の姿で現われて、彼女を攫ってしまう。彼女は逃げ出すことに成功して（前出、一四一頁、ならびに一五五―六頁）、魔法の舟を見つけ、それに乗って太陽のもとへ行く。太陽の息子たちは、彼女を一目見るなり恋をしてしまうが、しかし彼らはすでに妻ある身であった。そこでまず、彼らの共通の妻である人食い女を殺害して、その屍骸をばらばらにし、撒き散らした。そのばらばらの体がツィムシアン族の地に落ちたので、爾後、この地には人食い人種がはびこることになるのだ。女主人公は、生れ故郷の村に、太陽の息子である彼女の夫たちと、彼らとの間にできた息子とを連れていった。人々は彼らを歓迎するが、彼女は同国人の一人にくどかれて身を任せたので、夫たちは彼女を捨てた。夫たちは、舞い戻った天上から、彼女と子供とが悲惨な運命に陥るように定めた。二人は、村人から孤立し、軽蔑されて、哀れな掘立小屋に住んだが、その上に、村人たちは糞尿を山と積み上げたのであった。そのために、息子は〈糞《くそ》＝男《お》〉とあだ名された。ある日、彼は、父親の持っていた全体が銅製の舟を見つけ、それを細かく切って、掘立小屋の木の枝の下に隠れた形で、その銅板で銅の家を建てた。一日中、彼は銅を叩いて細工し、自分の棲処を宝物で満したのである。勿論、鉄も銅も知られていなかった時代の話だということは言っておかねばなるまい。

ところで村には、婚期を迎えた娘が一人住んでいたが、その両親は、結婚の申し込みをすべて断わり続けていた。我らの主人公は、この娘の心を奪うことに成功したが、どうやったかというと、彼女が眠っている間に、銅の筒の臭いを嗅がせたのである。彼女は彼の家までやって来ると、銅だけでできた入口に目も眩んで、彼と結婚することに同意した。

人々は彼女を所々方々と探したあげく、この家に居るところを見つけ出したが、その家は、木の枝のカムフラージュを取り除《の》けるや、余りにも鮮やかな光輝を放っていたので、近付いた人々は、皆一斉にたじたじとなったほどであった。銅製の贈物が娘の父の心を和らげ、この時から、インディアンは銅を持つようになったのである、と。

銅のおかげで結ばれたこの結婚は、こうして、二重に相距った配偶者を結びつけている。彼の方は天上界の者であり、彼女は地上の人間である。従って、全く正反対の二人の社会的立場が、この結合を永久に不可能なものにするのではないかと心配することもできる。しかも、結婚の申し込みをしたすべての男は、それまで、皆、断わられてきただけに、非常に問題のある結婚なのであった。ところが、神話が強調するところでは、銅の力が同意を強制している。しかもこのような力が銅に備わっているのは、何よりもまず、銅が、まともには見つめられないほどの強い輝きを発するからなのである。つまりそれは〈糞＝男〉の父である太陽と同じことなのだ。

この力の密かな理由もようやく分ってくる。すなわち大地の底から引き出され、あるいは神話によっては、波の底から引き上げられたものである銅は、地底の太陽を表わしているのだ。光り輝くその様相と、闇に属していたその起源とによって、銅は相反する二つの特性の婚姻を実現しており、それはまさしく、太平洋岸の部族のように、家系間の絶えざる対立緊張によって特徴づけられ、そこでは適当な距離の結婚のみが、外婚制と内婚制という二つの相矛盾する原理の間で調停の役を果しているような、そういう社会体制における現実の結婚の姿に他ならないのだ。

こう考えてくると、そして目下のこの作業が明らかにしてくれているように、スワイフウェ仮面が銅と代替可能であるとするならば、この仮面のいくつもの造形的特異性がおのずと明らかになる。スワイフウェ仮面は、鳥の頭の姿をした「鼻」と鳥の頭の形の「角《つの》」とを持っている。この仮面には鳥の羽根がついているし、また、鳥の羽根は、踊り手の衣

スワイフウェ仮面
(サリシュ系，マスキーム族)

スワイフウェ仮面の舞踊を
写した二十世紀初頭の写真

裳においても最も重要な要素をなしている。事実、島部のサリシュ族の神話によれば、この仮面は天から降ってきたものである。しかし、それを湖の底から釣り上げたと称する大陸部のサリシュ族の神話はそれを水底から来たものだとするわけであるし、また、その舌が垂れ下っていることからしても――他の神話はこの舌を魚と同一視するのだが――この仮面もまた、相反する二つのものの結合を実現している。それは、同時に空中と水中とに属しているからである。こういうわけで、スワイフウェ仮面を、媒介《メディアトゥール》＝調停者というあの広大な部類に属させることが可能であり、その機能は、古代アステカ人における羽のある蛇と同じく、通常は相容れない対立項、つまり天上と地底の世界とか、空と水とかを統合することによって表わされるものなのである。

蛙も同じような機能を果すが、しかしそれは別の理由によってだ。蛙は、自分自身において、相対立する両極を統一するのではなく、陸地と水との中間地点に位するのである。神話がこの動物に定めていた役割を我々は覚えている。フレーザー河流域の神話では、自殺しようとしていた主人公は、釣り上げた鮭が蛙に変ったのを見て、自殺してしまうのだった。あるいは、反対に、病気が蛙の姿になって彼から出ていってくれたので、この取り返しのつかぬ行為を思いとどまったのである（前出、四六頁）。同じく病人であったクワキウトル族の神話の主人公は、雌のひき蛙のおかげで病気が癒るのであるが、それはこのひき蛙が自分の巣から取り出した塗り薬で体をこすってくれ、銅の貴重な塊を施してくれたからなのである〈前出、六〇頁〉。ハイダ族の〈富＝姫〉は、痛めつけられた蛙の仇を討つが、この蛙はおそらく彼女自身に他ならない。それに対して、トリンギット族にあっては、同じ女神が自分の銅の爪で人間を痛めつけると、この人間たちは彼女から受けたこの傷によって、後に富貴の身分となるのである〈前出、一六二頁〉。クワキウトル族にあっては、大食漢は胃にひき蛙を持っていると言う〈前出、一七四頁〉。同じ信仰を、ツィムシアン族は逆転させて、主人公を食糧に対して貪婪ではなく食糧を惜しみなく与える人物にしているが、つまり、中に蛙を含んでいるものではなく、蛙の中に含まれているものに仕立てているのである。

蛙を頭部に戴き，動物に体中を蔽われた人物を象る墓守像（トリンギット族）

ここでしばらく、この神話を見てみよう。村の長の甥である孤児が、村人から軽蔑されているが、彼は、燃えさかる彗星のように天から降ってきて、とある木の頂にひっかかっていた銅の巨大な塊を、彼は自分だけの力で手に入れることに成功した。村の長は、誰であれこの偉業をなしとげた者には娘を嫁にやると約束していたが、今や娘が自分の甥のものになると知って、怒り狂い、二人を放棄し、村人すべてを引き連れて他所へ移ってしまった。もっとも一人だけ残された者がいて、それは彼らの年老いた祖母であり、彼女は二人と共に村に留ったのである。主人公の若者は、三人の生活をまかなうにはまだ若すぎた。そのため、三人の暮しは悪化の一途をたどった。ある日、彼は湖から一匹の巨大な蛙が出て来るのを見たが、その爪も歯も、目も眉毛も、銅で出来ていた。彼は、木を二つに裂いて、蛙が通ると元に戻って蛙を捕えてしまう罠を作り、蛙をつかまえた。主人公の若者は、蛙を殺し、その皮を身にまとった。爾後、彼は夥しく鮭をとり、あまつさえ鯨までとった。同時に彼は、それまでのような病人とは打ってかわって、すべすべした肌の美しい若者となった。姫はその時になって、ようやく彼と結婚することを承知した。二人は豊かに暮し、飢えた村人たちが助けを求めてくると、暖く彼らを迎え入れてやった。主人公の若者は、今や自分の舅となった伯父を赦してやった。こうして時が経ち、彼は相変らず村に、魚と狩の獲物を夥しくもたらしてやったが、しかし、釣や狩から帰って来るたびに、次第次第に、自分の身につけた蛙の皮を脱ぐのが困難になってきた。最後には、蛙の皮を脱ぐことをあきらめ、妻に、これから後《のち》は海の底で暮すことにすると告げ、海の底にあっても、そこから彼女にも、また身内の者にも、必要な食糧は必ず送ってやるであろうと言った。彼らは砂浜に、彼らが必要とした海豹《あざらし》、おひょう、鯨、いるかなどを、ことごとく見いだしたのである。村にはこうして、足りないものは何一つなかったが、しかし、恩恵を施してくれる人物を二度と見ることはなくなったのである。

トリンギット族はこれとほとんど同じ神話を持っているが、主人公が変身してなる気前のよい怪物とは、〈ゴナカデト〉そのものに他ならないとつけ加えている。〈ゴナカデト〉

大魚を叩き殺すための棍棒を手にした漁師（クワキウトル族）

については、すでに我々は（前出、一五九―一六〇頁）、クワキウトル族の海神にして富の支配者であり、常に肥満した人物として描かれている〈コモグワ〉神との近親性を強調しておいた。同時に、神話的両棲動物の肥満（あるいはそれがひきおこす肥満）は、常に指摘されているところである。貧困と富の間に、食糧の欠乏と豊富さとの間にあって、そしてまた同時に、余りにも距った配偶者の間にあって、蛙は蛙固有のやり方で（というのは、中間項となるというやり方だが）、スワイフウェ仮面が（やはり両極端の項を統合していたものだ）サリシュ族において担っていたのと同じ媒介＝調停の役割を果している。広大な神話体系のなかで蛙やひき蛙の占めている位置というものは、このようにして顕在化されるのである。

地震を支配する鯰が特権階級にお宝を吐き出させ排泄させているの図（作者不詳）

X

我々がこの書物の冒頭から続けてきた調査によって、二つの重要な結果を手に入れることができた。同じ神話がある集団から別の集団に移る時に逆転することはすでに知られており、それを想起しておくために、我々には親しい者となった人物をめぐるいくつかの例をあげることは無駄にはならないだろう。

クワキウトル族の〈コモグワ〉は水底に棲んでいて、さまよえるインディアンの女が苦しめられていた髭（前出、一四一、一四四頁）を取り除いて助ける。サリシュ族においてこれに相当するコモコアエは、ある山の頂に棲んでいて（前出、一七三頁）、頭の毛をすっかり抜かれて禿げになったさまよえるインディアン女に髪をもどしてやる。クワキウトル族自身がこの変換を意識しているようだ。すなわち、コモグワを大海の主ではなく「山の精霊」として描く際には、彼らはそれを呼ぶのにコモコエというサリシュの言語形体を採用する。同じようにクワキウトル族もサリシュ諸族も「世界の果の人喰い」バクスバク

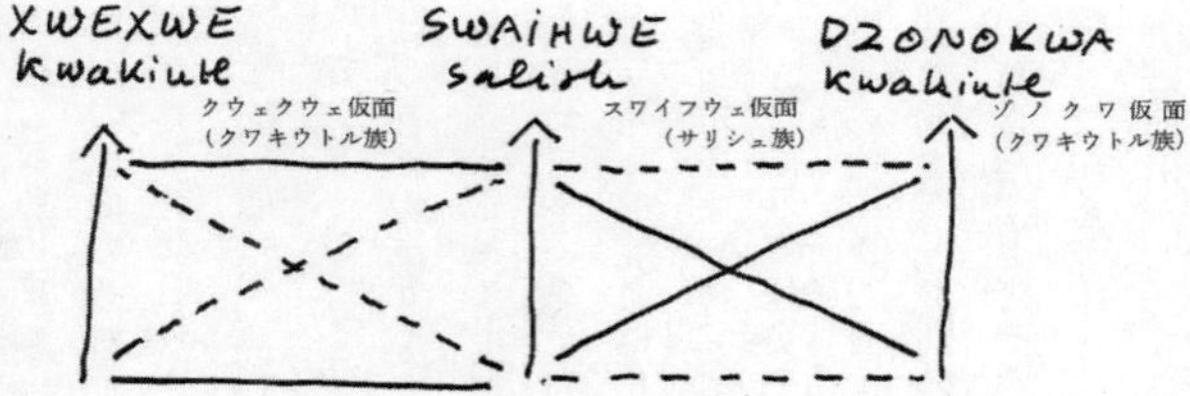

ワラヌクシワエを知っているが（前出、一五三頁）、前者はこれを森の奥に棲む首長とみなし、後者は大洋の果に棲む奴隷と見なしている。さらに、サリシュの人喰い鬼女タルが、クワキウトル族のゾノクワと対をなし（前出、九四頁）、後者が誘拐した子どもたちの眼に樹脂を塗って目が開かないようにするのに対して、眼が見えなくする者ではなく、眼が見えない者である前者は、自分が攫ってきた子どもによってそのような目にあわされるのである。スワイフウェ仮面については第二部の最初の章で、もうひとつの印象的な例を見ることになろう。

ところで、我々は同じメッセージを担った仮面の造形的な外見が、ある住民の集団から隣の集団に移ると、まったく同様の仕方で逆転することをすでに確かめた。事実、サリシュ族にとって富の贈与者であるスワイフウェ仮面と、クワキウトル族において同じ神話的・祭儀的役割を果しているゾノクワ仮面との間に見いだされる関係とは、まさにこのようなものであった。反対に、サリシュ族のスワイフウェ仮面とクワキウトル族におけるその模倣面たるクウェクウェと呼ばれる仮面との間に見られるように、造型的要素が不変化のまま保有されるときには、二つの仮面のそれぞれが担う意味内容《メッセージ》が逆転している（前出、一三七頁）。いかにも注目に値する現象であり、それを一つの図表によって表わすことができるが、そこでは実線が造型的形態に、点線が意味内容《メッセージ》に照応している（前頁図表）。

第二に、サリシュ族の仮面とクワキウトル族の仮面との間ですでに指摘した逆転の関係は、神話の次元でも、デネ族と、いくつもの沿岸部族（すなわち、クワキウトル族と、その周辺の部族でサリシュ族の全体を含むもの）との間に支配的である。事実、デネ族が銅に与えている機能は、クワキウトル族が銅に与える機能とサリシュ族がスワイフウェ仮面に与える機能とは正反対のものであり、この観点からすれば、スワイフウェ仮面は銅と代替可能だということはすでに示した通りである。

この二重の証明を完了するために、この問題の最後の様相を論じなくてはならない、というのも、クワキウトル族においては、クウェクウェ仮面と〈ゾノクワ〉鬼女という人物とは、もう一つ別の仕方で対立するからである。クウェクウェ仮面は、クウェクウェ仮面が惹き起すと考えられている地震に密接に結びついており、この仮面を着けた踊り手は、踊りながら、家の床を震動させるのだ。〈ゾノクワ〉はというと、彼女は屋根を震動させる（前出、七三ならびに一〇五頁）。サリシュ族においてもまた、我々は地震とスワイフウェ仮面との間の繋りを指摘しておいた(前出、三五、四六頁)。

少なくとも想像の上では、地震は興味深い結果を持ち得るのだ。つまり、大地が開くことによって、大地が隠していた金属の富を露呈させるであろうと希望することが許されるからである。確かに、理論的には想定できる結果に違いないが、それを事実によって確かめ得る機会はほとんどない。しかしながら、デネ族の神話が、この考えを、反対の現象によって証しているのは驚くべきことである。すなわち、大地は、開くことによって己れの所有する金属の富を人間たちに教えてやるのとは反対に、己れを閉ざすことによって、それを人間たちに対して隠すのである。こういうわけで、デネ族の神話は、クワキウトル族における実践とは矛盾するやり方で、婚姻の交換における銅の流通方向を逆転させるだけでは満足していない。それは地震の考え方そのものを逆転させている。つまり、地震は、サリシュ族においてはこのような交換に結びつけられたものであるし、クワキウトル族においては、同じ仮面に結びつけられてはいたが——その仮面はサリシュ族にとっては婚姻による同盟の手段であった——しかし〔クワキウトル族においては〕仮面は吝嗇なものとされていたし、つまり、気前のよい贈与者とは反対のものとされていたのである。

サリシュ族においては、スワイフウェ仮面は、同時に次の三つのものを、意味的に含んでいる。すなわち容易に手に入った富と、地震と、そして近親相姦と対立する適当な距離の結婚（前出、六二頁原注）である。クワキウトル族のクウェクウェ仮面もまた、意味的には、適当な距離の結婚（その際に仮面が伝承されるのだ）と地震（それをこの仮面をつけた踊り手が惹き起こすことができる）とを含んでいるが、しかし、この仮面と富との関係は、富とスワイフウェ仮面との間に支配的な関係とは正反対のものである。クウェクウェ仮面は、富を分ち与える代りに富を拒否するか、更には富を奪い去ってしまうからである。トリンギット族は、仮面を持っていないが、近親相姦を地震の起源と結びつけており（前出、一七二頁）、この関係をデネ族は、地震の反対（と、銅という最も重要な富の喪失）を、近親相姦の結果でありその原因ではないとすることによって、逆転させている。この新しい側面によって、我々がすでに明らかにしてきた複雑な変形システムの持つ操作的価値は確認されている。同時に、我々は、昔の日本における地震の神話学（昔のと言ったが、その痕跡は現代まで残っている）とアメリカ大陸北西部におけるそれとの間の奇妙な類似を指摘しなくてはなるまい。アメリカ大陸北西部においてなされた先史時代に関する幸運な発見が、日本の北部に由来する別の発見を思い出させていなかったなら、このような比較は危険なものと言われるでもあろう。古い信仰の共通の土壌が存在するという考えは、アプリオリに否定さるべきものではないのだ。

関連して思い出されるのはこれだけではない。周末期の中国の古墳から、いくつかの木彫の像が出土しているが、それらはその垂れた舌と飛び出した目玉によって、驚くほどスワイフウェ仮面に似ている。これらの彫刻と、インドネシアやニュージーランドの舌の垂れた仮面との間に繋がりをつけることができるかどうかは、これまでも多くの人が論じてきて、しかも今もって意見の分れている問題である(8)。しかし、この問題は、今我々が喚起しようと思う問題とは、おそらく次の一点を除いて、直接には関係ないが、その点とは、日本人が鯰科の魚を地震の原因と見做していて、その魚は多くの場合、目玉の飛び出した

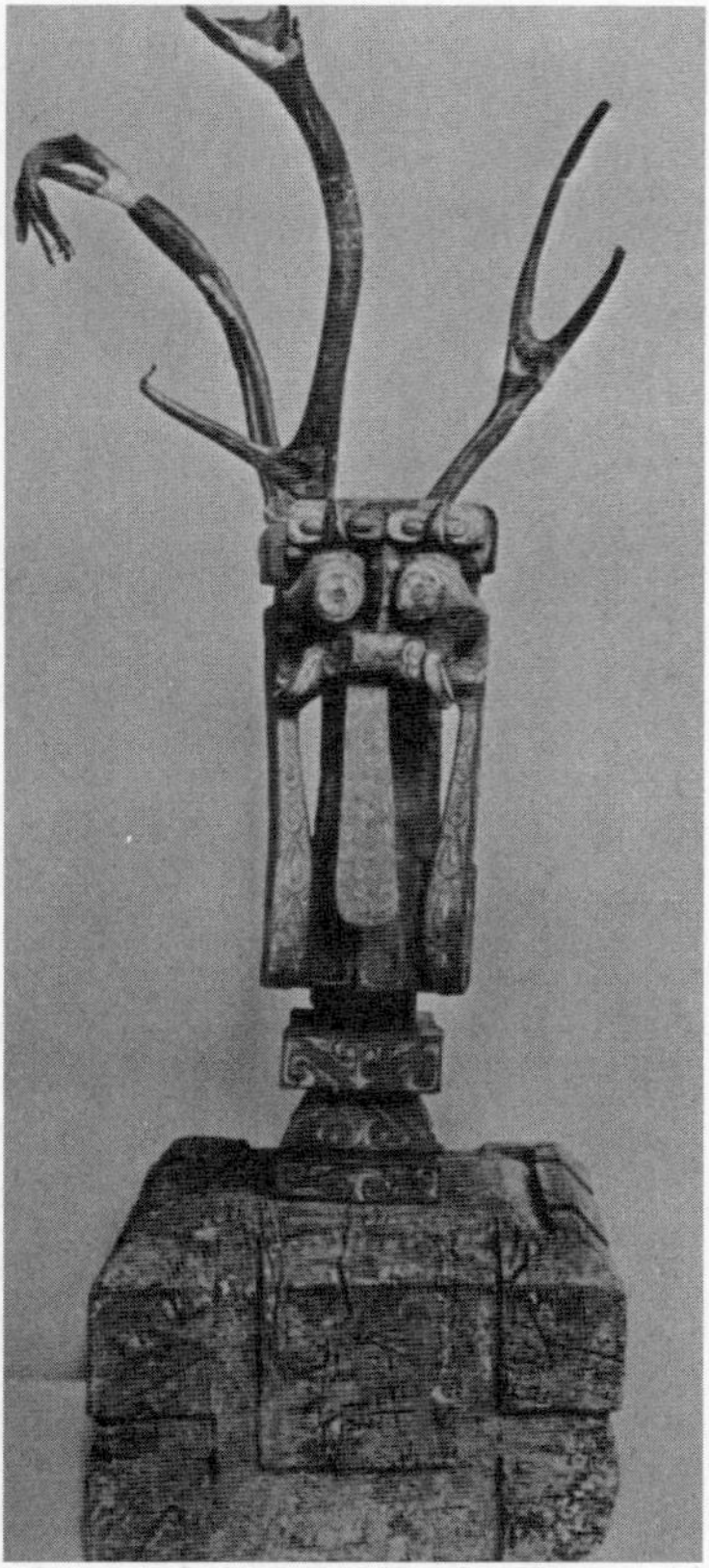

飛び出した目と垂れ下った舌をした顔を象った彩色木彫（古代中国）

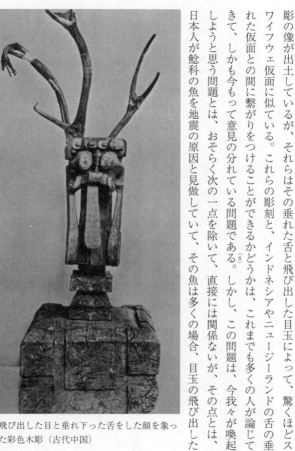

形で表わされているということである。しかも更に重要なのは、魚と地震の関係が、すでにアメリカ大陸で我々が見たそれと並行しているという事実なのだ。すなわち、日本でも、地震は金属製の富を手に入れる機会を与えてくれているが、この富は、アメリカ大陸の沿岸の部族や（前出、一五五、一七六頁）、デネ族におけるのと同じく、排泄物と見做されているからだ。このデネ族は、銅のことを、熊の糞、あるいは洗い熊の糞を意味する言葉で呼んでいる。更には、以上の指摘の多くのものを我々が負っているM・C・オウエハントによれば、昔の日本人の考えでは、地震は社会的・経済的不公平に対して矯正者の役割を果しているが、この機能は、我々がすでに見たとおり（一七七頁）、サリシュ族が地震と深い関係を持つ銅に与えていたものであり、現実に、銅は、アメリカのこの地域では、同朋と余所者《よそもの》との間で（異部族間の結婚を保証する物としての）媒介《メディアトゥール》＝調停者の役割を果しているのである。

〈鯰〉に関していえば、新世界のこの地域の神話のなかで、無視できぬ位置を占めている。シュスワプ族からクール・ダレーヌ族に至る内陸部のサリシュ族は、偉大なる文化的英雄に関する神話をもっているが、彼はインディアンの女と、一種の芹（ペウケダヌム・マクロカルプム）の食用になる根との間に生れた者で、この草は、海岸部の住民に言わせれば、呪力を持つものなのである。つまり、その根を嚙み砕いて吐き出すと、風と嵐を吹き払い、その種子も同じようにすると、海の怪物を追い払ってくれると言う。神話では、この〈根の子〉は、彼のことをその生れがおかしいと言って侮辱した老人を鯰にしてしまったと言う。後に、彼自身は月になった。ところで、大陸のサリシュ族が同じ命運を想定した英雄は、それぞれ地震と沼とに結びついた母と祖母を持っていた（沼は鯰の住む場所ではなかったか）。このサリシュ族は、先に述べた神話の主人公の出自をなす植物ならびに地底の世界との関係での外婚制を、天上世界との外婚制へと逆転させるわけであるから――そうでなければ、少なくとも、自分たちの英雄を処女から生れた息子として、外婚制の関係を逆転する代りに中性化している――次のように問うてみることは可能である、すなわち、英雄を遠ざけようとする内陸部の神話の鯰老人は、英雄の母（時としては祖母）で〈地震〉と呼ばれ、子供が奪われた後で反対に彼を取り返そうとする者と対称的《シメトリック》な対部を表わしてはいないだろうかと。

この挿話は、この辺で閉じよう、というのも、日本や中国まで調査を押しひろげることは我々の意図ではないし、この調査は、反対に、北アメリカの一地域に限定されていることによって調査としての確実さを持つものだからである。確かにこの地域は広大であるが、しかし、すでに我々が繰り返し注目してきたように、そこに住む部族たちは、互いに非常に密接な接触を持っており、それは、共通の言語の存在によっても証明されるし（サリシュ族の全体がその例だ）、また、考古学や、口碑伝承や歴史が証してくれるところの、移住、戦争、借用行為、商業と婚姻の上での交換によって証明されている。この〈統一世界《エキュメーヌ》〉は――ここでこういう新造語が許されるならばであるが――北はアラスカから、南はコロンビア河の下流域にまで及んでいる。我々はすでに、デネ族の神話と、海岸地帯に住むその隣接部族の神話との間の対称性を指摘しておいた。しかし、まさにこの海岸地帯において、トリンギット族からチヌーク族に至るまで、この対称性は最も明瞭な形で現われているのである。

トリンギット族が、銅の目映ゆい輝きをその天上界起源に結びつけていたことを、我々は思い起こす。人間たちによって知られた最初の銅は、銅だけで出来た舟から得られたものであり、それは太陽の息子たちのものであった（前出、一八四―五頁）。この同じインディアンの部族によれば、時の始原にあって、暗闇がまだ地上を支配していた頃には、すべての動物の種類は混然としていたと言う。一つの神話の語るところでは、造物主たる神が、太陽の閉じこめられていた容器を盗んで、それを開いた。たちまちに、「それは空一杯に、その輝きの限りを尽くして光り輝いた。それを見て、人々は（というのは、つまりまだ互いに区別されていない、原初的な生き物という意味だが）あらゆる方向に散らばっていった。あるものは森に入り、そこで四足獣となり、あるものは木々の間に入り、そこで鳥となり、またあるものは、水のなかに入って、魚となった」。ところで、我々が考察の対象に選んだ地域の反対側の端では、チヌーク族がこの構造体系を逆転させて、空の関連語ではなく水の関連語に話を置き換えている。この部族のなかの一小族であるカトラメト族は、最初の銅は水の表面を漂っていて、水面で太陽のように光り輝いていた、と語る。村のすべての男たちが、それを手に入れるために矢を射て仕留めようとしたが、銅は彼らの手をのがれた。村の長の二人の娘だけが、男装して、それを射留めることに成功した(9)。二人は銅を丸木舟で持ち帰ってきた。人々はその銅を切り分けて、村人たちに分配した。鳥たちは分け前として「血」を受け取った。鳥たちは全員が、頭につけるための紅をほんの少しもらったので、後の部分は、緑、白、あるいは黒に塗られた。〈青色かけす〉が最も美しい色彩を手に入れたが、〈貝〉がそれを盗み取って、水底へ持ち去った（それ以来、貝たちは、水底で、真珠母色に輝いているのである）。

トリンギット族と同様に、チヌーク族もまた、こういうわけで、種の差違を銅の最初の出現にまで遡らせているが、ただ違うのは、一方にとっては太陽が銅の主人＝支配者であったのに対して、他方にとっては、最初の銅は主人もなしに、太陽と同じく輝いていた、という点である。一連の神話変形の到達点において屡々認められるように、内容を変えて

スワイフウェ仮面（サリシュ系，マスキーム族）

しまう変形に、形を逆転させるようなもう一つの変形が付け加わるのである。トリンギット族にとっては、銅と空との関係は換喩《メトニミー》的なものであり、銅は空に由来する。カトラメト族においては、銅は、彼らにとって、水に由来するものであるにもかかわらず、この〔銅と空との〕関係も修辞学的レベルでは存続しているが、ただ、それが隠喩《メタフォール》に変っているのである。「それ（銅）は太陽のように輝いていた（……）。人がそれを裏返してみると、赤く見え、ついで緑に、それから白く見えた（……）。それは完全に太陽のようであった」。

もし、銅のこの目も眩むような輝きが、構造体系の不変の特徴を成しているならば、造形的レベルで、スワイフウェ仮面とゾノクワ仮面との間に支配的であったあの対立の最終的な理由をよりよく理解することができる。〈ゾノクワ神〉は、深く眼窩に窪んだ目をしているか、あるいはなかば閉じた目をしているが、それは、絶えず目が眩まされているからに他ならない。反対に、スワイフウェの面は、飛び出した目をしている。つまり、この解剖学的特徴は、この目は眩まされ得ないということを意味している。ところで、この二つの超自然的存在は、いずれも、様々な富のなかでも特に銅を人間たちにもたらしてくれるが、しかし、そのやり方は違う。〈ゾノクワ〉は、銅を自分のところから取らせるが、屢々それは命がけである。それに対して、鷹揚なスワイフウェの方は、銅の入手を保証してくれるのだ。

スワイフウェ仮面の円筒状の目玉が、かき乱されることなき視力を意味しているという解釈は、おそらく、確証によって裏打ちされねばならない。確かに、アメリカ大陸の北部全体にわたって、円筒形は、神話と祭儀において、非常に相距った項のものを捉え、固定し、交流させるという役割を与えられているように見える。太平洋に面した北部海岸地帯全域にわたって、巫者《シャーマン》は「魂を捕える罠」という道具を用いるが、それは彫刻を施した象牙または木製の小さな道具で、多くの場合、筒状の形をしており、病人の浮遊する魂を摑まえ、捕え込み、それを病人の体に再び戻してやるためのものだ。トリンギット族の神話によれば、トリックスター神であるカラスは、インディアンたちの元を去るにあたって、自分がこの地上に戻ってくるときには、裸眼で彼を見たりする者は皆石になるだろうと予告した。人々は、臭いキャベツの葉を巻いて筒にして、そこから覗かなければいけないというのだった。そのようなわけで、一七八六年にラ・ペルーズの艦隊が流されて海岸に漂着したときには、近隣のトリンギット族は、帆が翼をなすこれらの大きな鳥たちは、カラスとその取り巻き以外の何物でもないと考えた。彼らは慌てて奇妙な望遠鏡をこしらえた。飛び出た眼をもつことで、眼の力が増大したと考えた彼らは、目の前に展開する驚くべき光景を眺める勇気をもてたのである。

アラスカ北部のエスキモーと、彼らより東に住んでいて「銅の」エスキモーと呼ばれる部族たちは、共にデネ族に近いのであるが、彼らは飛び出した目を、よく見通せる視力と結びつけるか、あるいはまた、暗闇のなかで見ようとして必死になった努力の結果なのだとしている。内陸部のサリシュ族であるシュスワプ族によれば、風の精霊は（我々が

半ば目を閉じた〈ゾノクワ〉の仮面（クワキウトル族）

クウェクウェ仮面
（クワキウトル族）

「（寒風）身にしむ」と言うように、鋭く、浸透する性質を持っているが）、大きな頭と飛び出した目をしている。東部カナダのアルゴンキン語の諸部族の巫者《シャーマン》たちは、内部をくり抜いた杜松《ねず》の木に白いカナダ馴鹿の皮を巻いて作った呪術的遠眼鏡を持っている。これらの巫者《シャーマン》が、神懸りになるために閉じこもる、これもまた白い「震える天幕」も、円筒形を象って作られている。上方と下方とに無限に遠くまで見ることを可能にする空洞の円柱というわけである。南アメリカでは、同じような信仰が、ヴォーペスのトゥカノ族において認められている。新世界に広く分布しているこのような表象は、五大湖地方のメノミニ族においては、更に明瞭な形をとっている。彼らは、太陽が正午にその運行をとめ、長い銅の円筒から地上を眺めるのだ、と言うのである。この円筒の一種の縮約模型が、キオワ族の祭儀的パイプの空ろな管に他ならない。北アメリカの考古学的遺跡では、円筒形に丸めた銅の小片が夥しく出土しているが、それもおそらく、この象徴的な図像系に関係のあるものであろう。

スワイフウェ仮面の飛び出した目もまたそれに帰属していることは、すでにこの仮面について与えられた指摘から明らかである。我々は、その目玉がしっかりと固定されているという特性については、すでに注目しておいた（一四九頁）。また、踊りの途中で、槍を手にした道化が、この仮面の目を潰そうとする、ということも憶えている（前出、三二、四四頁)。道化はつまり、仮面を盲目にしようと無駄な努力を繰りかえすわけだが、これらの仮面の目に与えられた特殊な形態が、盲目にされるどころか、この仮面こそは、何もかも見透している存在なのだということを証明しているのである。

XI

スワイフウェ仮面が銅との間に示す近親性は、銅の輝きが仮面の目を眩ますことができないという事実によって翻訳されている。この仮面の飛び出した目玉が表現しているところは、つまるところ、そういうことだ。このように考えることによって、我々は、クワキウトル族と北部のその周辺部族が、彼らの最も貴重な宝としている、細工をほどこした銅板の奇妙な形態によって提出されていた最後の問題を解くことができよう。これらの銅のうち最も重要なものには、それぞれ異なる名によって示されているその個有性を認めることができた。十九世紀末頃、その価値は、(当時の通貨で) 数千ドルに達することもあり、それを所有している者は、それに匹敵する額の公共の貸付を受けることができた。彼はそれを保存しておくこともできたが、一般には、〈贈与儀礼《ポトラッチ》〉の際に、その全部か断片かを、売るか与えるかして、所有者が変わることになっていた (前出、一二〇頁)。それればかりか、時には、その所有者がそれを海に投げ捨てたりすることもあるが、それは、自分の個人的栄光や一族の栄光のために、これ程の宝を犠牲にすることによって、自分の所有する財産がこれ程莫大であることを証明をするためであった。

一般に、これらの銅は常に同じ形態をしている。上部と下部がそれぞれ彎曲していて、側面は上端から中央部に向って細くなっており、中央部は少し締めつけたようになっていて、そこから下に向っては、やや開いていくか、あるいは平行のままである。上半部には、

大型の装飾銅板（トリンギット族）

熊の顔を描いた銅板（ハイダ族）

多くの場合、極めて派手な装飾が描かれていて、それは正面から見た動物の姿か、その顔を表わしている。下半分、あるいは「後半部」は、ほぼ長方形をなして装飾はなく、浮彫りのように打ち出した二つの稜線が直角にぶつかる形となっていて、紋章学の言葉で言う「上半部に〔下半部の〕縦縞を組み合せた」のモチーフを思わせる。この稜線の一つは、両サイドが最も近付いた高さで水平に走り、もう一つの方は、垂直に、上半部の下から銅板の下端まで走っており、この部分が一種の楯形紋章のように見えるわけである。

この複雑な形は、白人との接触に先立つ時代には一つもその例が見られないだけに、ますます謎めいてくる。見たり集めたり出来たこの種の銅板は、ことごとく、ヨーロッパ起源の薄い平板の形の銅でできていて、このような材質が導入される前に、これらの銅製の板が、自然銅で作られて存在していたのかどうか、存在していたならどんな形であったのかを明言することができないままでいる。一九二〇年頃に、トリンギット族に質問をしたある調査者に対して、彼らは、この形は〈ゴナカデト〉（前出、一五九頁）の額《ひたい》を表わし

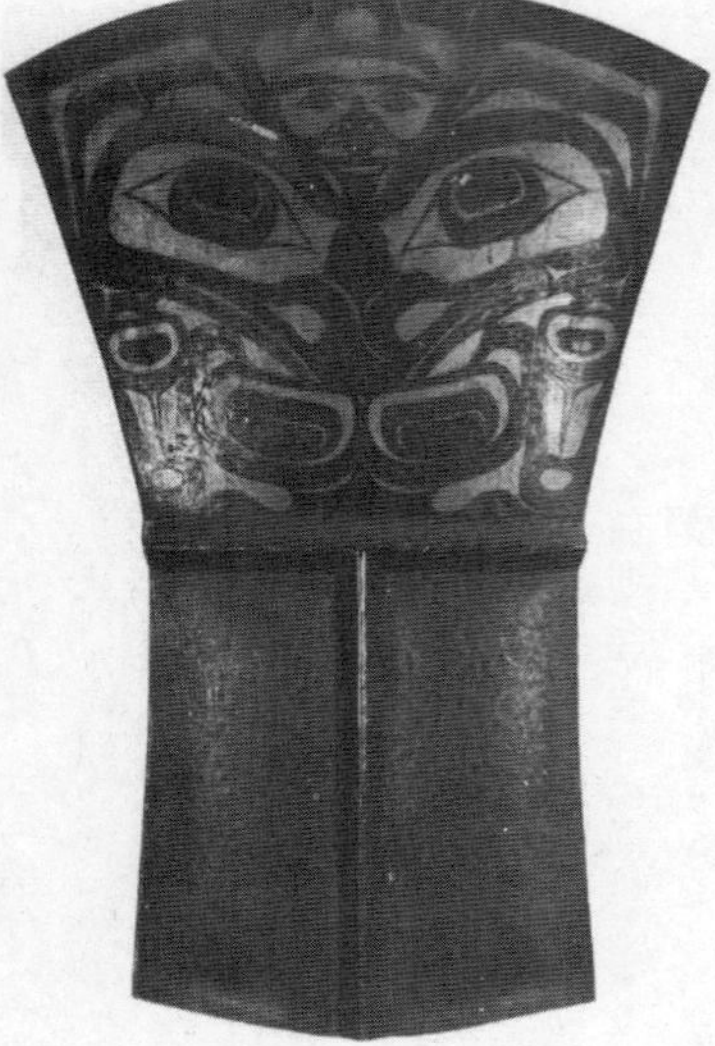

熊の顔とその下に前肢を描いた銅板（ハイダ族）

ていると答えている。そうだとすれば、下の部分はその前頭骨に照応し、上半分は、怪物の髪を飾っている人物の形か、何かの顔の形に照応するはずである。この解釈は顔を表わしている記念碑に基くものではあるが、しかし、〈ゴナカデト〉が常にこのような姿で表わされていたとは思えない。従って、唯一つの例を一般化するわけにはいかないし、また、この怪物の姿について他の例が見つかったにしても、銅板の形がそれから派生したのか、逆に怪物の姿の方が銅板の形に想を得ているのかを決めることは不可能であろう。とはいえ、我々は第二部（第Ⅲ章、三二四―五頁）で、これとは別の角度から見るとき、この解釈がきわめて大きな関心をひくことになるのを見るだろう。

　銅板の顔とスワイフウェ仮面のそれとの間に、より一般的なレベルで、類似点が存在することを最初に指摘した功績は、ポール・S・ウィンガートに帰せられている。この両者が相異なる文化に属しているにもかかわらず、その全般的な形態や、上半分と下半分のそれぞれのプロポーションは同じであって、どちらの場合にも、垂直の稜線か帯状のものが、下半分の中央を通っている。しかしながら、この著者は自分の指摘を注のなかに追いやってしまい、それを深く展開させようとはしていないのである。我々がこの書物のなかで行なってきた比較の作業は、彼の指摘を再び取り上げ、それに遥かに大きい射程を与えることを可能にするであろう。事実、我々は、サリシュ族においてさえも、スワイフウェ仮面は銅と代替可能であり、それは、同一の神話が、この両者の起源をそれぞれに説き明しているからに他ならないことを知っている（前出、五七―八頁）。また、クワキウトル族においては、今描写したような銅板の起源は、〈ゾノクワ鬼女〉という人物にまで遡っているし、ゾノクワ仮面は、造形的な観点からすればスワイフウェ仮面を逆転させているが、意味論的観点からすれば、その機能を保有している、ということも我々は知っている。反対に、この機能の方は、サリシュ族のスワイフウェ仮面からクワキウトル族のクスウェクスウェ仮面へと移ると、逆転している。しかし、この時には逆に、二つの仮面の造型的な形態の方は保有されているのである。

こう考えてくれば、ウィンガートによって指摘された類似性の深い理由が明らかになる。銅板が、スワイフウェ仮面と全体的に同じ様相を呈しているのは、クワキウトル族においては、銅板がスワイフウェ仮面の代りとなっているからだ。つまり、富を生み出す原因であり、同時に、婚姻による同盟の手段であって、婚姻による同盟は、同族結婚に対する防禦策であると共に、他の部族に対しては安全の保証となるものだ。相異なってはいても隣接している二つの部族が、あらゆる種類の交易と結婚とによる交換によって結ばれている時、戦争が別の形で彼らを接触させるのでなければ、銅板とスワイフウェ仮面とが、同じ問題に対する二つの並行した解決となっていたのである。

この並行的な現象の起源を理解するには、おそらく、仮説にたよる他はないだろう。しかしこれらの仮説は、いくつかの確固とした根拠の上に立てることも可能である。銅板の形態は、もしそれがスワイフウェ仮面の形態から派生したものでないとしたなら、説明は不可能になるはずだ。ところで、この仮面が、サリシュ族の芸術の他の産物すべてと共有してもいるその古風《アルカイック》な様式というものを考慮に入れたとしても、この仮面が、非常に古い時代に、ヴァンクーヴァーの海岸地帯や島部に普及したとは思われない。文字を持たない民族は、屡々彼らの系譜を圧縮するものであり、彼らの証言は、この関係において、信用のおけないものでもある。この点については第2部（二四五―六頁）で再び検討するが、それにもかかわらず、マスキーム族が、海岸地帯から島部への仮面の移動を、僅か五世代前に遡らせているだけだという事実は、無視することができまい。彼ら自身は、この仮面を、フレーザー流域に定住した集団から手に入れたのであるが、しかし、その先になると、最初の起源は見失われてしまう。

いずれにせよ、仮面が島部に到来した後で初めて（そこから再び海峡を渡って、更に北に住むサリシュ族集団に伝わったのだ）、ヌートカ族とクワキウトル族とは仮面を知り、それを借用することができるようになった。クワキウトル族においては、この借用は二つの形で、おそらく二段階で行われたようである。まず最初は、遠くから、そして、同じ社会的・経済的機能を果している銅板を生み出す思想としてである。事実、造型的な面でいえば、銅板は仮面の抽象的なシェマしか取り込んでいないが、銅板の材質そのもののなかに、仮面の意味的本質を具象化している、――というのも、サリシュ族においては、すでに見たとおり、スワイフウェ仮面はすでに富を主観的意味として含んでいたし、つまり銅

「目」の飛び出た銅板をかかえるクワキウトル族の首長

を内的意味として含んでいたからである。ボアズによって前世紀末に発表された一枚の写真は、普通顔が描かれているところに、二つの飛び出した部分を持っていて、スワイフウェ仮面の飛び出した目を模倣しているともとれるのである。

銅板を中心に、クワキウトル族は、彼らなりに、子供を攫う巨大な人食い鬼女の神話と典礼とを再構成したのだと推定できるのであり、この人食い鬼女の主題は、アラスカからコロンビア河口の洲や更にはその南の地域に至る諸部族と、クワキウトル族とに共通だったと考えられる。しかも彼らは、スワイフウェ仮面の理念を銅板のなかに組み込んでしまっていたし、そのためにこの理念は使うことができなくなっていたから、彼らは対称的な方法を用いて、貴重な金属を独占しているこの超自然界の女神の面に、造型的にはスワイフウェ仮面の性格と正反対の性格を与えることとなったのであろう。その後、あるいはそれと同じ頃に、現在でも口碑としての伝承がその記憶を保存している、部族間の結婚の際に(前出、六八頁以下)、南部のクワキウトル族は、彼らの隣人のコモクス族から、スワイフウェ仮面を——今度は、言わば、生身の実物の形で——受けとったのであろう。その本来的な機能において銅板に取って代られたから、この新しい環境ではスワイフウェ仮面は余計者になってしまうわけで、こうして、逆の機能を賦与されることになったのであろう。

ベラ・クーラ族の若い花嫁。1922 年撮影。2つの小さな銅板を載せたクワキウトルのギセクスタラを持っている。

このような歴史的再構成は是認されてもよいと思われるが、しかし、それが内包する結果は、すでに十九世紀末にことごとく観察され得たのであるから、スワイフウェ仮面がより近い時代に伝播したと考えるのでは、事態がこのような形で進展するためには、実に短い時間的余裕しかなかったことになる。我々がむしろ想定したいと思うのは、スワイフウェ仮面の存在も伝播も、土地の伝承が暗示しているより遥かに古い時代に遡るだろうということであり、あるいはまた、すでに知られている形態において、銅板とスワイフウェ仮面は、どちらもそれぞれの仕方で、〔そのような伝承が確立する前の〕非常に古い伝承を継続していて、それぞれが独自に、ある意味では並行した仕方で古い主題を継続しており、我々はその主題の追求を第2部の第Ⅲ章であたえて試みたいと思う。

これらの主題は、始めから銅やスワイフウェ仮面に比肩する形象的な支えをもっていたのだろうか。そう考えなければならない理由は何もないので、これらの紋章的イメージに先行する物が存在しなければならないということではない。しかし、資料の完全を期すには、これら二つと同じ表象の体系に結びついた第三のタイプの物体があることを確認するのが適切であろう。

ボアズは最初期の論文で、結婚の儀式で銅とともに重要な位置を与えられているある物体に言及している。それはギセルスタール（ギセクスタール、ギセクスタラ）と呼ばれる極めて古い板で、形は木箱のふたを思わせるが、もっと厚くて彩色され、ラッコの歯が象嵌されている。妻の家族は夫の家族に厳粛に引き渡すために、時には膨大な量になるこの物体を集めた。しばしば眼の装飾が施されているにもかかわらず、ひとつひとつの板は人間の下顎を表しているとされるが、奇妙な発想であり、ボアズのインフォーマントのあいだでは、常に同じように解釈されていたのではないようである。ある者は、ギゼスタラは、夫が妻に対して思うままに、話すか黙るか命じることができるという、夫の権利を象徴しているとする。その一方で、ある者はギゼクスタラは妻の歯を表しているとする。妻がこの物体を夫にあたえないと、妻は、歯が抜けてしまったか、あるいは銅を噛むには弱すぎる歯しかない人間だと、人からなじられるのである。

ベラ・クーラ族は、この第二の解釈に与している。彼らは五十年ほど前にも、隣人のクワキウトル族のもとでは、妻は夫の両親に、ラッコの歯で象嵌した板を贈るということをまだ知っていた。「それは若い妻のための歯なのです」と説明された。別の妻との口論のときに、若い妻は、唇を捲りあげて、相手に対し「お前にはわたしに何ができる。お前には歯がないけれど、わたしには二列もあるわ」(それは結婚の際に、この物体が何列あたえられたかによるのだ)。銅を仲介として、ギゼクスタラからスワイフウェあるいはクウエクウェ仮面に至ることで、転移は完成されるとも言えるかも知れない。一方では歯が、他方では眼が、神秘的な威力の宿る解剖学的な場所と見做されている。おそらくスワイフウェ仮面の下顎は、巨大な舌の重さのために垂れ下がってしまい、奇妙にも、噛む力＝迫力が欠けているとすれば、この転移はいっそう啓示的である。

この仮説の脆弱さを我々は隠すつもりはないが、ともあれ、銅とスワイフウェが——話をこれだけに限定しておくとして——共通の精神を共有していることに変わりはない。というのも、サリシュ諸族にとって、スワイフウェが富を手に入れる手段であるなら、クワキウトル族にとって、銅——この至高の富——は、スワイフウェの隠喩《メタフォール》であること、そしてこの二重の修辞学的な仕掛けによって、出発点にあった本来の意味に立ち戻ることが確証できたと考えているのだから。

従って、現在でもなお、多くの民族学者や美術史家がするように、一つの仮面が、いや更に一般的に言って、一点の彫刻や一点の絵画が、それぞれの表わしているもの、あるいはその目的となっている芸術的な、または祭儀的な用途によって、それ自体として解釈され得ると考えるのは、全くの幻想にすぎないと言うべきであろう。我々が見てきたことは、反対に、一つの仮面はそれ自体においては存在していない、ということであった。一つの仮面は、その傍らに常に存在するものとして、その代りに選ぶことのできるような、現実の、あるいは可能性としての他の仮面を、前提としているのである。ある特殊な問題を議論しながらも、我々は、一つの仮面とは、まずそれが表わしているものではなく、それが変形するもの、つまり、表わさないことを選んだものである、ということを示すことができればと考えたのである。神話と同じく、仮面もまた、肯定するのと同じに否定するのである。仮面は、それが語り、あるいは語っていると信じているものによってのみ成立しているのではなく、それが排除しているものによっても成立しているのである。

そのことは、すべて芸術作品にも共通に言えることではなかろうか。アメリカ原住民の仮面の種類をいくつか反省の対象にすることによって、我々は、様式の問題という、遥かに広い問題を提出したいと思ったのだ。同時代のいくつもの様式は、互いに互いを知らずにいることはない。未開民族といわれる者のなかにあっても、戦争とそれに続く掠奪や、部族間の儀式、結婚、市、その時々の交易などに際して、ある種の親密な絆が結ばれるのである。一つ一つの様式の独自性は、こういうわけで、他からの借用を排除はしない。それはむしろ、意識的であれ無意識的であれ、自分自身を他と異なるものとして主張したいという欲求、すべての可能性のなかで、近隣の部族の芸術がこれまでに拒否したある種の可能性を選ぼうという欲求によって説明される。それは時代的に次々と連なっている様式についても言えることだ。ルイ十五世風様式はルイ十四世風様式を延長し、ルイ十六世風様式にルイ十五世風様式を延長する。しかし、同時に、これらの一つ一つが他のものに異議を申し立て、拒絶している。新しい様式は、自分に固有のものとしようと欲している一つのやり方によって、すでに先行様式がその言葉で語ってきたものを語るのだが、しかし、先行様式が語ってはいなかったような、そして、先行様式が後から来るものに、はっきり語れと無言で誘いかけていたような別のことをも語るのである。

機能主義《フォンクシオナリスム》が我々に遺《のこ》し、現在なお多くの民族学者をその支配下に置いている最も有害な考え方は、未開民族の集団とは、それぞれ孤立して全くの閉鎖状態に存在するものであり、それぞれの集団が、美意識の上でも、神話の上でも、あるいは祭儀の上でも、それぞれに特有の体験を全く自身たちだけで実践しているものだ、という考えである。このような考えに従えば、植民地主義の時代と、遠隔操作的破壊作業の世紀に先立つ時代にも——それは最もよく保護された地域に対してさえ、西洋世界がおのれの病原体と輸出商品によって及ぼしている作用だが——遥かに数の多かった原住民たちはまた、遥かに密接な接触を保っていたのだ、という事実を理解しないことになるのだ。いくつかの特殊な例外を除けば、ある部族で起きたことは、その近隣の部族によって知られずにすむことはなく、各部族が宇宙を自分自身に説き明かし表現していたやり方は、絶えざる熱烈な対話のなかで練り上げられてきたものだった。

我々に対して、ある地域の集団の神話や芸術の作品を他の集団の神話や芸術と比較することによって解釈する権利を否定しようとする人々、そして、唯一正当な方法とは、言うならば、一集団の神話をその社会組織、経済生活、宗教上の信仰へと関係づけることに存すると主張する人々、彼らに対しては、次のように答えておこう。確かに、そこから始めなければならないし、問題にされている集団の民族誌的調査《エトノグラフィ》には、それが提供し得るすべてのことを提供するように要求しなければならない。それにそもそも、我々がアメリカ大陸の神話体系についての研究において絶えず実践してきたのもこの方法にほかならなかったのであり、我々としては、それぞれの集団について、現地で我々が、そして他の人々が蒐集し、あるいは語られ書きとめられた資料のなかに発見できるそれについてのあらゆる情報を自分のまわりに備えておくという配慮をおこたらなかった。語られ、書きとめられた資料は、種族の肉体的存在そのものが消滅してしまったような集団や、その文化が時代が経つにつれて崩壊してしまった集団の場合には、利用できる唯一のものである。確かにこのような事態は運命の犠牲者と言わねばならないが、しかし同時にそれが、科学的レベルでのあのもう一つの犯罪、つまりそういう部族や民族が存在しなかったかのように振舞うという犯罪を正当化することには決してならない。事実に対する我々の偏執的なまでの尊重の念を不当に無視しようとするのは、ただ、自分の民族学的知識・教養を自分たちの直接研究した集団だけに限定して事足れりとする人々だけである。あたかも、今日なお、何千年も前の古代のギリシャ、ローマ、インドの文学が、最も実り豊かで最も新しい方法によっては研究されていないかの如くにである。これらの文学は我々の研究対象よりも遥かに決定的な形で消滅してしまった民族の遺産であるが、我々の研究対象の民族にしても、人々は、我々が必ずしも現地に赴かずに作品を通じて研究していると非難する。しかし、機械文明の侵入によって生じた荒廃の状態にあっては、少くとも四分の三に及ぶ事例に関して、現地調査はこの種の研究の役には立ってくれそうもないのである……。

本当の問題はそこにはない。最良の仮説の場合でも――つまり、よく保存された信仰と実践とを持つ、今なお生きている文化、という仮説だが――神話あるいは芸術と他のすべてのものとの間の内在的相関関係の研究は、絶対に必要な準備段階となるものではあるが、しかしそれだけでは充分ではない。地域に密着したこのような資料・情報が完全に得られたなら、今度は、他の努力が分析者に要求される。というのも、これらの神話は他の神話に対立し、それと相矛盾することを主張し、あるいはそれを変形するものであり、他の神話に照合することなしにこれらの神話を理解することは不可能であろうからだ。この間の事情は言葉の場合と同じであり、すべて言表というものは、まさしくその言表には含まれていない単語によって説明されるわけだが、というのも、発語者によって用いられた単語が意味を持ち、しかるべき意味的可能性を持つのは、彼が用いることもできたはずの他の単語に対してこの方がよいとして選ばれたことに存しているからであり、そのような〔用いられ得たが用いられなかった〕単語に照合してみることは、テクストを注解するときに望ましいことなのである。

このような顕在的ないし潜在的な対位法的照合物の重要さは、この書物で検討されたような事例においては、殊更に明瞭な形で立ち現われてくる。ゾノクワ仮面の造型的特徴は、それをスワイフウェ仮面の造型的特徴に比較することなしには、理解不可能なままであろう。しかしながら、この二つは、言語と文化においては相異なっているが、それにもかかわらず、一方の仮面が借用され得るには十分なだけ、互いに近い部族に由来するのだ。クワキウトル族に属するクウェクウェ仮面の造型的特徴は、サリシュ族のスワイフウェ仮面の模倣としてしか説明され得ない。しかし、その意味論的帯荷は、クワキウトル族のもとでゾノクワ仮面が持っている意味論的帯荷と、サリシュ族におけるスワイフウェ仮面が持っているそれとの函数なのである。平行するにせよ対立するにせよ、これら意味論的機能のすべては、お互いの間に、銅のイデオロギーに基く一つの体系を構成していて、そのようなイデオロギーの媒介によってのみ、一方の集団のスワイフウェ仮面と他方の集団の細工した銅板とが、造型的レベルで示している類似性は説明され得るのである。

しかし今度は、この銅のイデオロギーとそれが表現している社会的・経済的な機能とが理解されるためには、海岸地帯の諸部族の神話と内陸部にいる彼らの近隣部族、つまりデネ族の神話とを、有機的に結びつけることが要求される。地理的に隣接しているという事実だけで、もこの比較は正当化されようが、そこには補足的な理由もあって、それは、アメリカ大陸の北西部においては、主要な銅鉱脈はアタパスカン族の領地にあって、トリンギット族を介して、ほとんどすべての原地産の銅はそこから運ばれてきたという事実である。それぱかりではない。デネ族すなわち北部アタパスカン族は、過去において、原石の銅を焼きなまし、焼き戻し、鍛えることを知っていたから、冶金術においては近隣諸部族のすべてに立ちまさっていたのである（前出、七八頁）。おそらく、彼らこそ、五大湖地方において五千年前から栄えていたあの古い銅文化の最後の継承者なのかも知れないからであり、この文化を初めに代弁していた部族たちは、三千年程前に生じた気候変動の結果、北極の森と、その森にいて彼らの常食をなしていた動物相の後退に従って、北の方へと移

住したものなのであろう。

様々な表象様態を長い歳月をかけて計画し、変形し、あるいは逆転する論理的な操作を介して、極北の地帯で展開された数千年を尺度とする一つの歴史が、遥かに最近の、そして周期も遥かに短いもう一つの歴史と絡み合うことになる。この新しい歴史とは、遥かに南の方で、大陸部のサリシュ族が島部へ、次いで島部から大陸部へと移住する歴史であり、また、この同じサリシュ族と南部のクワキウトル族との葛藤と同盟のそれである。その歴史の展開は、この地域の口碑、伝承がそれらを神話的事件に変容させた場合でも、とにかく、その記憶を保存しているのである。全長ほぼ三千キロにわたる地域に、イデオロギー的な構造が足場のように組み立てられており、それは自分たちの頭脳的本性に内在する制約をことごとく尊重しつつ、しかもそれらの制約にあわせて、環境と歴史の与えてくれる

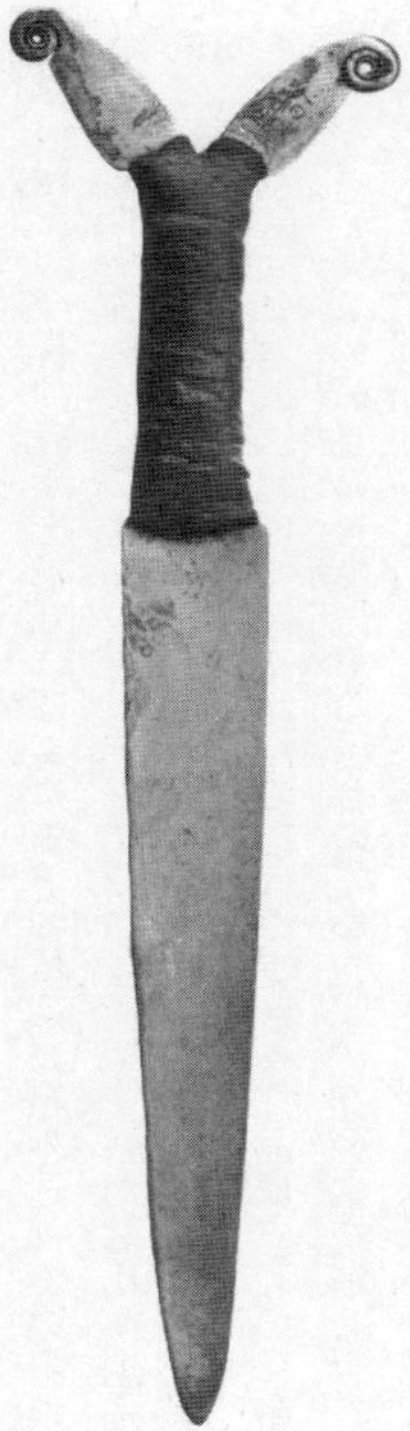

デネ族の小刀二振り
（右頁も）

事実や情報を、今日的表現を借りれば、コードの体系に組み込んでいるのである。そのイデオロギー的な構造は、これらの情報を、すでに存在していた対比構造系《パラディグム》に組み込むと同時に、神話の信仰、祭儀の実践、造型的作品という形で、新しい対比構造系をも創造していく。この広大な地域において、これらの信仰や実践や作品は、互いに密接な関係にあるのであり、それは、お互いを模倣する場合のみならず、互いに打消し合う場合ですら、と言うかこのような場合には就中、言えることである。というのも、いずれの場合でも、それらは、言語的、文化的、政治的境界を越えて、互いに互いの均衡を保っているのであり、そのような境界線が透明であることは、我々の論証が明らかにしてきたとおりである。もっとも、全く相対的なものにすぎぬ国境の閉鎖性が、歴史的であると同じく論理的でもある制約を生み出し、逆転が遂行される点を印すということはあるのではあるが。

孤独を欲する芸術家は、おそらく稔り豊かな幻想を抱いているのであろうが、しかし、彼が自分自身に与えている特権は、何ら現実性をもってはいない。彼が、全く自己の内的欲求に従って自己を表現しているとか、独創的な作品を作っているのだとか信じているとき、実は彼は、過去、現在の芸術家に、現在活躍中か潜在的な芸術家に対して答えているのだ。人がそれを知っていようと、知らずにいようと、創造の小径は、決して独りきりで歩むことはないものなのである。

第2部　三つの小さな旅

I　スワイフウェを超えて(1)

構造分析を実行する者に対してほとんど常に同じ質問が出される。すなわち、現実には神話の変換はどのように起こるのか。あなたは、集団ごとに反対のことを語り、互いに逆転し、いくつかの軸のうえで対称の関係をしめす諸神話を並べて見せる、と質問者は言う。この一覧表は印象的ではあるものの、それをもっともらしいと思うには、こうした抽象的な関係のあるものが別のものから生み出されてゆく仕方を理解したいと思う。他の点ではきわめてありきたりなやり方で機能している――そう仮定してさしつかえなかろう――語り手と聞き手の精神において、どのような歴史的そして地域的条件のもとで、どのような外部的、内部的影響のもとで、どのような心理学的な動機によって、こうした転倒が生まれるのか。要するに、すっかり仕上がった諸構造、集合的精神から完全武装して出てくる諸構造の一覧表を受け入れることなどできない。なぜなら、この集合的精神なるものはひとつの虚構であり、その背後には多数多様な個人的精神が蠢いているのだから、と質問者は続ける。これらの精神のなかで、あなたの諸構造は、一定の過程から生まれるのであり、理論的な構築物から生きられた経験が姿を現すためには、これらの経験的な過程こそ展開しなければならないのだ、と。さもなければ、理論的な構築物は、名人芸に達してはじめてもっともらしくなる論理的な修練がもたらす、多かれ少なかれ無根拠な産物であると見えてしまう可能性がある。

このように表現されると、質問は構造分析と歴史の関係の問題に帰着する。異なった神話のあいだ、あるいは同じ神話のいくつかのヴァージョンのあいだに、分析者は論理的な連関を推論し、その諸項をネットワークの結び目あるいはツリーの枝に配置する。これらの図形《グラフ》においては、あれこれの神話あるいは神話の変奏が、優越した位置を認められるいっぽう、他のものは従属的な位置をあたえられる。こうしたヒエラルキー的な関係は、いかなるところまで、またいかなる範囲で、時間的な継起を意味しているのだろうか。論理的な視点から見て、一つの神話が他の神話から派生しているように思われる時、前者は後者のあとに現れたということになるのだろうか。もしそうであるなら、移行は現実にはどのように生じたのか。推測的で暗示的な歴史を超えて――諸神話の総体の解釈を可能とするような論理的連関一般の一覧表が、諸神話の生成を少なくとも近似的なしかたでカバーするると想定するのなら、われわれはそうした歴史を頼りにすることもありえようが――われわれには具体的なメカニズムに到達し分解することが求められる。そのメカニズムは、各集団の歴史の特定の時期に、地方的なレベルでそこここで機能し、累積的な効果によって綜合を生み出すのだが、われわれはそうした綜合にあまりに短兵急に近づこうとしすぎると批難されるのである。

このような異議に対して、文字をもたない人々のもとでは、こうした短期の地域限定的な歴史は、定義からしてわれわれには把握しがたい、という答えは正当ではあるが失望をさそうものでもある。欠如の確認書を作成するよりは、構造分析は、たとえ稀であるとしても神話の変換が出現した具体的な状況を資料で裏付けうる機会をとらえるよう待ち伏せすることのほうに興味の高揚を感じるのである。言語的な（ともにかなりの程度、文化的な）集団をなすサリシュ諸族から借りたアメリカの例にもとづいてわれわれが試みたいのはそのことであり、この人々は、北アメリカの北緯四六度から五四度の間で、ロッキー山脈から太平洋沿岸まで、ほぼ切れ目なく居住し、その地域は〔アメリカ合衆国〕ワシントン州の北半分と〔カナダ〕ブリティシュ・コロンビア南部に対応している。

大陸沿岸とヴァンクーヴァー島のサリシュ諸集団の大部分は、スワイフウェという共通の名で呼ばれるただ一種類の仮面を有していて、その分布域はフレーザー川の河口三角州から約一五〇キロ上流に遡るところまで広がっている。仮面の発祥の地もおそらくこの東部地域である。さまざまな伝承が、仮面はタイトすなわち「上流」の集団から来たとしている。これはサリシュ語族のうちで、スタロすなわち「川の人」を意味する名を自称する集団のうちのもっとも東に位置している(Duff 1952: 11, 19, 123-126)。北側ではタイトは内陸のサリシュ部族であるトンプソン族に隣接しており、彼らは仮面をもってはいない。より正確にいえば、テイトの貴重な情報によれば、タイトときわめて友好的な関係をもつフレーザー川中流域のトンプソン族(ウタムクト集団)は、一部は三角州に起源をもつ一家族が所有する二つの仮面のみが存在する。テイトはこれらの仮面をトンプソン族が入手したのは遠い昔ではなく、老いたインフォーマントはまだその時の記憶を保持していると述べている。(2)

とはいえ、これら二つの仮面の取得が比較的新しく、また、きわめて特殊な状況でおこなわれたにもかかわらず、南部のトンプソン族は、スワイフウェ仮面の起源神話を知っており、隣人であるスタロと同様の言葉でそれを語っているばかりか、彼らのヴァージョンははっきりとした形でスタロに言及している。じっさい、トンプソン族のウタムクト集団は、三角州の住民が上流で彼らの近くに住んでいたころに、仮面の起源が遡るとしている。

このヴァージョンによれば、昔、スタロのひとりの男子が病気で身体中が腫れものでおおわれ、痛みにうんざりしたその子は自殺することにした。彼は山の中をあてどなく彷徨い、ある湖のほとりにたどりついて身を投げた。彼は水底にあった家の屋根のうえに落ちた。落ちた音に驚いた住民は彼を招き入れた。主人公はまず、小さな子供を抱いた一人の女に会った。通りがかりに彼は子供に唾を吐きかけ、病気を移した。彼を迎えたのは水の精霊たちだったが、彼らが呼びだした呪術師かつ治療者は子供を治すことができなかった。そこで、魔術的な力をもつはずだとされた、病の張本人が呼ばれた。彼は精霊によって自分自身が治療されるのと引き換えに、子供の治療を引き受け、治療はふたつとも成功した。しばらく時が経って、主人公は家に帰りたくなった。彼は水に満たされてはいるが先導者の前では水が引いてゆく地下道を通って地上にもどり、子供を治した償いを約束された。主人公は村にもどり、村人は彼を認めた。翌日、彼は湖の住人から、奉仕への対価を受け取るために会いに戻った。それは仮面であったが、その描写はあらゆる点でスワイフウェ仮面そのものであった。彼は祭りで踊って仮面を見せびらかし、そうして重要な人物となった。仮面は、家系《リニエ》の特権として、子供に、さらにその子孫に引き継がれた。しかしながら、一人の子孫が（トンプソンの領地にいた）スプッツムの一族と結婚し、その子供たちも仮面への権利を獲得した。

ところで、トンプソン族の同じセクションすなわち南ウタムクトの人々においては、もうひとつの仮面とは反対に、スタロのもとではまったく存在が確認されない仮面の起源神話がみいだされる。仮面に関してスタロにはスワイフウェしか知られていない。にもかかわらず、トンプソン族の神話はこの仮面を、三角州の言語に由来するらしい「魚」あるいは「サケ」を意味するツァツァクエという言葉で呼んでいる。そればかりでなくこの起源神話はタイトの土地のヤレ近傍を舞台として、タイト部族が登場人物となっている。昔、言うことを聞かない娘がいて、ある日、堪忍袋の緒が切れた両親は娘を叩き、小便を浴びせかけ、追い出した、と神話は語る。オジが娘を迎えて匿った。後悔した両親は娘を捜したが見つからなかった。身内の邪険さに打ちひしがれ、与えられた仕打ちに辱められた娘は自殺する決心をした。山々の中を彷徨い、ある湖にたどりつくと、そこには数多くの魚が泳いでいた。彼女は魚たちを眺めるために座った。魚たちは見る見る、髪の長い小さな子どもたちに変わり、水面に上がってきて娘に微笑んだ。子どもたちは可愛らしく幸福そうに見えたので、娘は一緒になりたくなって波間に身を投じた。

するとたちまち風が起こって嵐になった。国中を破壊し、両親の家も潰された。娘は身体が沈まないことに気づいた。水から放り出された娘は岸辺に立った。その瞬間に風はおさまった。湖の中にはもう何も、誰も見えなくなっていた。しかし、娘は風の主になっていた。彼女は村にもどり結婚して、多くの子どもを生んだ。その後、彼女の物語は彼女の家族さらに子孫たちに引き継がれ、子孫たちはツァツァクエの精霊を表す仮面を彫刻した。

子孫の中には風を支配する力を生まれながらにもつ者、あるいは継承する者がいて、彼らは思うままに風を吹かせることができた。テイトはこの物語を、半分だけトンプソンの血をひく老人から採集したこと、老人自身はヤレの先祖から聞いたということを明言している。スプッツムではトンプソン族のうち彼だけが仮面を着ける権利をもっていたが、ヤレの親族とこの権利を分かち合っていたという。

以上がトンプソン族のもとで採集されたふたつの伝承であり、両者ともに隣人に言及している。第一の伝承はフレーザー川中流および下流の集団で存在が確認され、今日も見いだされるスワイフウェ仮面にかかわっている。博物館には古いもの最近のものあわせて数多くの実物が収蔵されている。また、これらの集団で採集された起源神話の複数のヴァージョンが知られている（前出、三九―四六頁）が、いくつかの細部を別にしてトンプソンのものとよく似ており、後者が借用したことは明らかである。それとは逆に、スタロの人々のもとでは、別のタイプの仮面が存在することを示唆するような物も、神話伝承もひとつとしてない。この神話の唯一の語り手であるトンプソン族をおいては彼らにこの仮面の由来を帰すのは他にはない。ある集団におけるひとつの文化特徴の存在を確定できたのが、つきつめれば独自なものであるという異人の証言ひとつであるということは、驚くべきことではないだろうか。むしろ、近隣民族のあいだでたいへんさかんだった交換と接触の圏域《ゾーン》でおこなわれた、地方的な刷新をもちだしたくはならないだろうか。それはまるで第一の仮面を用いることが廃れたこの境界地帯で、よく似ていると同時に異なってもいる新しい仮面を創出し想像することでその衰弱を補おうとしたかのようである。この仮面は存在したのかもしれないが、今日まで残された実物はひとつとしてない。

したがって、もうひとつの仮説をあたまから否定することはできない。すなわち、謎めいたツァツァクエ仮面は、ひとつの家系が必要にかられて、起源神話と儀礼的な機能を逆転して取り入れ、名前をつけなおしたスワイフウェ仮面そのものではないのか。そうだとすれば、水の精霊の退場と仮面の創造の間に神話が導入した奇妙な断絶の理由も説明できるだろう。第二の神話を生みだすための逆転は、描かれた水の精霊の描写までまきこんだために、仮面と精霊は似ても似つかぬものになってしまった。そうだとすれば新しい神話が仮面の制作を遅らせて、主人公の女の子孫に託し、実物をモデルにしないで済むようにすることを選んだということが理解できるのではないだろうか。しかし、いずれの仮説においてもスタロの人々のもとに存在するスワイフウェ仮面の絶対的な優位は維持される。じっさい、ツァツァクエ仮面がスワイフウェ仮面と本性からして異なるか、単なる反響にすぎないかにかかわらず、前者が派生的な存在であることは、それに与えられた神話的起源と、指定された儀礼的機能から疑いえない。

その証明を神話から始めよう。それはもうひとつの仮面の起源神話とほぼ同じように展開する。ふたつの神話ともに、辱められ湖に身を投じようとする子どもについて語る。その試みによって、子どもは水の精霊のもとに至り、魔術的な力を与えられ、それが仮面によって象徴される。加えて、ツァツァクエの仮面は、その名のしめすように、仮面＝魚である。ところでスワイフウェ仮面の起源神話のスタロ・ヴァージョンは、それが釣り上げられたという点では実際上すべて一致している。さらにいくつかの仮面には魚の形象がとりつけられてもいる。

したがってふたつの神話には共通の構成原理がある。だが、細部に立ち入ると、体系的な仕方で対立していることがたしかめられる。いっぽうの子どもは男の子で、他方は女の子である。男の子は病いという身体的な汚点に苦しみ、女の子は聞き分けのなさという道徳的欠点をもつ。前者は彼を苛む悪のために内部から汚されており、後者は尿を振りかけられ外部から汚される。女の子は両親によって追い出される――男の子は意図的に身内から遠ざかる――が、オジつまり男の親族に助けられ保護される。ところがスタロのほとんどのヴァージョンで主人公にはひとりの姉妹がつきしたがい彼を助ける。これらのヴァージョンでは、水の精霊は先祖の姿をとり、わけても主人公が彼らの身内のひとりの娘を娶ってひとつの家系の創立者となるときにそれはいっそうはっきりする。また、ヴァンクーヴァー島の諸ヴァージョン（すでに見たようにこれらは大陸沿岸部のヴァージョンときわめて密接な関係を保持している、前出、四七―五六頁を参照）では、仮面はじっさいに先祖とされている。反対に、ツァツァクエの精霊は、まだ小さな子どもである。さらに、トンプソンのヴァージョンが「髪の毛に代えて」植えられた鳥の羽がスワイフウェを飾るというのに対して、ツァツァクエの子どもたちには、垂れ下がる長い髪がある――これはもうひとつの仮面の羽（トンプソン・ヴァージョンでは白鳥の羽と明示されている）のように白ではなく、アメリカ・インディアンの身体特徴から考えて黒いと想定できよう。スワイフウェの起源神話では、主人公は水に呑みこまれるのに対して、ツァツァクエの起源神話では同じ水が主人公の娘を撥ねつけ、村に戻った娘はただちに結婚する（というのも仮面はヤレそのもので彼女の子孫の所有物であり続けるのだから）という点で、スワイフウェの神話では主要な人物――男である――ではなくその姉妹が、自分の村ではなくよそ者の村で結婚するという点に対して、二重の対立がある。

ふたつのタイプの神話が相関しつつ対立する関係にあることは理解される。二つの仮面に指定された儀礼的な機能も同様である。ヴァンクーヴァー島と対岸のサリシュ諸集団から南部のクワキウトル（前者からクウェクウェという名のもとに仮面を借用した）にいたるまで、スワイフウェは地震と結び付けられ、この面の踊り手はそれを引き起こす力を有する（前出、三五、六五、七三、一九八―九頁）。その点から、そしてその点からのみ、ツァツァクエ仮面に付与された風を司る力が説明できる。地震と風は、一方が大地にかかわり、他方が大気にかかわるという点で対立する。しかしそれらはこれらの要素が共通にもつその不安定性を表現する点で相同な項である。風の主である女性は大気のレベルで、大地のレベルでの地震の主と対をなしている。

仮説＝演繹的に推論された風と地震のこの二重の相関と対立の関係は、より直接に確認できる。内陸のサリシュ諸族とりわけトンプソン族およびベラ・クーラ族（同じくサリシュではあるが古い時代に移住したあと仲間集団からは孤立した）は、天界は起伏もなく樹木もなく、絶え間なく風に吹きさらされた平らな土地であると想像している。したがって彼らは、平坦さが特徴の天の世界と、反対に彼らの居住地の地理に明らかなように著しい起伏のある地上世界を、対立の軸にすえる。同じこうした地表面の形態学的対立は、沿岸部のサリシュにも存在するが、地上界に限定され次のような様相が規定される。すなわち、一方の湖沼の多い平坦地と、他方の褶曲した起伏ある土地である。最初にあげた考え方によれば、風は平坦な天界の特性であるのに対して、第二の考え方では、自然の起伏を欠いた土地に対比される褶曲した景観は地震のもたらしたものである。諸神話はこの関係を明示している（前出、二〇二―三頁）。すなわちひとりの女とその娘が、それぞれ湖沼と地震とに変身し、後者は「大地の表面を変え褶曲を起こすことができる」と。このことから、サリシュの思考においては風と地震は正反対のもので、上の世界と下の世界がそれぞれ起伏の有る無しで対立するのと同じなのである。このような筋道をたどって、われわれは形式的な視点から、スワイフウェ仮面とツァツァクエ仮面がそれぞれひとつの状態を例示している変換の分析によってたどりついた結論を、ふたたび見いだすことになる。

次に最後の点を検討しよう。テイトの年取ったインフォーマントたちによれば、スワイフウェ仮面がトンプソン族のもとに到来したのは、彼らが生まれた後、すなわち早くても一九世紀の前半である。われわれはツァツァクエ仮面の起源神話は、トンプソン族がスタロからこの仮面とともに借用したスワイフェの起源神話から派生したことを確定できたと考えている。したがってツァツァクエの神話は、この借用の後に、その場で仕上げられたものでなければならない。結論として、この神話は、変換によって生成してせいぜい五〇年のうちに採集されたことがとりわけ明らかなひとつの例ということになろう。すなわち、再構成をおこなうばかりでなく、生成の行程の引き金となったメカニズムを把握することもできるほどに新しい歴史的状況なのである。

しかしながらこのような素材については、慎重であるべきである。スワイフウェの伝播について、われわれが手にしている現地の人々の証言はすべて、仮面がフレーザー川中流から出発して、沿岸部には一八世紀の最終四半期に到達したと示唆している（前出、二一八頁）。さまざまな年表は一致するとはいえ、まるごと信じるべきだろうか。それらは、同じインフォーマントたちが、自分の起源神話のヴァージョンを語りながら、それぞれが自分の先祖と主張する人物が最初の仮面を釣り上げた場所について示す地理的な位置情報と同様に、注意して扱うべきものである。ある者はバラード入江（三角州の底辺の位置）と言い、別の者はカウカワの湖（ホープの集落の近く）と言い、三人目はハリソン湖（中間にある）と言う……。ひとりのインフォーマントと話していて、われわれ自身、彼が自分の仮面への権利を最初の保持者との可能な限り短く、直接的な系譜関係によって正当化するのを耳にして驚いたのである。しかしそれと同時に、最初の保持者が仮面を獲得した場所も変わり、それは奇妙な偶然によって、常に近隣に位置するのである。空間の次元であれ、時間の次元であれ、仮面への権利を要求する家族のそれぞれは、起源をできるだけ近くに位置付ける。逆説的に、地理的場所が数を増すにつれて、同時に、系譜の時間は短縮する。ところが、すべてが指示するように仮面が唯一の起源地から伝播したのであれば、最初に複数の地点に出現することはありえない。したがって提示された位置づけは受け入れがたい、とはいえ、だからといって、たどられた系譜が虚偽ということにはならない。それぞれの系譜が、より長いひとつの系譜の枝分かれを成し、共通の幹は古いために忘却されたか、あるいは、自分が優先したいと思った権利と競合する権利に根拠をあたえかねないので、急いで忘却したか、どちらかかも知れないのである。

抹消されてしまった部分が確かにあることを考慮しても、あるタイプの仮面が、相続、結婚、征服、借用によって広大な地域に流布した複数のメカニズムは、眼に見えるかたちで残っている。こうして、最初の仮面が広がるのを止める前に、その勢いが失われた場所で、他のメカニズムがこれらと接合しながら、いかにして、最初の仮面のイマージュを逆転するかを見ることができる。構造分析と民族歴史学的研究が両立不可能であるとは決して考えなかったひとりの学者を讃えるために、手短に検討したこの例は、少なくとも、神話の変換が事実においていかに生成しうるかを示している。

II　クワキウトル族の社会組織(3)

本書の前半（前出、一三六―七頁）で、クワキウトル族の社会組織に手短かにふれ、それがきわめて複雑な問題を提起することに注意を喚起した。伝統的な諸制度がかなりの部分で崩壊した今日では、観察者と分析家にとってそれらの性質の把握をこころみるには、もはや古い証言しか残されていない。われわれがクワキウトル族についての情報の本質的な部分を負っているフランツ・ボアズの業績はそこに示された躊躇いと後悔によって、困難さを浮き上がらせている。

ヴァンクーヴァー島の北西部および島に相対する大陸側の沿岸部に居住するクワキウトル族は、ボアズが「部族」と呼ぶ地域的まとまりに分かれていた。彼は初期の論文に、これらの部族が、同じタイプだがより小さな形成体に分かれていて、そのそれぞれが数には幅があるものの彼が「ゲンス」という名で呼ぶ社会単位を含むと記している。「ゲンス」と呼ぶのは、より北に居住する母系であるツィムシアン族、ハイダ族、トリンギット族とは異なってクワキウトル族が父系的な傾向を帯び、その点では、南側の隣人であるサリシュ語族の人々とある種の近親性を示していたからである。

しかし、たちまち困難が生じることをボアズははっきりと意識していた。まず、「ゲンス」が単系出自体系の理論が期待するように外婚的だと主張することはできない。というのも各個人は部分的には父のゲンスの成員であり、部分的には母のそれの成員であると考えていたからである。さらには、母系的な側面も残っていて、貴族たち――クワキウトル族は成層化された社会を形成していた――においては、夫は義理の父の名と武器（紋章の意味での武器である）を自らに引きうけ、そうすることで妻の系族《リネージ》の成員になったからである。名と武器は子どもに引き継がれた。娘たちはそれらを保持し、息子たちは結婚するとそれを失い、妻のそれを採用する。したがって貴族の標章は実際的には女性の系で譲渡され、独身の男たちは母のそれを受け取る。ところが、他の事象は反対方向に働くのである。家族の長は父であって、母の兄弟ではない。そしてとりわけ、「ゲンス」に対する権威は父から息子に譲渡される。一九世紀の終わりには、貴族出身の何人かの個人は、双方の系で相続される称号への権利を主張していた（ボアズ、一八八九）。

これら不確定な諸点が、*Indianische Sagen*（一八九五、『インディアンの伝説』）およびクワキウトルの社会組織と秘密結社に関する大著（一八九七）によって示される考察の第二段階ともいえるものにおいて、ボアズが見通しを変え、用語を変更した理由を説明する。それまでボアズは、クワキウトル族を、とりわけより北方の沿岸部に踝を接する母系の人々に近づけて考えていた。そのために、共通の制度的背景つまり母系的諸制度のうえで、クワキウトル族は父系の方向に進化したという彼の第一印象が生じていた。数年後には、新たな観察に支えられて、ボアズはクワキウトル族の社会組織と、その東部と南部に居住するサリシュ諸族のそれとの類似性により強く印象づけられていた。いずれの場合も社会構造の単位は、ある決まった土地に住まいを建てた神話的な先祖に始まると想定された子孫によって形成されると思われ、そのことはたとえこの村落共同体が後にもとの土地を離れ、同じタイプの別の共同体に、自らの起源の記憶を失うことなく合流したとしても変わらない。ところで、サリシュ諸族は父系であり、ボアズは当初の仮説を逆転することを余儀なくされたのである。こうして今度は、サリシュ諸族と同様もともと父系であったクワキウトル族は、北の隣人たちとの接触によって母系的な体制に向かって部分的な進化を遂げたと考えるようになる。したがってボアズは部族の下位区分を、古代アイルランドで親族の双系的な集団を指した「セプト」という語の原義にのっとってそのように呼ぶことになる。そして彼は、このようなタイプのまとまりが現実にもっている母系的な色彩をより適切に際立たせるために、「ゲンス」という用語を手放して「クラン」を用いる。これらのクランは、三つの仕方で自分を呼ぶことができる、すなわち、創立者の名にしたがってつくられた集合的な名を有するもの、発祥の土地の名を冠するもの、「富める者」、「偉大な者」、「首長」、(ポトラッチにおいて)「最初に受け取る者」、「その足の元で大地が震える者」等々といった称号を名とするもの、である。

以前の指摘をより正確なものとしながら、ボアズは結婚の際には「妻は彼女の父の位置と地位をもってきて夫への持参財産とする。しかし夫はそれを自分固有のものとはせず、自分の息子のために保持する。そして妻の父自身も、自らの称号を同様のやりかたで獲得したために(……)純粋に女系の出自の規則が、常に夫を介してであるにもかかわらず、確立する」と説明する。この混合的《ハイブリッド》な規則が、父系的な体制が先行することを要請し、以前、彼が信じていたようにその逆ではないことの証拠を、ボアズはいくつかの事象に見いだしている。すなわち、姉妹の息子がオジから継承することはなく、居住がオバ方あるいは母方居住であることは決してなく、さらにとりわけ、北方の母系の人々が姉妹の子孫に認めるのとは反対に、伝説においては、最初の男性の祖先から生じた父系的な子孫こそがクランおよび部族の起源とされるのである。

デュルケームもモースも、それぞれ一八九八―一八九九年と一九〇五―一九〇六年(の『社会学年報』の書評と高等実習院の講義で)、ボアズの解釈に疑問を呈することはなく、五〇年後にマードックも、父系的な体制が直接に母系的体制にとって代わられるという仮説を受け入れることはなかった。その証明はグッデナフを待たねばならなかったのである(一九七六)。とはいえ、フランス人の巨匠たちにとってクワキウトルの諸制度が根本的に母系的な性質をもつことにはまったく疑いの余地はなかった。ボアズに反して、彼らはこれらの諸制度が母系出自に基礎をおくという見方を堅持した。ボアズは一八九五年から一八九七年以後は、貴族の家族においては二重の相続体制があることを強調してはいなかったか。父から長子(それが長男であるか長女であるかを問わず)への相続、しかしまた結婚による、妻の父から婿への、そして婿を介した、結婚から生まれるはずの子どもたちへの相続。ところが、この第二の様式による譲渡はクワキウトル族にとってはきわめて重要で、結婚相手となる娘のいない「家に入る」ことを望む個人は、象徴的に息子と結婚するか、息子もいないときには家の主の身体の一部——腕か脚——、さらには、ひとつの家具とさえ結婚したのである。

一九二〇年に公刊されたボアズの重要な論文は、彼の新たな思考の展開を記している。それはこの年月の間に、ボアズが類まれな才能に恵まれたインフォーマントを育て、仕事にかからせたこととかかわっている。それは、スコットランド人の父とトリンギット人の母の間に生まれながら、クワキウトル族のもとで成長し、クワキウトル族の女性を妻としたジョージ・ハントである。模範的な調査者であったハントは、長い年月をかけてクワキウトル文化について数千ページにのぼる情報を収集し、それは良き主婦の料理レシピから、貴族的な系族《リニッジ》の家系伝承、手仕事の技から神話にまでいたる。ボアズによって編集され公刊されたこれらの素材（一九二一）は、ボアズに自分がもつデータを解釈しなおすことを強いることになった。そこから導き出されたことは、まず、クワキウトル社会の基本的な単位は、部族あるいは「セプト」よりむしろ、彼にとって父系的な面か母系的な面かのどちらが優越するように見えるかによって、まずは「ゲンス」と呼び、次いで「クラン」と呼んだものであるということだった。「大いに躊躇った後に」彼はこれらの用語を放棄し、現地語である numaym ヌマイムを用いることにする。「なぜならこの社会単位は、たいへん独特なもので、『ゲンス』も『クラン』さらには『シブ』というのもミスリーディングであろうからである」。

じっさい、クワキウトルの貴族たちは「最初の人類が地上に出現した起源の時以来、決して名を変えることはない」と、ハントは幾度にもわたって断固として主張し、また彼の収集した貴族のすべての系譜もそのことを裏書きしている。「なぜなら、名はヌマイムの主立った首長の家族の外に出ることはできず、首位の首長の子どもの最年長者に行かねばならない（……）。そしてこれらの名は娘の夫に行くことはできない。十カ月の赤ん坊の時に受けとる名から、父の名、主立った首長の名に至るまで、いかなる名も。これらの名は『神話の名』と呼ばれている。」クワキウトルの貴族が生涯に獲得する一ダースほどの名（むしろ称号と理解すべきである）のうちいくつか――もっとも重要なもの――は、したがって系族《リニッジ》の所有物であり続ける。それ以外のものについては、「ヌマイムの主立った首長の名のうちで、結婚の際にあたえることができるのは、首長自身が義理の両親からもらった名と、特権とだけに限られる。というのも彼自身の特権は、婿に引き渡すことはできないからだ」。したがって貴族の称号はふたつの範疇に分類されたようである。系族《リニッジ》から出ることはなく父から息子あるいは娘に長子権にしたがって引き渡されるものと、妻を媒介として、ただし子どもに引き渡されるべく婿が義理の父から受け取るものとである。これらふたつの範疇（それについてはクワキウトル族は異議を唱えたものの、ふたつは性質を異にしてはいる）は、それぞれ必要な変更を加えて《ミユタティスミユタンディス》、一方はヨーロッパの貴族の相続権と、もう一方は理論上は家系の財産ではあるが、娘の結婚に際して母親から娘に渡される家族の宝石とを思い起こさせる、とボアズは指摘している。

ハントが言及している名と特権は、基本的に貴族の称号であるとされる。たしかにそこには、〔ヨーロッパの〕楯型の紋章に比べられる、造形的な標章を排他的に用いる権利が含まれるが、さらに銘辞や歌や踊りや秘密結社（ボアズの表現にしたがう、モースはこれにである。

異議を唱えた）における役職もある。秘密結社というのは儀礼の季節である冬の始まりから終わりまで、一年の冬以外の半分のあいだ機能する平時の組織にとって代わる同胞団でとはいえ、ヌマイムの富は精神的な次元のものばかりではなかった。仮面や冠りものや彩色や彫刻や儀礼の料理など祭礼にかかわる物品ばかりでなく、狩猟や採集の領域からなる土地の財産、水源や漁場や川をせき止める（これも漁のためのもの）堰の場所も含まれていた。これらの土地にかかわる権利は仮借なく防衛され、正当な所有権者は侵入者を殺すことも躊躇わなかった。

さらに一九二〇年の論文でボアズは、結婚についての情報を補完している。ヌマイムの外婚制は、結婚儀礼の戦闘の象徴がしめすように、多くの場合に見られたが、しかし、母親を異にする異母兄弟姉妹や、父の兄とその姪とのあいだのような明らかな族内婚の例も観察され、ハントによれば「特権が家族から外部に出て行かないようにするためだった。このような結婚によって彼らの特権は身内にとどめられるのだった」。しかし、息子がいない場合には、一人っ子の娘の配偶者である婿が、義理の父を継承して彼のヌマイムの頭となることもあった。したがってその場合、男はヌマイムを変えたのである。もしこの男が何人かの息子をもてば、彼を継承するように、そのうちから元のヌマイムに息子を送り返し、母親のヌマイムの永続を保証するように他の子どもたちを手元に残した。より一般的には、地位のレベルが同じ夫婦の結婚の場合には、子どもたちは母方のヌマイムと父方のヌマイム、さらには祖父母や曾祖父母のヌマイムに配分されることさえあった。しかし、それぞれの個人には一定の選択の自由が残されていて、その結果ヌマイムへの帰属は、理論的には男系の権利によって支配されていながら、事実上は共系的《コグナティック》な継承体系に似たものとなっていた。

一九四二年に突然襲った死に至るまで、ボアズはクワキウトル族について考察することを止めず、半世紀にわたって一二回行った連続的な滞在期間に収集した素材を推敲することを止めなかった。一九六六年に公刊された未発表の原稿には、彼がヌマイム（彼はヌマイマと呼ぶようになっていた）についてたどりついた最終的な構想が明らかにされている。「今まで記述したかたちではヌマイマは、他部族の『シブ』や『クラン』あるいは『ゲンス』と同類だが、その独自の構成からこれらの用語を適用することは許されない。厳密に言えばヌマイマは父系でも母系でもない。というのも、ある限界内であれば、遺言による措置によって男の子どもでも女の子どもでも、その子が出自した系のいずれにも帰属させられるし、さらにはつながりのない系にさえ帰属させられうるからである」。とすればヌマイマとは一体何なのか。その構造をよく理解するには、とボアズは書いている。「それを構成する生きている諸個人を考慮しないほうがよく、むしろヌマイマを一定数の社会的な位置から成るものと見るのがよい。これらの位置それぞれにひとつの名、ひとつの『座』、ひとつの『保持すべき場』いいかえれば地位と特権がはりついている。地位と特権の数は限られており、貴族の位階を形成している（……）。これがヌマイマの骨格である。諸個人は生涯のあいだにさまざまな位置を占め、それに付随する名を引き受ける」。

ただし、ボアズの思考のこの最終的な状態では、父系的なものが優越すると繰り返し主張されるにもかかわらず、母系的な諸側面が力を回復しているという印象をまぬがれることはむずかしい。われわれはすでにハントから、父を同じくする兄弟姉妹は結婚できるが、母を同じくする兄弟姉妹はそうではないと教えられていた。ボアズは「あなたは誰から出生したか、誰の息子か」という問いに人は常に母の名で答える、とも付け加えている。娘を嫁がせる義理の父は、彼の婿は「彼のヌマイマに入る」と宣言する。結婚式の証人たちは、「今や婿は義理の父の家に入る、その名がいっそう大きなものとなるように」と唱和する。したがってボアズの死とともに、そして伝統的な諸制度がほとんど完全に消滅した時、それらの性質が父系的か母系的かという設問は開かれたまま残された。また、ふたつの原理が、ともに作用するであろう（もしそうであるならどのような様式のもとで）という仮説のもとで、両者が共存するのかという設問も。したがって、ボアズはヌマイマを社会組織の類型学に取り込むことを諦めたと理解される。彼の知っていたあらゆる範疇は、どれも適用できないためすべてを放棄し、ヌマイマの定義をおこなうことはできず、民族学のアーカイヴには等価なものが存在しない構造のタイプとして記述するだけにとどめるのである。

*

*　　*

ところで、この等価なものはアメリカ以外の場所、とりわけポリネシア、インドネシア、メラネシア、さらにはアフリカに存在する。ただ、この二五年間、いわゆる非単系出自体系（これは単系だが二重に単系である双系体系と区別するために、無差別体系と呼ぶ方が適切であろう）[4]を対象とした研究で、民族学者はそれをそれとして認識してこなかったのだが。その理由はふたつ考えられる。

まず、このタイプの制度は出自の三つの様式――単系、二重単系、無差別――のいずれとも重なり合わない。これら三つの様式を別個の範疇と見なす傾向が強いのだが、ヌマイマのタイプの諸制度は、これらと交叉するのである。

そのことを確かめるには、クワキウトル族が居住する地理的領域により近づいて検討すれば十分である。彼らにじかに隣接するヌートカ族、ベラ・クーラ族は、クワキウトル族と同様、いわゆるハワイ型の親族体系（兄弟姉妹とイトコがただひとつの用語で指示される）と無差別出自をともなう諸制度をもっている。じっさい、ベラ・クーラのミンミンツmimints と、クワキウトル族について記述されたヌマイマとはまったくあるいはほとんど区別されない。

反対に北の方に少し進むとすべては変化するように見える。ツィムシアン族はイロクオイ型親族体系であり、ハイダ族とトリンギット族はクロウ型に近く、これら三部族は、明らかに母系的である。ところが、これら三つの事例では社会構造の基礎的単位は、単系出自体制であれば予想されるような均質的な構成をしめしていない。ツィムシアン族では単位というよりもむしろ、ひとつの優越的な系族《リニッジ》と、それとは親族関係をつねにもつわけではないが従属する他の複数の系族《リニッジ》との塊が基礎となる。ハイダ族とトリンギット族では、所有の体制の混合的《ハイブリッド》な性格はさまざまな要因から生まれる。すなわち、旧来の領地の放棄と新たな領地の占有と使用による獲得、移入者への領地の譲渡、殺人その他損害への賠償のための称号の譲渡、後継者不在となった権利や称号の近隣の者による併合等々。

きわめて厳格な用語で表現された出自と継承の規則が、これほど緩いやりかたで適用されうるのはどのようにしてなのか。共系《コグナティック》体系の柔軟さを徹底的に利用し（クワキウトルの擬似結婚を想起すれば徹底的という以上のものがある）、そうすることであらゆる種類の社会＝政治的な操作を親族関係のうわべで飾り立てることのできるクワキウトル族、ヌートカ族、ベラ・ベラ族については、問題は提起されない。反対に、ツィムシアン族、ハイダ族、トリンギット族の諸規則は、一見すると厳格すぎて、ひとつの平面から別の平面へと横滑りすることはできそうになく思える。また、厳密な意味での親族関係は限定され、そのことから、それ以外の動因によって考えつかれる組み合わせはいっそう露わになる。これらふたつの事例では、地域での生活は、政治的、経済的歴史の結果としての、あるいは歴史がつくりだす絆と、現実のあるいは仮想の系譜がかくあるべしと求める絆とを、解きほぐしがたく混ぜ合わせることになる。

カリフォルニア州北部の海岸部の小さな集団であるユーロク族は、今われわれが考察しているタイプの諸制度と接触することで、単系出自の規則がいわば溶解してゆくしかたを示すもうひとつの例である。ツィムシアン族、ハイダ族、トリンギット族とは反対にユーロク族はじっさいには父系である。しかし、彼らを熱心に研究したクローバーは（彼の業績のなかで彼らが占める場所は、ほとんどボアズの業績におけるクワキウトルのそれに匹敵する）、「とはいえ、親族関係のある者たちの集団は、クランや村落共同体や部族がそうであるようには明確な輪郭をもってはいない。それは無数の方向にむかって次第にぼやけてゆき、無数の方向で他の集団と溶け合ってゆく」と記している。その結果、ユーロク族においては「親族関係は少なくとも一定の範囲で双系的に、つまり分散的に機能する。そのために一体となって行動し、組織された集合的行為をになうことのできる、相互に親族である個人のあいだに形成される社会的単位はひとつも存在しない」。

こうした状況について、クローバーが否定的な側面しか考慮しようとしないのは印象的である。ユーロク族は「社会としての社会、社会組織をもたない（……）。政府の不在において、彼らは権威を知らない（……）。（首長と呼ばれる）男たちは、好運と、好運を保持し使う才能に恵まれて、自らの人格の周囲に親族とクライエントと半゠従属的な者たちの塊を集めることができた者であり、これらの者たちに援助と保護をあたえるのである（……）。『部族』『村落共同体』『首長』『政府』『クラン』といった慣れ親しんだ用語さえも、ユーロク族についてははなはだ慎重に使わなければならない（……）。通常の意味に解する限り、これらは彼らに対してはまったく適用不可能である」。

言語と文化によって他から区別される人間の集合体が、これほどまでに背骨のないものであることは考えにくい。しかし、現実にはユーロク社会に骨格をあたえている制度は存在する。それはまず、住民たちがそこに分かれて住む五四の「街」である。そして各街のなかの複数の「家」である。まさにこの言葉が発せられた。ユーロク族が彼らの言語でこれらの建物を指す、その言葉であり、原則として永続的なものであり、所在地や地域的な地形や正面《ファサード》の装飾や、儀礼的な機能に因んで記述的な名がつけられた、その名から単数あるいは複数の所有者の名が派生させられる、その建物である。

そのようにして、例えばオメン＝ヒプールの街にあるハアゴノールの家の主は、ハアゴノール＝オチンと名乗り、コオテップの街のマイツアーの家の主は、ケ＝マイツアーと名乗る。ところが、クローバーがその建築技術と実用的な機能しか考慮していない（『カリフォルニア・インディアンハンドブック』のユーロク族の物質文化を取り上げた章でふれているだけで、社会組織に話題が移ると家の存在は無視されてしまう）これらの家は、じっさいには道徳的人格〔法人格〕をもっている。クローバー自身、そして彼の現地人助手だったロバート・スポットが収集した現地語テクストすべてが、それを確証している。たとえば、ある結婚の解消については「サアのひとりの娘が、十全な結婚（すなわち高い婚資が支払われた結婚）を、ワイツプスのウォグウの家で取り結んだ」。夫が亡くなり、しばらく時が経ち、彼女は小さな娘と一緒に生まれた街にもどることにした。「彼女の身内は子どもをひきとりたかったのでワイツプスのウォグウの家に結婚の代価を返した。しかし、ウォグウの家は子どもが非嫡出にならないように、代価の半分しか受け取らなかった（……）。同様に女が殺されたなら、あるいは女が第三者を殺したり傷つけたりしたら、金銭による償いはふたつの家のあいだで分割されただろう」。この事例においても、テクストに満載された全ての事例においても、行為するのは個人でも家族でもない。それは諸権利と諸義務の唯一の主体である家なのである。ワイップスのツエクエトルの家の〔主〕ケ（ト）スエクエトルは臨終の床にあるとき、彼の妻と彼の姪が相続のことで争ったが、最後の息を引き取る前に彼は姪の肩を持つ結論をくだした。というのも、彼の言葉によれば「財産は自分に属するのではなく、ツエクエトルの家に属するのだから。」

したがって、疑いを表明するのにどれほど躊躇いがあるとしても、クローバーがユーロク族の社会組織を、もっぱらそれに欠けている特性との関係でのみ記述したことは間違いではなかったかと問うことができる。だが、彼が誤っていたとしても、その誤りはこの巨匠に帰すよりも、同時代の民族学の制度的な武器庫に、部族や村落やクランや系族に加えて家という概念がそなわっていなかったことに帰されるべきであろう。

ところで、――これが先に予告した第二の理由になるが――民族学者が家を認識するためには、彼が歴史に眼を向け、おそらくヨーロッパ中世の歴史ばかりでなく、平安時代とそれ以降の日本や古代ギリシャやそれ以外の多くの歴史を見るべきだったのである。われわれヨーロッパの中世史に限っても、ボアズがクワキウトル族のヌマイマにあたえている定義（前出、二五六頁）と、正確には家とは何か画定しようと試みているヨーロッパの中世史家の筆になる定義をくらべることはたいへん興味深い。貴族の家系

(Adelsgeschlecht) が、男系とは一致しないこと、さらに多くの場合、生物学的な基礎を欠いていることを強調したうえで、彼はそこに「位格と起源と親族関係と名と象徴と地位と権威と富をふくむ精神的、物質的な遺産、そして(……)他の貴族の家系の古さと格との関係で認められた遺産」以外のものを見ることはあきらめている。ご覧のとおり民族学者の言葉遣いと歴史家のそれとは実際上同一である。つまりわれわれの眼の前には、ひとつの同じ制度がある。すなわち、物質的財と非物質的財の双方から構成された財産を保持する法人格であり、名と財と称号を、現実のあるいは虚構の、その連続性が親族関係あるいは通婚関係の、多くの場合にその両方の用語によって表現されるという条件のもとでのみ合法的なものと認められる系《リニエー》にしたがった相続によって永続的なものとなる法人格である。

上に参照した論文でシュミットは、一一世紀までは各個人はひとつの名だけで呼ばれていたという事実があるために、中世の家の起源は不明瞭なままにとどまると指摘している。じっさい単一で非反復的な名は何も、あるいは大したことは教えてくれない。しかし古代の名は、時には先祖の名をもとにして構成されている。ところで、ある命名法の観察可能なさまざまな様式と、社会構造のいくつかの変異のあいだに関係があるという可能性は排除されない。これは言語学者と民族学者と歴史家の共同研究の可能性を展望させる格好の主題ではある。

　中世におけるもっとも古い命名法はおそらく、閉じたあるいは閉鎖場における連結法であろう。すなわち、Eberhart と Adalhilt という名の両親は、男と女であるふたりの子どもをそれぞれ Adalhart と Eberhilt と呼ぶ。四〇年弱前に、私自身同じ命名法で三世代に拡張されたものをアマゾニアで観察した。メロヴィング朝とカロリング朝時代の名は、形態素の選択と用法の幅がより開かれていて、結合の自由度はより高い例となっている。メロヴィング朝の王族たちは、Theodebert、Charibert、Childebert、Sigebert、Dagobert という名であったが、他にも Theodoric、Thedebald などもあった。シャルルマーニュ〔カール大帝〕の家族には、Hiltrude、Himiltrude、Rotrude、Gertrude、Adeltrude 等々の名がみられる。しかし、語頭の Rot- という形態素はさらに Rothaide、Rothilde を、語頭の形態素 Ger- は、Gervinde、Gerberge を、語頭の形態素 Adel- は、Adelinde、Adelchis、Adelaïde 等々を作りだす。別の言い方をすれば、同じ語幹は複数の接頭辞を受け入れ、同じ接頭辞が複数の語幹を受け入れ、人名の体系はこう言ってよければ反対の方向で分封することによって、新しい形態を生成することができる。ある場合には閉じ、ある場合には開いているが、どちらも連結法である。家族によっては、あるいは地方によっては、今日でも使われている三番目の定式は、周期的な回帰が特徴となる。たとえば、孫の名は父方の祖父の名であり、姉妹の息子の名は、母方のオジの名である。カロリング朝初期のピピン〔ペパン〕とシャルルの交代はその例である。父方の祖父から孫へというのが一般的だが、二番目のピピンは母方のオジを継承し、系の起点のピピンの娘の息子であった。われわれが区別した三つの定式は、進化的な系列をなすわけではまったくなく、三つが時には同時に並存する。そして三つの方式全てが、われわれが例をとりだしたインディアンのもとにも見いだされる。クワキウトル族は開かれたものと閉じたもの両方の結合法を使っている。混合的な形態を指すのに彼らは「名を二つに切る」と言う。周期的な定式はツィムシアン族に見られ、彼らは祖父が孫の人格に再生すると信じている。

ヨーロッパの親族体系はクワキウトル族のようなハワイ型ではないし、ツィムシアン族のようなイロクオイ型でもなく、ハイダ族やトリンギット族のようなクロウ型でもない。ヨーロッパの体系は一般的には、兄弟姉妹とイトコを区別する用語をもったエスキモー型に分類される。しかしながら、古い時代のフランスの体系でこの区別があるとしても、ひとつの用語でイトコと、さらに遠い親族とを包括するという点に留意しておきたい。リトレの辞典にいたっても、イトコの第一義は「すべての親族および姻族で、特別の名をもたない者すべて」であり、両親を共有する兄弟姉妹とイトコをひとくくりにするハワイ型に比肩する同一視ではあるが、違いはひと目盛だけずれている点にある。その違いはあるとしても、この同一視によって社会的あるいは政治的操作を、親族関係の外皮で偽装できるだけの自由はあたえられるのである。

＊
＊　＊

ところで、ヨーロッパ中世の家はすべて、しばしば逆説的な特徴をしめし、それはクワキウトル族についてボアズを惑わせ、それ以外の人々については今も民族学者を惑わせ続けている。それをひとつずつとりあげることにしよう。

ヨーロッパであれインディアンであれ、家は非物質的なものと物質的なものの両方の富からなる財産を所有する。家の長は富んでいる。モンテスキューがシャルルマーニュ〔カール大帝〕の遺言を分析しながら強調するように、それは時には巨大な富である。いずれにせよ、彼の財は政治的道具と統治の手段となる程度には富んでいる。それはジェラール・ド・ルシヨンが言うように「与えること、それが彼の塔であり銃眼である」。家の富には、名、称号、相続される特権――「名誉」と呼ばれたもの――があり、さらにインディアンにおけるように、超自然に由来する財も付け加えなければならない。サン・マルタンのマント、聖油瓶、サン・ドニの旗、荊の冠等々。フランスの外では、コンスタンタンの聖なる槍、サンテチエンヌの王冠。さらに現物が欠けている場合には、それにまつわる記憶である。たとえばプランタジネット朝の権威を高めようと、グラストンベリーの僧院が広めたアーサー王伝説の聖杯と槍がそれである。

次に虚構の親族関係を見よう。中世フランスもまたこの手段に訴えなかったわけではない。年代記作者はおそらくは命令によったのだろうが、アンリ一世の母方の祖母が最初の結婚で、カロリング朝最後の王で子孫を残すことなく死んだルイ五世の妻となっていたという奇想天外な理由から、カペー朝がカロリング朝に系譜をたどると主張した。一一世紀には、ブルゴーニュ公ユード・アンリが義理の息子オット＝ギヨームに自分の系族の永続を託したいと欲した。九世紀には、プロヴァンスのルイがカロリング朝の祖をもつことを、自分の母がこの王朝出身であるからというよりも、自らがシャルル肥満王の養子であるからという理由から揚言した。また、百年戦争の際にシャルル六世とイザボー・ド・バビエールが、自分たちの息子である将来のシャルル七世を犠牲にしてまでエドワード五世を養子にしたことが果たした役割はよく知られている。

クワキウトル族において、娘とその夫を介して祖父から孫へとつながる継承線が存在することが、民族学者たちの議論を焚きつけ続けてきた。ところがこのタイプの継承は古代ヨーロッパではきわめて頻繁に見られ、「女は橋と板となる」ことができるかという問題が多くの機会に提起されている。すなわち、女性が男の子を出産した場合には、彼女自身は執行する能力を認められない諸権利をこの息子に譲渡できるだろうか（女性の封土という名のとおり女が相続できるとされた事例は別として）が問われたのである。さきほどエドワード五世の養取にふれた。これはいくつかある理由のうち、とりわけフィリップ端麗王〔フィリップ四世〕の婿であった、彼の曾祖父エドワード二世が、妻を通じた per uxorem 継承によればフランス王に即位することもありえたという事実によっている。一五世紀になってもまだ、モンテーニュは同時代人が盾形紋章にあたえていた重要性を嘲笑していたが、その理由は「婿がそれを別の家族に持ち去ってしまうだろう」からであった。じっさい、義理の父に男の後継ぎがいない場合には、権利であると同時に義務ともなるが、婿は彼の紋章を引き継ぎ自分の子どもに譲渡することを取り決めた結婚契約書が数えきれないほど多く作成された。すでに一一世紀には、カロリング朝最後の王ルイ五世が九八七年に死去した際、カペー朝の最初の王に王国とともに自分の妻あるいは娘を遺贈したという伝説が形成されつつあった。スコットランド、ブルターニュ、メーヌ地方、アンジュー地方では、息子がいない場合は娘が称号を相続した。婿——英語では incoming husband（入ってくる婿）と呼ばれる——が妻によって（jure uxorem）「家に入る」ことで、これらの称号を引き受けたが、「家に入る」とはクワキウトル族が使っていた表現そのものである。アンリ一世の意志によって、正当な相続権者であるフィリップ一世が若くして死去した場合には、義理の兄弟であるフランドルのボードワンがフランス国王の王冠を受け取るはずであった。その場合にはロベール敬虔王の婿であるフランドル伯は、妻を通じた（per uxorem）相続権者になるはずだった。

ボアズはクワキウトル族が父系的傾向にもかかわらず、あなたは誰から生まれたか、誰の息子か、という設問に対して常に母の名によって答えることに深く印象付けられていた（前出、二五七頁）。D・ハーリイーは興味深い論文で、ヨーロッパ中世の法的文書では父方の名ではなくむしろ母方の名のほうが無視できない位置をしめていることに注目してコメントしている。この現象の一般性から見て、彼が提起している歴史的地方的な原因は絶対的な説得力があるようには見えない。あのふたつの系から称号を相続したことをひけらかしていたクワキウトル族の貴族のように、カペー朝の人々は父系と母系双方の系からカロリング朝の祖へのつながりを獲得することに意を用いたが、それは三つの段階を踏まなければ達成できなかった。すなわちまず、虚構の親族関係によって（前出、二六六頁）、次いで、フィリップ・オーギュスト（フィリップ二世尊厳王）の母となったカロリング朝に出自する女性とルイ七世の結婚による母系のみを通じて、そしてフィリップ・オーギュスト自身がカロリング朝の女性と結婚して息子のルイ八世にようやく二重の系による先祖へのつながりを遺贈することができた。

クワキウトル族、ヌートカ族、ベラ・クーラ族と同様、より大きな権威をひきだすことのできる二重のつながりは、長きにわたって前景に押し出されてきた。シュミットは、Gerold という名の領主の例をあげている。理論上は始祖にあたるこの男は、息子 Ulrich と娘 Hildegard を得た。ところが文書記録には Geroldingern は一度も言及されない。ひとつの家 Udalrichingern を創立したのは父ではなく Ulrich であり、それはおそらく彼の姉妹のシャルルマーニュ〔カール大帝〕との結婚によって得られた栄光が原因であろう。こうしてひとつの家がカロリング朝との姻族関係から誕生した。しかし家には、姉妹ではなく兄弟の名が冠せられている。

父系の原理は、優位に立つことによって、ふたつの系それぞれの利得を測り両者の平衡を保持するという古くからの傾向を押し殺すことになった。しかし、民衆的な慣行にはその痕跡が残っている。ラングドック゠プロヴァンス地方そしておそらく他の地方でも、今日にいたるまでふたつの系の相対的な対称性を保とうと努めている。エロー県のブージィグでは、長男には父の父の名を、次男には母の父の名をあたえる。対称をなして、長女には母の母の名を、次女には父の母の名をあたえる。代父母を検討すると鏡像効果はいっそうはっきりとする。長男長女の名付け父と名付け母は父の父と母の母であり、次男次女のそれは母の父と父の母である。さらに時には名に、あだ名がつけ加わることもあるが、その権利は村の住民だけに認められている。ということは、父方と母方の二元性に加えて、「郷里」とよそ者の二元性も介入の余地をあたえねばならないということになる。

この第二の二元性は、ひとつには直系と傍系、もうひとつには vicini〔隣人〕のあいだに、程度の違いはさまざまではあるが、継承の際の競争が存続している古代ゲルマン法に、すでに出現している。それは、取得の様式が規則によって規定された法的地位を指している(『サリカ法典』XLV 編〔邦訳、久保正幡訳、創文社、七一頁〕)。出自と居住の二元性は古代ヨーロッパだけでなく、クワキウトル族のヌマイマについても「血統の名」と「土地の名」と呼ぶことができそうなものの同時的な並存によっても際立ってくる。

中世には、名高い先祖の共系的《コグナティック》なあるいは男系の子孫は、彼の名から派生した名を名乗ったように思われる。ドイツ語で Leitname と呼ばれるものである。次いで土地の名がそれに加わり、そして古代的呼称は集合的固有名の役割を果たした。一二から一三世紀ごろ、同じ家族の成員は所有地および彼らの城館に因んで名乗るようになったようである。遺産を取得するとともに名がひきとられたが、遺産は母方のことも父方のこともありえた。このころには土地の名が本名の役割を果たしたが、同時に居住場所が政治的行為の中心としての性格を明確にした。貴族の住まいが、その権力が発する結晶化の中心を表すようになったという限りで「貴人館」となった。

クワキウトル族において同様の変遷があったかどうか知るために、彼らの過去にさかのぼることはできない。とはいえ、ボアズが彼らを知った時代には、ヌマイマは、神話的な始祖の名から派生した集合的な用語である血統の名か、現実のあるいは仮想の起源の場所を参照した土地の名で指示されていた。名誉の称号による第三のタイプの呼称が、これらふたつの呼称にとって代わる傾向にあった。このことは、ヨーロッパで家の名の地理的な共示義が次第に弱くなり――ブルボン、オルレアン、ヴァロワ、サヴォワ、オランジュ、アノーヴル等々――それにとりわけ権力と勢力と権威の価値が付与されていったという変遷と比肩する変遷である。

これが収斂であるか否かは別にして、出自と居住の弁証法が「家からなる」社会の共通の特性でありおそらく根本的な特性をなしていることは変わらない。フィリピンにおいても、他の〔ママ〕インドネシアの地域においても、またメラネシアとポリネシアのいくつかの地域においても、観察者は、双系的な出自集団への帰属と、居住単位すなわち村、部落、あるいはフランスの行政用語でいう区や街への帰属という二重の帰属から生じる義務の葛藤について、昔から注目してきた。

社会構造の基礎単位が厳格に位階づけられており、しかもこの位階が各単位の個別の成員を誕生の順と共通の祖先に対する近さによって区別している場合には、単位の内であれ外であれ、通婚関係は地位の不平等な配偶者間で結ばれるほかはない。このような社会においては結婚が非平等婚になることは避けられない。昇嫁婚か降嫁婚以外に選択肢がないために、この点についてもこれらの社会はふたつの原則を組み合わせざるをえない。おそらく一四八四年から一四九一年のあいだに書かれ、一八世紀にラ・キュルヌ・ド・サント＝パライユによって公刊された *les Honneurs de la cour*（『宮廷の誉れ』）は、まさに民族誌的観察の宝庫であるが、こうした側面にみごとに照明をあてている。その著者は、フィリップ善良公に嫁いだイザベル・ド・ポルトガルに従って来た女官の娘で、フュルヌ子爵夫人であったアリエノール・ド・ポアチエである。ところでこのブルゴーニュの宮廷でおこなわれていた慣習の微に入り細を穿った報告は、今日われわれが知っているフランスの通婚にかかわる用語が、意味論的な漸進的移行から生まれたことを示唆している。一五世紀には親族関係用語に付された「義理の」（beau, belle はそれぞれ男性形と女性形で原義は「美しい」）という形容語は、高位の身分にある者が、直系傍系あるいは姻戚関係を問わずこれらのネットワークのなかでより身分の低い者に声をかける際に用いられていた。一四五六年、後にルイ一一世となる当時の王太子が父親に反抗してブルゴーニュ公の宮廷に身を寄せた時、彼の前に膝まずいたフィリップ善良公に対して「義理の叔父」と呼びかけた。

「わが姉妹夫人」「義理の姉妹」とは、不平等な結婚をした近親者どうしが声をかけあう時の互いの言葉遣いであった。

したがってこれらの用語は、とりわけ通婚関係にある者どうしのやりとりにおいては、昇嫁婚か降嫁婚の性格からのみ理解されるものであった。ブルゴーニュ公爵だったジャン無畏公は、息子の嫁であったミシェル・ド・フランスの前に膝まづいて「マダム」と呼びかけたが、後者は「義理の父」と応じたのである。同様にフィリップ善良公とその妻イザベルは、息子の嫁である〔フランス王〕シャルル七世の娘に向かって「マダム」と呼び、後者は彼らを「義理の父」「義理の母」と呼んでいた。しかしながら、ふたりの対話者の相互の身分を際立たせるこうした作法は、貴族の中でも高位の地位すなわち王と王妃、王太子と王太子妃、公爵と公爵夫人だけに許されまた義務づけられていた、と著者は注意を喚起している。「多くの王国や国々に数多くいる伯爵夫人、子爵夫人、男爵夫人」などのより低い家にはそれは禁じられていた。これらの家では「彼らの親族をわがイトコと呼ばずに義理のイトコと呼ぶことは、その分に属すことではなく、それ以外のやりかたは、たとえ名誉や見栄のためであっても、それが意図的で、規則に反し、理性の外であるために悪い評判となる。」

王家および王の近親のみに限られていた「義理の」という語の使用が、ブルジョワの眼にに純粋に敬語的な共示義をもつようになることはこうして説明される。まだ一八世紀にはディドロとダランベールの『百科全書』には「嫁」の項目に「義理の娘〔美しい娘〕」とはもっとも美しい用法」と記されている。相対的に下位の地位という共示義は、最初の使用者のみには感じとられていたが、それ以外には感じとられることなく、あるいは早々と忘却された。

「家からなる」社会では、それ以外の社会で民族学者が観察するのとは異なって、外婚と内婚の原理もまた相互に排他的なものではない。クワキウトル族についてすでに見たように、外婚的な結婚は新しい称号を獲得するのに役立ち、内婚的な結婚はいったん獲得されたものが家から流出することを防ぐ。したがって時と場合に従ってふたつの原則を、利益を最大化し、損失を最小化するために併用するのが最適な戦略となる。

同じ仕方で、ヨーロッパの家もふたつの慣行をつねに結びつけていた。すなわち遠い結婚と近い結婚である。系譜をたどれば民族学者には周知の古典的な形態を再現する近親間の結婚の例が数多くある。すなわち父方、母方の交叉イトコ婚、さらにはほとんど「オーストラリア流の」と呼べそうな、フィリップ善良公とフランソワ一世の結婚。彼らはそれぞれ、父の父の兄弟の息子の娘と結婚している……。一般交換の例もとりだすことができる。初期のカペー王朝家とブルゴーニュ王家とオータン家がそれである。

それに対して、シャルル八世とアンヌ・ド・ブルターニュの結婚は外交の言葉で言えば、きわめて遠いものだった。というのもそれはフランス王国にブルターニュを組み入れるための準備だったからである。しかし契約はただちに平衡を回復して、夫の死去の場合には未亡人は第二の結婚では次に王位につく者との結婚を定めていた。じっさい、オルレアン公がルイ一二世の名で遠縁のイトコを継いだときそのとおりとなった。その次の世代にはもうリズムは逆転し、フランソワ一世の近い親族との最初の結婚に続いては、シャルルカン〔カール五世〕の姉であるエレオノール・ド・ハプスブルグとの結婚がおこなわれたのである。

ヨーロッパと同様、無文字民族においても、通婚関係における拡張と収縮の交代運動は、政治的な計算によって鼓舞され統御される。さまざまな場所で、そしていくつかの時代に、これもまた政治的な原因が、さらにふたつの同様に敵対的な原則を組み合わせるよう誘導する。相続の権利と投票によって授与される権利というふたつの原則である。初期のカペー朝の王が息子たちを体系的に自分の生前から即位させたのは、まさにこの対立を克服するためだった。初期カペー朝の人々はじっさい、まだ不確実だった血統と長子相続による権利を固めるために、たとえ暗黙のものであれ、王国の重臣たちの合意を確保しなければならなかった。含蓄ある仕方で——異なった状況のもとであったにせよ——アンリ一世の王位継承について書かれた jurata fidelitate ab omnibus regni principibus という言葉が示すように。クワキウトル族とそのいくつかの近隣集団は、類似した、同じように両義的な継承体制をもっていた。父は十歳ないしは一二歳の若い息子に自分の全ての称号を、ポトラッチのあいだに公的に譲渡するという慣行があった。このポトラッチは、集合的な合意をとりつけ、公的にありうる対立候補を中立化する機会を提供するとともに、そうすることの必要性を表すものでもあった。前者〔カペー朝の例〕の場合には繰り延べられ（なぜなら相続者は父の死によって初めて統治者となるのだから）、後者〔クワキウトルその他の例〕の場合には譲り渡した瞬間から父はいっさいの称号を享受しなくなるので即時にではあれ、父にとっては生前から息子に相続させるというこの方式は、いずれの場合にも血統による権利と選挙による権利の二律背反を克服する手段（おそらくただひとつ可能な手段）をしめしている。

家族から国家にいたる社会的現実のあらゆる局面において、家とは、世界の他の場所では、その方向が互いに矛盾するために相互排他的にしか適用されえない複数の力を組み合わせることを可能にする制度的な創造物なのである。父系出自、母系出自、出自と居住、昇嫁婚と降嫁婚、近い結婚と遠い結婚、血統と選挙、これら民族学者が既知の社会のさまざまなタイプを区別するのに使い慣れている概念のすべてが、家において結集する。つきつめて言えば、あたかもこの制度の精神（一八世紀の意味で）が、集合的な生活のあらゆる領域で、理論的には和解不可能な諸原則を超越するための努力を表現しているかのように。言うなれば「ふたつをひとつに」することで、家は内部と外部のトポロジー的反転をなしとげ、内的な二元性を外的な単一性におきかえる。体系全体の敏感な点である女性さえも、体系はふたつの変数を統合することで定義せずに済ますことはできない。すなわち女性たちの社会的地位と身体的魅力とであり、一方は他方の平衡をとるのに役立つのである。一〇世紀から一一世紀にかけての日本では藤原氏は自分たちの姉妹と娘たちを体系的に天皇家の皇位継承者の配偶者とすることで、公的活動への支配を持続的に確保した。このような体系においてはじっさい、巧妙に操られた女性は権力の操縦装置の役割を果たす。アリエノール・ダキテーヌの次々におこなわれた結婚（そして彼女の条件と性をもつ多くの女性たちの結婚）は、クワキウトル族の高貴な娘たちに次々に四回の結婚を強い、一回ごとに名誉が追加されてゆくという慣習と対をなしている。

「家からなる」社会の、これほど特有な、しかし世界の各地で反復されるこれらの特性は、どのように説明されるのだろうか。これらの特性を理解するには、われわれの研究の起点となったインディアンの人々に、しばし立ち戻らなければならない。ツィムシアン族とトリンギット族においては、効力をもった母系出自体制のもとでありながら、孫の男の子は父方の祖父の名と称号を直接に継承することができた。これらふたつの社会は、外婚半族に分化していたからである。すなわちトリンギット族では現実に、権威が異なりふたつずつが通婚する傾向のあった四つの胞族《フラトリー》からなるツィムシアン族においては実践的に。男系の交代世代となるこのような体系においては、半族に関しては孫の男の子は祖父のそれを再現する。

しかし、これらの体系とクワキウトル族や中世ヨーロッパの社会が例示するような体系のあいだには、対称性はまったく存在しない。後者は、父方の権利の継承体制と競合しつつ、孫の男の子は母方の祖父の、場合によって直接あるいは間接の相続者とされていた。娘の息子による相続も、妻を通じた(per uxorem)婿による相続も、単系出自の規則とは相容れないであろう。母系の系でも、父系の系でも、このような規則は何らかの人格的な身分が、娘の息子と、母の父とに同時に帰属するということは許容しないであろう。

体系を解釈するには、したがって社会構造における一定の位置を占める者たちのあいだに潜在的な葛藤があるという仮説をもちだすしかない。もっとも初期のボアズによる記述はきわめて正確で、彼のインフォーマントが属していた貴族の諸家のなかでは、系のあいだの緊張が体系の結節点をなし、母方の家に相対的な主導権を付与していたということに疑いをさしはさむ余地はないように思われる。他の点ではまたクワキウトル族のそれときわめて近かったと思われるベラ・クーラ族について、観察者たちは同様の見方をしていた。

すなわち「婚出した女性の兄弟は、姉妹の子どもたちにも同様に、その子どもたちが彼らの先祖伝来の家族に取り込まれたことの追加的な徴として名をあたえた」。こうした母方親族の相対的な主導権は、われわれが一定のクワキウトル神話にくわえたコメントを裏付けている（前出、一三四頁）。

しかし、この主導権はもう一方の当事者から率直に受容されることは決してない。女性の受け取り手である父は自分の息子を自分の系の特権的な成員と見なしており、そのことは、女性の与え手である母方の祖父が、孫の男の子を自分の完全な身内と見なしているのと同じである。これらの相反する見方の交点に、家が位置し、またおそらく家が構成される。このことに続いて、鏡の反射でのように、初発の対立が社会的現実のあらゆる平面に反射する。そしてこの対立は、純粋に無差別出自ではない体制（なぜなら単系への方向づけが萌しているからである）が娘の息子と、息子とのあいだ、あるいは女性を介するオイ〔姉妹の息子〕とのあいだに設立することを求める構造的等価性をも同様に説明する。

互いに入れ子型になったこれらの葛藤と、「家からなる」社会がそれにあたえる、つねに両刃の剣のような解決とは、つきつめれば事象の同じ状態から生まれている。すなわち社会の場を席巻する傾向をもつ政治的そして経済的な利害が、「古い血の絆」――マルクスとエンゲルスが述べた言葉だが――に対してまだ優位を占めてはいないという状態である。これらの利害は、自らを表現し再生産するために、自分に対して異質であるにもかかわらず、親族関係の言葉を借用することを避けられない。じっさい、他の言語はあたえられてはいないのである。そしてこれも避けられないが、借用しつつその言葉遣いを転覆する。ヨーロッパであれ異邦のものであれ貴族の家の機能のしかたは、それ以外の場合には相関しつつ対立するものとして保持されている諸範疇の混同をまきこみ、それらはもはやまるで相互に互換可能なものであるかのように扱われることになる。すなわち、出自は通婚関係の価値をもち、通婚関係は出自の価値をもつ。そうなれば、交換は、文化のみがその境界を接近させることのできる断裂を生み出す場となることを止める。交換もまたその原則を自然の秩序に属する連続性のなかに見いだし、そして、もしその必要が感じられれば、通婚関係を血による親族関係に置き換えることをさまたげるものもなくなるのである。「家からなる」社会とともに、権利と義務のネットワークが形成され、その交叉する線はそれが取って代わったネットワークの結び目を切りなおすことになる。以前には結合されていたものは分離し、以前に分離していたものは結合する。文化が結び付ける任にある絆と、多くの場合にはそれが幻覚の支配のもとであったとしても、自然の作品であると認められてきたものとが、位置の交代をひきおこす。このようにして第二の自然の位に昇進した文化は、歴史に対して自らの尺度に見合った舞台を提供する。現実の利害と神話的な血統との総体を密着させることで、文化は大物たちの企てに対して絶対的な基盤をあたえるのである。

III 仮面の裏側⑥

本書の第一部でわれわれは、スワイフウェと呼ばれる異様な様式のひとつの仮面について長々と検討した。これはブリティシュ・コロンビア州の大陸沿岸とヴァンクーヴァー島のサリシュ族に固有で、南部クワキウトル族にクウェクウェという名で模倣された仮面（前出、六三頁）である。より北方すなわちツィムシアン族、ハイダ族、トリンギット族ではこれに相当する仮面は知られていない。それはまるで、仮面の発祥の地と目された場所から数百キロ隔てるだけで、仮面とそれに結びついた神話と儀礼、それが果たす社会的、経済的機能が急激に反響を失うかのようである。

この境界は、住民たちが相互に神話と儀礼と装飾のモチーフと物品を絶え間なく借用しあってきた広大な地域をふたつに分割しているだけに、ひとつの問題を提起する。これらの住民は大旅行家たちであり、単独であるいは集団で、すすんで相互に訪問し合っていた。ブリティシュ・コロンビアとアラスカの沿岸あるいは島々の多様な民族集団は、時と場合によって敵対して戦さをしたり、平和な関係を結んだりしてきた。後者の場合には、諸部族は招待をし、お返しの訪問をし、交易のやりとりを約束し、通婚関係を結んだ。たとえ遠く離れていても、ひとつの部族で起こったことが他の部族に知られないということはなかった。したがって、スワイフウェ仮面あるいはクウェクウェ仮面が中心をなす、これほど大掛かりな文化複合が、たとえ仮面の存在が直接にたしかめられないとしても、すべての部族に痕跡を残さなかったということは驚くべきことと思われよう。あるいはこう述べる方が好ましいのであれば――というのも起点においてはふたつの仮説が受け入れられるから――サリシュ族とクワキウトル族だけがそこから、組織された全体としての神話と儀礼と造形作品の素材をひきだしたのであろう共通の基底をしめす徴候が見当たらないのは驚くべきことと思われよう。

事実、そのような基底は北部にもたしかにあるように思われる。スワイフウェ仮面の痕跡は容易には感知されないとしても、いくつかの明確な徴候が痕跡をアラスカまでたどることを可能にする。しかしわれわれの探査をクワキウトル族にもっとも近いツィムシアン族から始めるのが便利である。このインディアンたちには、ひとつの挿話が完璧なまでに場違いなので、表面的な検討では語り手の気まぐれによって、あるいは語り手の精神に生じた混同によって外挿されたのではないか、と思わせるひとつの神話がある。それは次のとおりである。

昔、沿岸の住人がラッコ〔海のカワウソ〕を狩りに行くことにしていたふたつの島のあいだで、しばしばひとりの子どもが海に浮いているのが見かけられた。子どもはたいへん綺麗なので、狩人たちはその子を船に乗せたいという欲望を抑えきれなかった。するとハクラクと呼ばれる海の怪物が海面に現れて叫んだ。「私の子どもを、私のたった一人の子どもを盗んだのは誰だ」。怪物は恐るべき嵐を引き起こし、海水が地面を覆い、狩人たちは避難した島の上で溺れて死んだ。しばらくの後、村には生き残りとして、若い首長とひとりの女とその娘とふたりの息子――首長のメイとオイ――そしてやはり彼のオイだった別のふたりの男の子だけしかいなくなった。何度も失敗したあと、彼らは皆で、何にもびくともしない堅固な舟を作ることに成功し、海に乗り出して漂う子どもを捕え、島のひとつに上陸した。怒り狂った怪物は島を上下ひっくり返し転覆させたが、この小さな部隊は舟に乗りこむのには間に合い、海水が引いた時には、舟は島のど真ん中に座礁した。そして今や島は反転していたため、そこから抜け出すことのできない切り立った岩の様相を呈していた。

日々が過ぎ、インディアンたちが自分たちのもとにとどめていた超自然の子どもは死ん

オウギアイサ。手前が雄

だ。ある夜、首長の年長のオイが自分の姉妹を犯した。その翌朝、彼女は犯人の後頭部に白いイイズナの毛皮を貼り付け、そのため犯人はCanard Bec-scie〔「鋸嘴の鴨」〕に変身した。これはおそらくオウギアイサ Bec-scie couronné (*Lophodytes cucullatus*, Linnaeus) であろう。「その成鳥の牡は冬季も夏季も頭部と首は黒く、後頭部から眼にかけて白い三角形がある。」あらかじめ決めていた期限が来たので、首長はオイたちに手伝わせて舟を岩に沿って滑らせ再び海に浮かべることに成功した。帰還の途上、彼らは眠っている怪物と出くわして舟に曳きあげ、囚われた怪物がひきおこした大渦から逃れ、村に帰還した。村で今度は怪物が死んだ。その後、彼らは別の村、おそらくは通婚関係のある村に行った。

そこで首長と残された三人のオイたちは妻をめとり、メイもそこの男と結婚した。漂っていた子どもの死体は結婚の贈り物の一部となった。怪物——メスであった——の死体の方は、遠征の主人公が自分の紋章に組み込んだ。

普遍的神話体系には怪物に勝ちを収める物語は数多く、今とりあげている地方の神話にもこの主題は少なくない。しかし、先立つ挿話が準備するのでもなく、ひとたび語られたあとは物語のなかで何の役割も果たさないこの近親相姦の物語は、何のためにあるのか。そこにはこれまた世界中に広まっている主題が容易に見つけられる。しかしこの特殊な事例は、アメリカの他の場合とくらべると、二重の奇妙な逆転をしめしている。アメリカ標準神話とも呼べるものにおいては、若い女が、例外なく夜に、謎の愛人を迎える。その正体を知るために彼女は男の顔に煤を塗り、朝になってそれが兄弟であることを知る。そして彼女は太陽に、兄弟は月に変身する。それが夜の星〔月〕が昼の星〔太陽〕を追いかけても追いつかず、顔には暗い影がある理由である。ところが、今取り上げている神話では、顔ではなく後頭部が印づけられ、さらにこの印は黒いのではなく白い斑である。南北アメリカにきわめてありふれた物語に加えられたこの二重の捻じれに、おそらく意味がないはずはない。

バルボーが公刊している同じツィムシアンの神話のヴァリアントには近親相姦の挿話は

ふくまれていない。しかしボアズのヴァージョンと同様にふたつの村の間で取り決められた結婚でしめくくられ、それはすなわち近親相姦的結びつきの反対であり、後者では怪物を殺すことでその危険が遠ざけられるが——どういう理由でか——あえて言及しないことでそのことがしめされている。

この結論——この教訓と言いたくなるかもしれない——は、女の怪物であるハクラクがすでにとりあげた別の神話にも登場し（前出、一四七頁）、そこでも先に見た神話と同じく通婚関係の問題が中心であるだけに、いっそう注意をひかずにはすまない。若い首長がすべての結婚相手を拒否していたが、それは彼が秘密裏に湖の貴婦人と結婚し子どもがひとりいたからだった。首長の仲間によって捕えられたこの子どもが村に連れてこられ、首長とその姉妹をのぞいて村人すべてを殺してしまった（子どもは村人の眼玉を引き抜き食べた）とき、醜聞は白日のもとにさらされた。このことが結婚を終わらせた。夫と別れるにあたって湖の貴婦人は、若いふたりに永遠の別離を命じたが、それぞれ大いなる富に恵まれることを約束した。そして女は海に至り怪物のハクラクに変身した。

最初の神話は恣意的と思われる仕方で、近親相姦の結びつき、つまり近すぎる結びつきを演出した。今見た神話では、主人公がそこそこ適切な距離の結婚をはねつけ、それを犠牲に超自然の生き物と交わった遠すぎる結婚が問題となっている。それに対してもうひとつの例は近隣の村のあいだの適切な距離の結婚は兄弟と姉妹という近すぎる結びつきが繰り返されることを未然に防いだ。このタイプの結びつきは、親族と同僚たちが殺戮され兄弟姉妹がふたりだけ生き残った第二の神話ではきわめて現実的な脅威となっている。その脅威をその後ハクラクになる女が、若者たちの一方を北へ、他方を南に出発させ永遠に別離させることで遠ざける。それに先立って湖の貴婦人は、兄弟には、賭けで巨大な富を得ることを約束し、姉妹には彼女が「富＝姫」になることを約束する。これはよく知られてもいる超自然の人物で、彼女に出会った者、彼女の子どもの鳴き声を聞いた者（前出、五八―九頁）を富ませる。ところで女の怪物ハクラクは、「富＝姫」とは反対である。彼女もまた人間を強く魅了する子どもをひとりもっているが、こちらのほうは結果として災厄をもたらす。バルボーのヴァージョンはラッコの狩人が怪物の子どもを恵みをもたらす霊の子どもと取り違えるという致命的な誤りを犯したと説明することで、この相関しつつ対立する関係を強調している。

スキーナ川上流のギツカン族は沿岸部のツィムシアン族とは、方言の僅かな差異とその他社会組織にかかわる差異によってのみ区別される。彼らも怪物ハクラクを知っているが、自明な地理的理由からそれを海ではなく湖に位置付けている。その名をハグウエラウル、ハグウェロルと表記しているバルボーは、ギツカン族がこのモチーフを河口の集団から借用したと考えている。とはいえ彼らのヴァージョンには独自の特徴も見られる。彼らは怪物が出現するとき、子どものうちのふたり（あるいは数人）が怪物の体内から外へ飛び出してくるという。背中からは超自然の物体「砂州の上の障害をつくる海面ぎりぎりの切り株」が伸びてくる。インフォーマントが歴史的事実だったとする兄弟姉妹の近親相姦をふくむ込み入った出来事のあと、ある貴族の家はこれを標章に取り入れた。分析のこの段階では、これは脇におき、後に再びとりあげたい（後出、三〇三頁）。

＊　＊　＊

われわれが検討したツィムシアン族の最初の神話では、両親を同じくする兄弟姉妹の近親相姦は文脈に関係なく、明瞭な機能のない挿話として語られる。反対にトリンギット族では中心的な役割をあたえられる。すでに一八三八年の時点で、ヴェニアミノフは異なったふたつの形態に言及している。ある時は狭義の近親相姦が問題なのではなく、姉妹が愛人をもったことを恥じて男が姉妹を連れて天にのぼりそれぞれが月と太陽に姿を変える。ある時はひとりの女と犬が交わって生まれた兄弟姉妹が近親相姦する。疑いをもった他の兄弟たちは女の寝床に樹脂を塗ると、犯人の尻にそれが着いて露見する。彼は雷に姿を変えて姉妹から遠ざかり、姉妹はシトカ近くのエッジコーム山の火口に身を投げ、そこで地震の主となる（前出、一〇七頁）。登場人物たちの半人半獣の起源、兄弟にあたえられた怪物退治の役割、それを手に入れた者の身体を真っ二つに切ってしまい、最後には天体現象（虹、月あるいは太陽の暈）になる魔法の箍《たが》への言及は、これらのヴァージョンとスワントンが収集したそれぞれ展開の仕方が異なっているがより豊かなふたつのヴァージョンとを同一視することを可能にする。

発火用の錐から落ちた切屑によって懐胎した乙女が、主人公を出産した。大人になると彼は怪物を退治し、結婚し、息子に魔法の犬と赤カサゴ（英語の Red Cod すなわち *Seastodes ruberrimus*、前出七六頁）の針だらけの皮でできたチュニックを遺贈した。この息子ラキチネ(7)は超自然の力をもった不吉な人物で、妻を脅えさせ子どもたちを次々に殺した。子どもをあやすという口実で自分の胸に押しつけチュニックの針で貫いたのである。あるいはごつごつした岩に子どもたちの顔を擦りつけ死ぬまで苛んだ。ウランゲルにあるポールの中ほどには彼を表す「帽子をかぶり子どもたちを殺したカサゴの皮のチュニックを着〔た人物〕……）、下の方にはラキチナの息子でカミナリドリ（セル）であるルカヤックが象られている」。この息子とその兄弟が次に問題となる。

じっさいのところ、魔法の犬が四頭の牡と一頭の牝からなる子犬を設けたが、涙にくれた女は首尾よく人の姿に変えることができた（彼らは人目のないところではすでにそうしていた、ということは他の多くのアメリカ神話のように、女自身が犬の子を宿したということが示唆されている）。ラキチネは自分の新しい子どもをあえて苛むことができず、その母親に当たり散らした。子どもたちは母親を助けに回りラキチネを殺した。その後、彼らは海のものも森のものもさまざまな怪物の退治に専念した。

ここでスワントンが収集したふたつの異文が分かれる。ひとつの異文ではもっとも若い兄弟が姉と近親相姦を犯した。身体に付着した樹脂のせいで露見し、彼は雷に変わり、人は雷に対して「ゴムの着いたふともも」と言葉を投げるようになり、姉はエッジコーム山の火口に飛び込んだ。「それ以来、人が彼らの姉妹に警戒するようになった理由はそこにある」。もうひとつの異文には近親相姦は語られない。兄弟たちは、姉妹に思春期の禁忌（独房への隔離、飲み物を飲むためのストローの使用、眼まで隠す帽子の着用）を課すために怪物狩りを中断し、女性の仕事に必要な骨の針と革の糸とヤマアラシの針毛をあたえた。後に、まだ彼女に禁忌が課されていたにもかかわらず、彼らは彼女と母を連れて旅に出たが、用心に用心を重ねてではあった。しかし、ある日、川を渡ろうとして彼らは流れにさらわれそうになった。母親が叫ぶと、娘は見ようとして大きな帽子の端を上げた。たちまち一家全員が岩に変身し、岩は今もそこにある。この異文で兄弟によって姉妹に課された思春期の禁忌への違反は、したがってもうひとつのヴァージョンの近親相姦にとって代わっている。ところが兄弟姉妹の性的禁忌へのより重大な侵犯であるこの近親相姦こそが、その後これらの姉妹たちを対象とすることになる「慎重な予防策」の、したがって第二のヴァージョンの思春期の禁忌を規定するのである。

＊
＊
＊

ハイダ族は登場人物の名も場所の名も変えずに、ほとんど同じように同一の物語を語っている。つまりトリンギット族（これらの名はすべてトリンギット語である）から神話を借用したのであり、いくつかの細部に触れれば十分だろう。女と犬の交わりについてはトリンギットの諸ヴァージョンよりも現実主義であり、ハイダ族の物語はまた、赤カサゴの皮のチュニックを着た夫は恐ろしげで、誰も正面から見る勇気がなかったことを強調している。後に若い主人公たちがさまざまな怪物のなかでも、彼らの母方の親族を皆殺しにした「オオウナギ」を攻撃することを決めた時、四度にわたって姉妹を囮に使った。彼女の助けを得て彼らは最後には怪物に勝利した。そうこうするうちに若い娘は初潮を見た。傍若無人な性格の兄弟のひとりが彼女を犯した。他の兄弟たちは彼を「義理の兄弟」と呼んでからかうにとどめた。次いで彼らは「海のもの」という名の怪物を殺して頭を切り落とした。父であるキンが頭を取り戻しに来て、殺害者たちの村を破壊しつくすと脅した。困難ではあったが、主人公たちはこの難局を切り抜けた。その後、姉妹の愛人となって彼らを寒さで凍え死にさせようとした「北」と呼ばれる人物との争いとなった。次に、もっとも年下の兄弟がしばしの結婚生活を送るが、より新しいトリンギットのヴァージョンではそれは明らかに天界でのことであった。引き続いて彼は兄弟たちとさらなる冒険に身をさらした。それから長い時をおいて、彼らは姉妹を連れて母を残して新たな巡礼に皆で出発する。初潮から十年経っていたにもかかわらず、彼らは泳いで大河を渡る際に彼女が彼らを見ることを禁止した。彼女は反抗し、全員が岩あるいは山に変身した。

海底に足をつけて立ち、顔と漂う髪だけが見える海の怪物キンの息子には、われわれの出発点となったツィムシアン族の神話の漂う子どもを認めることはむずかしくない。どちらの神話においても、牡あるいは牝の怪物は自分の子どもあるいはその遺体の残りを求めて何度か姿を現す。それが拒否されると怪物は天変地異を引き起こして下手人たちが避難した島あるいは彼らの村を破壊しようとするが、それはいずれの場合も地震を思わせるものである。

以上を踏まえたうえで、漂う子どもが物語の始めではなく最後に登場するハイダ族のもうひとつの神話に特別な注意を向けることにしよう。かつて海辺にひとつの村があった。ある日、謎の訪問者たちが舟から降りてきた。彼らは魔法のかぶりものをもっていて、それを使って思うままに海の天変地異を引き起こした。恐れをなした村の住民は、首長が娶る積りでいたお姫様を引き渡さねばならなくなった。客人たちは虜を連れて沖合に出て知られざる目的地に向かった。娘の両親は慰められることなく、母親は夫の筆頭の奴隷を伴って娘を捜しに行くことにした。何年ものあいだ彼らはたいへん危険な目に合いながらあてどなく航海を続け、とうとう大洋の涯にたどりついた。彼らは絶え間なく動き続ける天蓋の縁の下をすり抜け、この最後の障害を越えると彼岸の岸に近づいた。彼らは子どもを抱いた「富＝姫」に出会った（前出、一六四頁）。彼女はふたりに、この国の王が娘をある洞窟に閉じ込め気を失わせ眠らせていると教えた。じっさい、王は自分の息子が人間である義理の親族に結婚の贈り物として、何よりもお気に入りの魔法のかぶりものをあたえたことに怒っていたのである。この神話では「富＝姫」が、彼岸の支配者たちに反対する人間の共犯者として、物語の始めに登場することが分かる。

奴隷が偵察に出て、囚われ人の牢屋を見つけ出したが、彼女から反応をひきだすことはできなかった。彼女はまるで痴呆になったかのようだった。その後、奴隷はしばし姿を見えないようにして娘を攫った者たちの住まいに忍び込んだ。盗み聞きした会話から、彼らが人喰いであること、彼らの王は大事なかぶりものと引き換えでなければ娘のからだを元どおりにはしないだろうということが明らかになった。

ふたりの訪問者は姿を現して、歓迎の宴が催された。その後ふたりは国にもどって冒険を語った。囚われた娘を解放するために遠征隊を送ることが決まったが、出発の時になって娘のふたりの兄弟が姿をくらましてしまった。しばらくして兄の方は「ハツカネズミ婦人」(この地方の神話では地上界と彼岸とのなじみの仲介者である)と、弟の方は小さいけれども印象的で、誰も正面から見据えることのできない生き物と結婚して帰ってきた。これは「反対」女で、行いと言うことが互いに食い違っているのだった。「ハツカネズミ婦人」のみちびきで遠征隊は無事到着した。訪問者たちは絢爛たる出迎えを受け、彼らはいそいで大量に用意してきたハマグリの貝殻を家々の屋根の高さまでうず高く積み上げた。前回の旅の時に、彼岸の住人がスプーンの代わりに古い貝殻を使っていて、新しい貝殻を眼にすると讃嘆と羨望に気を失わんばかりだったからである。最後に貝殻の山の上に、係争の対象になっていた魔法のかぶりものを置いた。

人々は国の王を呼びにやった。彼が近づくと大地が揺れた。その外観は眼を瞠らせるものので、その瞼は大きく開かれていて誰も正面からその顔を見据えられる者はいなかった。

一歩踏むごとに大地はまた揺れ始めるのだった。ただ弟の妻だけがそのまなざしに耐えるだけの魔術的な力をもっていた。こうして首尾よく行かなかったために、恐ろしげな人物は自分のかぶりものを取り戻すだけにとどまった。貝殻は分配され、回復した囚われ人は親たちに返された。すると王が踊りはじめ、倒れ、身体は胴のところでふたつに割れてしまった。腰からはワシの羽が飛び散った。そしてそれぞれの半身から、彼が呑みこんだ息子の嫁の従者たちが出てくるのが見えた。

翌日、別離の時、王は自分は彼女から生まれなおす積りであることをこっそりと嫁に打ち明けた。彼女は出産したら、ただちに彼を雲で飾った揺り籠に入れなければならない、と。村に戻ると若い女はそのとおり類まれな子どもを産んだ。すなわち「その瞼からは何か平らなものが突き出ていた」。子どもは雲で飾った揺り籠に入れられ、沖合で海に浮かべられた。揺り籠とその中身は岩礁に変わった。それからというもの、朝、岩礁が雲に覆われている時は食べ物はありあまるほどになり、それが見える（おそらく雲がかかっていない、という意味に解さねばならない）時は病いを予告する印となろう。

この神話をもたらしたスワントンは、それが彼によって最初はスケダン方言で採集されたこと、そして翻訳調が感じられることに注意を促している。たしかに、新生児の瞼から飛び出していたものが何だったのか、より正確に知りたくなろう。しかし他のいくつかの点をふくめてそれを明らかにする前に、両親を同じくする兄弟姉妹の近親相姦にかかわるトリンギットのもっとも短いヴァージョン（前出、二九三頁）は、罪を犯した兄弟を雷に変身させること、「彼が病いを追い払い、北に遠ざかること」を歎願されることに注目したい。したがって、一方の姿の見える登場人物が病いをもたらし、もう一方の耳に聞こえる方は病いを遠ざけるという点を除けば、ふたつの神話のしめくくりは結び付いている。次にこの兄弟姉妹の近親相姦神話のトリンギットとハイダのヴァージョン（前出、二九二―六頁）を比較すると、前者では今しがた述べたように「北」は恩恵をもたらすという共示義があるのに対して、後者では反対に不吉であることが確かめられる。(8)

漂う子どものモチーフが物語の始め（あるいは中ほど）から終わりに移動することと連動して、以上のふたつの指摘は兄弟姉妹の近親相姦にかかわる神話と上に要約した神話のあいだに逆転の関係があることを示唆している。そしてじっさい、この最後の神話は不当に遠ざけられたひとりの女を、結婚した異邦の妻たちに助けられた兄弟たちが生まれた国に連れ戻すのに成功することを中心的なモチーフにしている。それだけでなく、怪物を退治する主人公が姉妹とともに岩に変身する代わりに、主人公たちが勝利を収めた怪物の方が岩に変身するのである。したがってふたつの物語はたしかに逆転した過程をたどっている。

それだけではない。先に引いた神話の子ども——最初は揺り籠のなかで漂っている——は、海の岩礁すなわち水面からの固い突出物に変わることを、想起した。反対に、われわれの起点であったツィムシアン族の神話によれば、漂う子どもは舟を呑みこむ液体の渦巻きを作る。ところがこれらふたつの極のあいだで揺れながら、この同じツィムシアン族にとって海の精霊は、岩礁あるいは島の形態をとることもできる。

*

*　*

最初にわれわれの関心をひいた神話のバルボーのヴァージョンでは、この筋立ての場所を特定している。それはスキーナ川の河口のすぐ南にある沿岸の島に住むギトラーラ（ギトカトラ）族を登場させている。このインディアンたちはラッコをもっと沖合の、今日Big GanderとLittle Ganderとそれぞれ呼ばれているふたつの島嶼群で狩猟するために、アリストベル島に野営しに行ったと思われる。Little Ganderの現地の呼称はネグンアックである。海の渦の姿をした大きな怪物がそこを巣にしていた。[10] 怪物は海路に狩人たちをおびきよせて舟ごと呑みこんでいた。ところでツィムシアン族はある神話で、狩人たちがナグナクスあるいはヌグナクスと呼ばれる海の精霊の国を訪ねたことを語っており、これはバルボーによると怪物の棲みかになっていたという島嶼群とおそらく同一であろう。このことは、精霊ナグナクスにもてなされた者たちが彼に課された命令に背いたために最後には渦に巻き込まれて命を落とすことからも、いっそうそれらしくなる。命令とは精霊が彼らに贈り物をふんだんにあたえ、これからは魚と大洋の他の生き物をいっさい殺さないという条件で、陸上の獲物に対する魔術的な力をあたえるというものだった。海の精霊が島と渦潮という二重の物質的相貌で現れるこの物語は、われわれが検討しているすべての物語の中で、精霊に曖昧な道徳的性質を付与している唯一のものであるという点で注目に値する。すなわち「富＝姫」とおなじように、尽きることのない富の主として被保護者には財産をあたえるいっぽう、島に住む人々が漁と海での狩りなしにいかに生きのびることができるかと考えれば、こうした好意を過酷な条件付きであたえているからである。完全に善良でもなく完全に邪悪でもないナグナクスは、むしろやきもち焼きでこうるさく、代償なしには何もあたえず、言うことを聞かない者の命を奪う。以上を踏まえれば、これまでわれわれが考察してきた強い状態のあいだに、中間的段階がそなわった、より豊かな階梯をもったツィムシアン族の神話体系が、われわれが分析をいったん中断していたハイダ族の大きな神話（前出、二九六―八頁）のいくつかの困難を解明するのに役立つことが理解されるだろう。

海岸から二〇〇キロ内陸に暮らしているにもかかわらずギツカン族は、ハクラクあるいはハグウエラウルという怪物を知っているが、海棲ではなく湖に棲むとしていることを想起されたい（前出、二九〇頁）。彼らによれば怪物自身はグリズリーに似ているのだが、それはまずその身体に乗っている水面ぎりぎりにある障害物となる切り株として、姿を現す。インディアンたちはそれに気づき切り株を岸に引き上げたいと望んだ。それは最初、彼らの手を逃れたがさまざまな生き物に覆われているのが確かめられた。すなわち子どもたち、身体のない頭たち小さなものの上に乗ったカミナリドリ……。切り株がゆっくりと引き上げられると、次には長い嘴をもった大きな眼のウエニールが、そして大きな顔のウエニールが現れたが、その身体はまだ水の中にあった。最後に〈水のグリズリー〉が見えてきたが、これが切り株を支えていて、首長はギスプウドワダ氏族の仲間たちに紋章としてあたえた。

インフォーマントたちはウエニールと呼ばれる生き物とカミナリドリが似ていることを強調する。象られたモニュメントはそれを鼻の長く身体が羽で覆われたものとして表している。起源神話のひとつは、腹をすかせたひとりのインディアンが、湖から〈大きな眼〉と名づけられたウエニールが現れるのを見たが、それは大きな人間の顔をしていた。家族に助けられて彼は怪物をふたつに切断し上半分を水から引き出すことに成功した。後になって彼は祭りをして「大きな眼」を紋章とした。この紋章は下肢のない身体、ただの胴体の上に乗った大きな人間の顔の形をしていた。別のヴァージョンではウエニールに対する勝者たちが崩れてきた岩のせいで身動きできなくなり抜け出るのにたいへん苦労した、という。

このツィムシアン族のウエニールが、ハイダ族の描く彼岸の王に奇妙に似ていることには賛成していただけるだろう。両者ともに大地の反転すなわち地震あるいは地盤の崩壊の主であり、彼らは岩の下あるいは洞窟に敵対者たちを捕える。彼らの眼は大きく、顔は寸法あるいは顔つきにおいて圧倒的で、胴のところでふたつに分離する。一方の内蔵から羽がほとばしり出るが、もう一方は身体が羽で覆われている。彼岸の王は揺り籠の中で漂う子どもになり、最後には岩礁となる。漂う子どもを先に立てたウエニールは水面の障害物となる切り株に支えられる。最後に、テクストは彼らそれぞれを、ツィムシアン族ではハクラクあるいはハグウエラウルと呼ばれ、ハイダ族ではキンと呼ばれる海の怪物の別の姿《アヴァタール》ないしはひとつの相貌として扱うことを可能にしている。

それに対して、ハイダ族の彼岸の王が兄弟たちから姉妹を奪い、兄弟たちはあらかじめ結婚しなければ姉妹を取り返せないのに対して、ギツカン族のウエニールとツィムシアン族のハクラクとは、ともに近親相姦の物語に結びついている点が共通の特徴となっている。

そのことは暗示しておいたが（前出、二九一頁）、ここで、この面について立ち入って考えなければならない。ギツカン族の伝承はウエニールの征服をマス＝ラナアオなる者に帰しているが、それが歴史的人物なのか、伝説的人物なのかはっきりしない。彼がまだキプ＝ラナアオと称していたころ、母を同じくする妹に惚れてしまった。彼女は彼を受け入れた。人々はふたりをともに追放し、しばらくのあいだ、ふたりは皆から遠く離れて暮らした。その後ふたりは別れた。女は生まれた村にもどり、そして別の土地で普通の結婚をした。男の方は、彼とは異なる氏族の首長たちの養子となり、「恥を漱ぐため」の祭りがおこなわれ、新しい名を名乗った。むしろ野蛮だが栄光あると見なされたさまざまな行為によって彼はよく知られるようになった。彼は養取された氏族の偉大な首長となった。彼がウエニールをわがものとし自分の紋章に加えたのは、故郷の村から遠く離れてナース川の近くで「家族とともに」（それは姉妹とそのあいだにできた子どもたちと、という意味なのだろうか）飢えに苦しんでいた時だった。

現代のギツカン族の記録作者は、マサナル（この名にマス＝ラナアオを読みとれる）と言う名の男とその姉妹のデムデラチュのあいだの近親相姦について語る。バルボーの報告とほぼ合致して、その後に起こった出来事によって、養取された氏族における主人公の席次が変わり、彼は筆頭の位置をあたえられ、他の高位者全員がランクひとつ下がることになった。今日にいたるまで、このしきたりは異常なものと見なされていることから、それを生み出すきっかけとなった出来事には歴史的根拠があるのかもしれない。とはいうものの、筆者はもうひとつの近親相姦にも言及しており、こちらはあきらかに神話的な時代にまでさかのぼる。その兄弟姉妹の近親相姦でふたりともにカミナリドリに変身したが、このことは少なくとも兄弟についてはわれわれが検討してきた神話総体に立ち返らせることになる。

＊
＊　＊

今やまさに総体を考察しなければならない。スワイフウェ仮面の複合のすべての要素がそこに見いだされるのである。まずは社会学的骨格、というのもどの事例においても、近親相姦のモチーフ――危うく免れたり、実行されたり、避けられたり――が、他のタイプの適切な距離の（前出、二八六―九頁）あるいは遠すぎる結婚、たとえば女と犬の交わり[11]や、別の音域でのお姫様に強制された彼岸における結婚とに対置されて形象化されている。したがってスワイフウェ仮面の起源神話について推論しながら、われわれが犬と主要な登場人物の妻との危機的な対立関係を導入しなければならなくなった（前出、三九頁）のに対して、ここでは同じくらい危機的ではあるが、接合の関係が現れている。

今とりあげている神話体系総体においては、兄弟と姉妹に課される忌避の規則とそこから生じる適切な距離における結婚の義務は、漂う子どもをもつ怪物（その性別はヴァージョンによって変化する）をもっとも重要なものとする怪物たちの退治の一連の活動の最中あるいはその終わったあとに現れてくる。諸神話は暗示的あるいは明示的に、この怪物を逆さまの「富＝姫」として考えている。したがって神話は怪物が吝嗇であるとしてそのような性格をあらわにする多様な手段を使っている。たとえば海の精霊ナグナクスは好意を示すのに耐えがたい条件をつける。彼岸の王について言えば彼は、息子が義理の親族にあたえた結婚の贈り物を返させるために、醜悪な強請《ゆす》りをする。すでに見たように、他の諸神話では最初に以下のように殺される怪物を登場させる。すなわち人間の姿ではあるが超自然の存在で、自分の子どもたちを抱きしめて針のあるチュニックに押しつけては次々に死なせるのである（前出、二九二頁）。このチュニックは赤カサゴの皮製で、この魚は怪物であるとされていたが、この人物の父が退治して皮を剝ぎ、後に息子が身に着けることになったのである。

ところで、クウェクウェ仮面（スワイフウェ仮面のクワキウトル族における名）とこの種の魚のあいだにはきわめて密接な関係があり（前出、七三頁）、スワイフウェ仮面のあれほど異様な外観はこの魚のそれに由来するのではないかと思われるほどである。それだけではない。スワイフウェ仮面の起源についてのクワキウトル族の中心的な神話では、カサゴは吝嗇であるとされ、カサゴを着た父もまた吝嗇家で自己中心主義者であるとされる。彼が子どもを殺すのは、自分が獲ったオヒョウの一番おいしい部分を子どもに取られたくないからだ、とひとつのヴァージョンは説明している。別のヴァージョンでは彼の妻は夫が食事を終えるまで食べようともせず、子どもたちにも同じようにさせようと気遣ったという。父を殺すことになる子どものひとりは、自己中心主義者の夜の食事を奪って挑発する。したがって犬の愛人の神話のクワキウトルのあるヴァージョンが赤カサゴの食事で終わっていることには、それなりの意味と重要性がある。獣姦の罪を犯したというのとは全く異なる理由で不当にも身内から見捨てられた首長の娘が、まるで彼女の子どもであるかのように援助をあたえてくれた二匹の犬のおかげで生きのびるというこのヴァージョンは、たしかに緩いヴァージョンではあろう。ある日、彼女は富の主コモグワの息子を網で捕えることに成功し、この若い男は彼女と結婚した。娘が裕福に暮らしていることを聞きつけた父の首長はふたりのお伴を連れて訪ねてきた。婿は礼儀正しく迎えたが、干魚のかけらというけちくさい食事しか供さなかった。それは新鮮であっても油がのらない肉の固い魚であると食べた者が皆口をそろえて言う赤カサゴだった。そのため、首長は娘が会食者たち全員の前に置いた、鯨の油を入れた小さなコップを独り占めした。しかし魔法のコップは尽きることがなく、肛門から流れ出た油が床に広がるほど首長は油を呑み、屁をひった。恥かしくなった娘は父を追い出した。

近隣の人々にも知られたツィムシアン族のある神話には、時には赤カサゴと名付けられる別の人物が登場する。それはシャチの奴隷だった。鯨の仲間のシャチは、ひとりのインディアンの妻を誘拐し彼女を自分の仲間の姿に変えようと考えた。夫は彼女を捜しに出発し、奴隷を仲間に引き入れ妻といっしょに逃げ、赤カサゴはそれ以外にない通り道を腹を膨らませて塞ぎ、追手の追求を遅らせた。この種の魚は水から取り出すと内臓の一部が口から出て膨張することが知られている（前出、七七頁）。シャチに対しては別として、主人公に対しては奴隷の行動にはけちなところも不満をあたえるところもない。しかし、この行動によって、運命があまりに遠く引き離した夫婦が結びつくことになる。これはカサゴを身に着けた男の（現実のあるいは自称の）息子が犯す近親相姦が引き起こすのとは逆の問題である。

カサゴを身に着けた男は子どもたちを殺す。つまり子孫はいらないというかのような行動をする。ところでヴァンクーヴァー島に由来するスワイフウェ仮面の起源神話には、子どもが皆幼くして死んでしまい、生きのびる子どもを産む能力の欠如によって、夫——最初の仮面でもある——が家系を創立するのを妨げる女が登場する。大陸側のヴァージョンではこのモチーフが逆転し、主人公は健康を回復すると、仮面の主である首長の娘を娶り、そうすることで首長に子孫を確保してやるのである（前出、四八頁）。この点からすると、すでに検討したハイダ族の神話（前出、二九八頁）の彼岸の王は、カサゴを身に着けた男とほとんど変わらない行動をとっている。すなわち自分の子孫を殺すことはしないにせよ、彼に孫をもらしうる息子の結婚を破談にし、自分自身がただひとりの子孫となるように按配し、この子孫は生まれた時から不動の岩礁の形態という修復不可能なかたちで固定される。彼岸の王とカサゴを身に着けた男がつきつめれば一体となることは、トリンギットのある短いヴァージョンで赤カサゴのチュニックが憎悪に満ちた不吉な呪術師のものであることからもより明確になる。この呪術師はハイダ族の彼岸の住人のように、インディアンに娘を差し出すことを強制する。娘を差し出す娘の兄弟たちは、他の神話のカサゴを身に着けた男の息子たちと同じ名で、後者の息子のひとりが姉妹と近親相姦を犯すのである。

これらの神話のうち、慎しみのない姉妹とその兄弟たちが岩あるいは山に変わる（前出、二九三―四頁）ものは、同じ親から生まれた兄弟姉妹の変身なしに分離を達成するか、あるいは外部との通婚をするかという、それ以外の物語（前出、二八七、二八八、二九九頁）の結果のもっとも徹底した表現にすぎない。すなわち兄弟姉妹は隣り合ったままであるが、その場所に固定される、あるいは、互いに遠ざかる。いずれの場合も彼らは結びつくことはできない。要するにヴァージョンによって、現実のあるいは比喩的な近親相姦を犯す、同じ親から生まれた兄弟姉妹は三つのタイプの運命のいずれかを選ぶしかない。そのうちのふたつは対極をなし、もうひとつは中間の位置を占める。一方の極にはカミナリと地震が置かれ、いいかえれば渦動のふたつの様式をなし、[12]もう一方の極には岩と山が置かれ、不動性の様式となる。これらの宇宙的な運命から等距離に、社会学的な様式が外婚的な結婚として置かれ、兄弟と姉妹に、それぞれ別の場所で配偶者を見つけるという条件のもとで人間であり続ける機会をあたえるという唯一の逃げ道を提供する。

主人公たちに絶滅させられる怪物たちもまた、ふたつの宇宙的相貌をもつことができる。能動的な潮の渦か、あるいは受動的な水面から出た岩礁あるいは水面すれすれの岩場か。これらの限界的なタイプに加えて中間的な形態が社会学的次元で、与えると同時に与えない精霊ナグナクスの姿をとって（前出、三〇一頁）、子孫を体系的に抹殺するラキチネの姿をとって（前出、二九二頁）、また同じ結果をより回りくどい仕方で達成するハイダ族の彼岸の王の姿で（前出、二九八頁）しめされている。したがって神話はふたつのコードを照応させる。すなわち近親相姦と生殖の拒否あるいは生殖への悔悟という社会的行為の濫用が、渦動と不動という両極の様式の見られる自然の次元での対応項をもっているのである。

神話はこの渦動をわれわれが順次出会った三つの相貌のもとで表象している。まず潮の渦、次にカミナリ、最後に地震であり、それらはそれぞれ、海と空と大地を動かす震えである。これらはしたがって、自然のあれこれの元素の不安定性を共通分母としている。ところが、スワイフウェ仮面もまたこの不安定性を統御している。クワキウトル族とサリシュ諸族においては仮面は地震の主である。彼らが登場する時、海底から低い音が伝わって聞こえ大地が揺れる（前出、三五、四六、六五、七三、一九八、三〇三頁）それだけでなく、ここで検討した諸神話の怪物と、そこでかなりの位置を占めるカサゴを身に着けた男と同様に、カサゴと密接に結びつけられたクワキウトル族のクウェクウェ仮面もまた吝嗇である。カサゴを身に着けた男のように子どもたちを殺すところまでは行かないが、食べ物をとりあげようとするのではないにしても与えられるはずの贈り物を取り上げてしまおうとする点で、彼らは同じように自己中心主義者なのである。

さらに神話が怪物を描写しそれを捕える状況を描く仕方は、あらゆる細部において、他の神話がスワイフウェ仮面について言うことに結びつく。ツィムシアン族のウエニール、ハイダ族の彼岸の王は巨大な眼をもち、この特徴はウエニールの名の理由でもある（前出、三〇二頁）。彼岸の王が再生した姿の赤ん坊は「何か平らなものが」瞼から飛び出していると言われる。この王自身は眼が爛爛として正面から見ることができないのは、赤カサゴの皮を身に着けた男を正面から見ることができないのと同じである。ウエニールはきわめて大きな頭であるというもうひとつの特徴がある（前出、二〇九頁）。スワイフウェ仮面もまたきわめて大きく、かぶり手の頭よりはるかに大きい。

ハイダ族の彼岸の王とツィムシアン族のウエニールはともに胴のところでふたつに切れる。ウエニールについては上半分しか水からひきあげることができず、スワイフウェの前身《プロトタイプ》の水の精霊が、魚のように針の食い込んだ仮面を放棄して自身は水底に沈んでゆくのと同じである。ハイダ族の彼岸の王とその家臣たちは貝殻に夢中である。スワイフウェとクウェクウェの踊り手たちは持ち物として木の箍に重ねて通した貝殻のガラガラを持っている。ツィムシアン族のウエニールは、水の精霊でありながらその身体は羽で飾られており、ハイダ族の王も――これもまた大洋の涯に住み、そこには舟で行くしかないという意味で水の生き物である――ふたつになった身体のそれぞれから羽がほとばしり出る。スワイフウェ仮面もまた水の生き物である――それは釣り上げられる――のに、頭と体は羽で飾られているという同じような両義的な性格をしめしている。

大陸のサリシュ諸族の神話では主人公がスワイフウェの仮面を手に入れるには姉妹の援助と仲介がなければならない。ツィムシアン族の神話の近親相姦をした主人公は、ウエニールを水から引き上げるのに「家族の助けを借りる」が、その家族とはひとりの姉妹だけになってしまっており、子どももいるのかもしれないが子どもができたかどうかは明示されていない。カサゴを身に着けた男のハイダ族の神話でもっとも詳しいヴァージョンでは、主人公たちは怪物を捕えるために姉妹を囮に使い（前出、二九四頁）、獲物を水から引き上げるのを姉妹が手伝う。最後に、同じ主題についてのトリンギット族の神話では、これら怪物を皆殺しにする者たちの祖父——彼が戦う怪物たちは部分的には同一の怪物であるという点で、孫の仕事を先取りしている——が倒したものの舌を取っておく。怪物を倒した者はその舌を取っておき、時には下顎も取っておくというのは変らぬ慣習であり、これらはまたスワイフウェ仮面の特徴的なふたつの部分でもある。

以上の考察は、出発点となったツィムシアン族の神話にわれわれを立ち戻らせ、そこで観察された二重の逆転が提起した問題への回答を示唆するのである。すなわち、顔に付けられる黒い斑点——われわれがアメリカの「標準神話」と呼ぶものにおいて近親相姦を犯した兄弟を告知するもの——が、後頭部の白い斑点になるという問題である。一方では罪を犯した者は顔に隈のある月になり、もう一方ではオウギアイサ Canard bec-scie になる。この黒から白への、そして頭部の前から後ろへの逆転は、ツィムシアン族の神話の近親相姦を犯した兄弟をスワイフウェ仮面の一種の等価物に変換する試みから生まれているのではないだろうか。なぜなら仮面と衣装を装飾する羽の示差的特徴となる色こそ白であり、さらにスワイフウェ仮面のひとつのタイプはオウギアイサ Canard bec-scie〔鋸嘴の鴨〕と名づけられているからである（前出、二六―七頁）。

このようにして、本書の前半部でスワイフウェ仮面あるはクウェクウェ仮面と人喰い女ゾノクワの仮面との関係を特徴づけるものと見えた白と黒の対立が、もうひとつの軸の上でも意味をもつように思われるのである。この新しい軸のひとつの極には近親相姦から生まれた、黒い隈をもった月が位置し、もうひとつの極には近親相姦を避ける手立てをあたえる白い染みをもつスワイフウェ仮面が位置する。というのもサリシュ諸族の神話体系において仮面はそのような役割を果たすからである（前出、四三頁その他）。そしてツィムシアン族の神話において、近親相姦的な関係にあった兄弟と姉妹はひとたび互いに遠く離れると別の村で適切な伴侶を見いだすことになり、〔スワイフウェ仮面と〕等価であると想定されたものがその役割を保持しているからである。以上の帰結として、われわれが分析し検討したすべての神話において、スワイフウェ仮面の特徴的な側面を共有する怪物の退治の結果、課される制裁の重さはさまざまだが、近親相姦が制裁された後に、兄弟と姉妹が離れているための距離を尊重する新しい時代が始まることになるのである。ツィムシアン族の別の神話が明らかにするように（前出、二八九頁）、富はこの条件のもとであたえられる。近親相姦に対する防護砦としてのスワイフウェ仮面の側では、生得の権利として仮面を保有する者あるいは仮面の協力を取り付けた者に対して富を約束するのである。

＊　＊　＊

スワイフウェを生み出した複合が、サリシュと南部クワキウトルのいくつかの集団に限定されるどころか、ほとんど覆い隠されないままブリティシュ・コロンビア州とアラスカの沿岸部の他の住民たちのもとにも存在することをわれわれは証明できたと考える。すでに広大なこの領域は、仮面の実物が残されていないトンプソン族のツァツァクエ仮面、リロエト族のサインヌクス仮面もスワイフウェと同じものであるとすれば、内陸にも広がることになる。トンプソン族については別の論考でその確認を試みた（前出、二三七頁〔「スワイフウェを超えて」〕）。サイヌクス仮面については、それが半＝人間、半＝魚を表し、スワイフウェと同じく白が優越する色であった。それにさらに他の類似が加わる。リロエット族のサインヌクス仮面の起源神話はサリシュ諸族のスワイフウェの起源神話と確かな親縁性がある。リロエトの土地からもたらされた彫刻された柱がスワイフウェ仮面を表していることは議論の余地はない（前出、五七頁）。さらに、スワイフウェ仮面と同様、サインヌクス仮面も、仮面のもつ危険のために所有者が着装することはできなかった。そうした理由からリロエト族においては、生活のうえで今さら大したことが期待できない老人をその仕事に雇ったが、沿岸部のサリシュ諸族はおそらく逆の理屈から、同じ仕事を屈強な若者に託した（前出、四〇、四六、六八頁）。考古学によれば境界はさらに奥になり、シュスワプ族の土地でカムループス期すなわち七から八世紀にさかのぼるイタヤガイ製のガラガラが発掘されている。同じ作り方の楽器がスワイフウェ仮面とクウェクウェ仮面の持ち物であることを想起しておこう。ところでシュスワプ族は上半身がツィムシアン族の海の怪物ハクラクと同様毛でおおわれ、〔下半身は〕魚の尾で終わる水界の住人の存在を信じていた。この人々は鳥の言葉を理解する天分をもっていた。ほとんどのスワイフウェ仮面は鳥の形の突起物で飾られ、サリシュの神話では仮面は天界からか水界から起源すると語られる。

スワイフウェの複合に沿岸部と内陸のこれほど広大な広がりがあるのであれば、これにかかわる神話において、しばしば危険な箍《タガ》のモチーフに出会うのは驚くべきことではない。別の基礎から推論してわれわれはこのモチーフが、この領域の両端とさらにその向こうまで、すなわち北のトリンギット族からスクアミシュ族、トンプソン族、シュスワプ族を経て、ピュジェット湾のスココミッシ族まで繰り返されることをすでに強調した（前出一七二―九頁）。本書で検討した諸神話では、危険な箍は怪物たちが敵に打ち勝つために使う手段のひとつとされている。すなわち、トリンギット神話で後に近親相姦を犯す主人公が、戦って勝つクマが使う輝く箍――したがって銅か何か金属製であると思われる――、あるいは別の神話に出てくる特定できないが転がる物体、また別の神話の物を切る籐製の箍、である。われわれが危険な箍を、今ふれた神話や手がかりにしたハイダ族やツィムシアン族の神話には登場していない銅を仲介としてスワイフウェの複合に結びつけたのは確かである。しかしそれは必ずしも正確ではなく、ハイダ族の神話で彼岸の王を見据えることがただひとりできた「反対女」が銅の外套をまとっている。しかしまさにこの女は反対であり、さらにスワイフウェが透かし模様のように浮き上がってくるにとどまるこれらのヴァージョンでは、われわれは言ってみれば銅とは反対の側にいる。すなわち人間は「富＝姫」あるいはもうひとりの富の主である海の精霊コモグワ――この名のもとにベラ・ベラ族はツィムシアン族のやきもち焼きの精霊とハイダ族の彼岸の王を認める――から銅をもらえる希望をもてるとしても、それは、あらゆる物事を秩序正しく整えたあとでなければならない。すなわち、宇宙においては、怪物たちの退治あるいは平定後であり、社会においては、娘や姉妹を遠くから誘拐してくることも、あまりに近い親等で性的に交わることも、そのどちらも防ぐ方策を決定し適用したあとでなければならないのである。

こうして足早に駆け巡った意味の場は、地域ごとにいくつかの様式を内包しており、それは以下のように特徴づけることができる。南部では、島と沿岸部のサリシュ諸族およびおそらくかつては内陸部においても、スワイフウェの仮面とその人物像は、三つの点で肯定的な役割を果たしていた。すなわち痙攣の治療者として。痙攣は身体に影響をあたえるものでありつつ自然の次元では地震と潮の渦と嵐に対応する。近親相姦の危険を遠ざける適切な距離での結婚をおこなわせる者として。そして富を配分する者として。

サリシュの北では、南部クワキウトル族は反対に、スワイフウェの同僚であるクウェクウェ仮面に吝嗇な性格を付与しており、そこには先史時代の怪物の道徳的欠点と心底からの悪意を弱められた形式で認めることができるだろう。そしてスワイフウェ仮面の傍らには、正反対の造形的特徴もったもうひとつの仮面があって補完的性格をしめしている。すなわち人喰い女ゾノクワの仮面で、これが怪物たちの時代からの生き残り、巨大な富の主でそれを人間に配分するか、人間から奪う者、そしてまた思春期の娘に課された儀礼の主宰者であることを忘れてはならない（前出、一〇七、一三四頁）。

最後に、ツィムシアン族、ハイダ族、トリンギット族においてはこの補完性の関係は、本物の二律背反に席を譲る。一方には宇宙的次元での怪物たちとそして社会的次元での近親相姦する同じ親から生まれた兄弟姉妹たち、他方には「富＝姫」（クワキウトル族のゾノクワはその一定の仕事を受け持つものの、その分、怪物の性質を失うわけではない）が二重の機能、すなわち近親相姦的な交わりを禁止し、あるいは娘を両親のもとに返すこと、そして彼女に従う者に富をあたえること、を託される。しかし、そこで間違えてはならない。体系のこの状態で前景を占めるのは怪物たちなのである。「富＝姫」は舞台に上がるために袖で待機している（前出、二九〇頁）、あるいはきわめて控えめな役割を演じる（前出、二九六頁）。退治されあるいは中立化された怪物たちが姿を消し、近親相姦が罰されるかあるいはその危険が遠ざけられて初めて、宇宙から無秩序が姿を消し、あるいはむしろ、それ以降はたとえ姿を消さずとも弱められた間歇的な形で、潮の渦、嵐、地震として残り、さらには、たとえ予知不可能で大きな間隔を置いてではあれ動揺が起こることをまぬがれないにせよ――そのことはこれらの人々の伝説的な物語が証明するとおりである――社会においてよく規制された結婚の交換が設立される。

したがって宇宙的なコードと社会学的なコードの対応は細部に至るまで保持される。しかし対応は必ずしも平行関係を意味しない。ハイダ族、トリンギット族においてもサリシュ諸族と同様、われわれが区別した意味作用のふたつの流れは、物語のひとつの点で合流する。この合流は、娘が結婚にふさわしくなった祝いに兄弟から怪物の切り取られた頭部を受け取る時、さらにより明確には大陸側の沿岸部サリシュ諸族の神話で、超自然の生き物であるか、あるいはそれを複製したスワイフウェの仮面を兄弟が娘に渡す時に生起する。

この贈与は、両親を同じくする兄弟姉妹を互いに遠ざける効果をもつ、というのもそれによって娘は、結婚ができるようになる持参財産を獲得するのだから（前出、四〇―一、五九、一八三頁）。とはいえ、この持参財産は単なる物質的な財ではない。それはあたかも、外婚の根本的な法が、永遠の被疑者である女性に自らの無害性を証明することを課したかのように、女性が夫に贈る戦勝記念品《トロフィー》が、彼らの娘あるいは姉妹を嫁として提供する前に、彼女の親族が秩序ある社会《ソシエテ・ポリセ》の出現の障害だった怪物たちを消滅あるいは馴致したことで宇宙を浄化するよう配慮したことを証明するのである。

この決定的な一歩、自然に対する文化の勝利が踏み越えられない限り、宇宙の主である怪物たちは、人間の肉を餌食とする。あるいは魔法の力によって、自ら動く力、自らの能力の使用を奪ったうえで犠牲者を幽閉するという、野蛮な野獣としての本源的性格を保持する（前出、二九六頁）。クワキウトル族が道徳の言葉で言えば吝嗇な小さな霊の形式に切り縮め、さらに一歩進めてサリシュ諸族がスワイフウェの形象にまで飼いならし、さらに島のサリシュ諸族のヴァージョンでは最初の祖先にまでしたのは、こうした恐るべき生き物たちなのである。だが後者においても、それを表した仮面からは、一見して謎めいた、あれほど印象的で悪魔的な外観は取り除かれてはいない（前出、二四―九頁）。

こうしてわれわれは『仮面の道』が最初に刊行された際に出された、クウェクウェ仮面にわれわれが託した吝嗇さには確固とした基盤がないという批判に答えたと考える。クウェクウェ仮面の起源についてのクワキウトル族の神話はこの性格をきわめて明示的に語っているばかりか、儀礼的な行動によっても裏書きされている（前出、六六、七五頁）ということに加えて、今や仮面に付与された吝嗇の深い意味とは何かを理解することができる。それは先史時代の怪物の害悪が社会的、道徳的な平面に反響した、いまだに遠ざかってはいない木霊であり、クウェクウェはこの怪物の最期の変身《アヴァター》であり、スワイフウェはその性格を逆転したものである。この親縁関係はクワキウトル族においては食人鬼の踊り手――消滅した怪物を今日具現化する――が不在の時には、クウェクウェ仮面がその代役を担うという事実によって証明されている。

しかしながら、体系の三つの状態を区別するからといって、そこに歴史的な発展の想定された段階を見ないよう気をつけなければならない。ひとつのタイプから別のタイプへの進化を想定することは、本章の冒頭で強調したとおり（前出、二八四頁）、例として取り上げた人々がきわめて緊密な接触を持ち続けてきただけにいっそう正当化されえない。その接触は、考古学の進歩によって、彼らがそれぞれの居住地に住むようになったのがきわめて古い時代であることが証明されているので、おそらく数千年にわたっているのである。それゆえ、そこあるいはかしこで神話的表象が進化した方向がいかなるものであれ、そうしたそれぞれの進化は外部へ反響せずにはすまず、類似した変換をひきおこすか、――近い隣人どうしについてしばしば観察される反動の結果として――反対方向への変換をひきおこした。出発点において多様であった表象あるいは当初はそうではなくても多様化する傾向をもたずにはいなかった表象は、たちまち相互に影響しあった。その結果、神話の大部分がとり集められた時代――一九世紀末から二〇世紀初頭――における体系の状態は、複雑な歴史的生成から切り取った断面のようなものであり、そこに特権的な方向を指定することは慎重さを欠くことになろう。

唯一確かであると思われるのは以下のことである。すなわち神話体系全体、そして比較的近い過去にさかのぼる伝説的伝承は、クウェクウェ仮面という名と外観のもとで南部クワキウトル族が隣人のサリシュ諸族のスワイフウェを受け取ったということを証明している。しかしわれわれの調査から、サリシュ諸族が無からスワイフウェを発明したわけではないと結論される。広大な文化領域の隅から隅までひとつの体系の断片がまばらに散在しており、サリシュ諸族は断片を分節化してその体系に彼ら固有の銘柄としての整合性を付加しただけなのである。すなわち、水に結びついた怪物ないしは精霊で、顔が大きく、あまりの大きさでおそらくはすでに飛び出していて見据えることが難しい眼をもち、人相上の目立った特徴をなす舌をもつ、なぜならそれは彼らに対する勝利者が戦勝記念品に代えて保存する器官でもある……。これらの怪物たちは潮の渦、嵐、地震によって表現される元素に対する力を行使する。これらの激変に対して神話は、月や太陽の暈と虹という、いわば平和な気候的現象を対置する（前出、二九二頁）。さらに、いたるところでこれらの自然の混乱と、家族的社会的生活を襲う混乱との平行関係が際立たせられる。

サリシュ諸族は造形作品の模範を創造するためにこれらの主題を結びつけただけにとどまらない。道徳的な視点からも、彼らは社会秩序に服従した、さらに言えば統合された超自然の精霊という形で綜合を達成したのである。ただし、最近再興され挙行されるようになったスワイフウェの儀式では、仮面は見物人に対して恐怖をさそう行動をとることに注目しなければならない。合唱する女たちだけが仮面を鎮め、何度か恐ろしげな突然の登場のあと退場させるのも女たちなのである。この点については、ハイダとトリンギットの神話において怪物を退治するため、また、サリシュの神話においてスワイフウェ仮面を捕獲するために姉妹、すなわち集団あるいは親を同じくする兄弟姉妹の女性的要素が果たす決定的な役割のことを想起すべきだろう。

このサリシュ諸族においていつ、どこで仮面は出現しえたのだろうか。スワイフウェがフレーザー川中流域から出発して海岸部に一八世紀の最後の四半世紀に、クワキウトル族にはさらに後になって到達したというインディアン自身の年表への意見の留保については別のところでふれた（前出、二四五―六頁）。じっさい、仮面に対する権利を主張するサリシュの各集団は、その起源を彼らの伝統的居住地の最も近い場所に位置付けるため、これらの短い年表は最初の仮面が獲得された場所について意見が分かれるのである。仮面が複数の場所で同時に発明されたということはありそうもないことなので、これらの現地の伝承の時間的データは空間的データと同じように批判的な検討を必要とすることはすでに述べた。

したがって、スワイフウェの最初の起源と近過去の進化については曖昧であることを認めるのがよい。われわれが『仮面の道』で指摘した、このサリシュ族の仮面とツィムシアン族、ハイダ族、トリンギット族の銅板のあいだの形態と機能の類似性は問題をいっそう複雑にする。いずれにせよこの類似性は、これらふたつのタイプの物体が昨日、一昨日に創造されたものだと見るように誘ってはいない。本研究の見通しに立てば、ウオーターマンがトリンギットのインフォーマントから聞き取った意見（前出、二二五頁）、すなわち銅板は海の精霊の額に乗った子どもの形を模倣しているらしいという意見は、形象化されたモニュメントに言及しただけというよりも大きな射程をもつことになろう。というのもスワイフウェの起源、そしてそこに内包された銅板の起源をめぐる議論において終始われわれは漂う子どもあるいは水の精霊によって支えられた子どものモチーフに出会っていたからである。

ひとつにはじっさい、トリンギット族がゴナカデトと呼ぶ海の精霊は(前出、一五九頁)、時には銅の形で姿を現すか、あるいは銅の色の毛皮をまとっている。もうひとつは、その傍らにはしばしばひとりないし複数の子どもたちが姿を見せる。「(家の)正面には筆頭の怪物とその右には次席の怪物、左には彼の妻が見える。その上には子どもの怪物が五つ描かれている。というのもゴナカデトのところには多くの怪物がいて、なかにはとても若い者もいる。ゴナカデトはこう言う「これらの怪物はほんとうは怪物ではない。これらはあなた方の同輩だ。わたしが彼らを殺した時、彼らの魂はわたしの子どもたちになった」。こうして彼の背中には多くの子どもたちが走り回っているのが見える(前出、二九一頁と比較せよ)。前の方は頭ですっかりおおわれて顔は子どもとそっくりの生き物におおわれている」。ツィムシアン族の海の怪物ナグナクスにも子どもがいる。ツァツァクエ仮面については、われわれは漂う子どものモチーフをトンプソン族に至るまで追跡することができた（前出、二三九頁）。

ブリティシュ・コロンビアとアラスカのインディアン文化についての新しい知識によって、こうした方向に研究を進展できるようになることを期待したい。散在する破片を取り集めることで、われわれは、ほぼ二千キロの幅とおそらく三〇〇ないし四〇〇キロの奥行きをもった舞台の背景幕の絵の復元を試みたにすぎないのであり、その舞台の広がり全体に、われわれにはあたえられていない台本にしたがって、俳優たちがそのステップの痕跡を残したのである。

注

第1部

1原注　スワイフウェ――一般にhあるいはxで示されるサリシュ語の音素は口蓋摩擦音である。従って音声学的観点からより正確にはsxwaixweと転写されよう。

2原注　……広がって行った――私にこの話をしてくれたサルディスの首長マロウェイ氏、および彼と会う便宜を計ってくれたW・G・ジレック、L・M・ジレック・オール両博士に感謝の意を表するものである。

3原注　神秘的な出来事――二羽の鷲とその雛が、ある日天から舞い降りた。彼らはスコット岬近くのクムカテに降り立ち、羽毛を取り払って人間と化し、この地方の最初の住人となった。この神話の示唆するのがこの出来事であるとするなら、次の点を重視する必要があろう。つまり、この出来事は、島のサリシュ族におけるスワイフウェ仮面の起源神話のコードを保っているのであり、天上ではなく水中起源のコードに置き換えられている現行の神話のなかに、そのメッセージだけが、逆な形で存続しているということである。

4原注　……この身体的障害の意味については、以下の拙稿参照。「双生児出産の解剖学的予兆」。『表徴のシステム――ジェルメーヌ・ディーテルラン記念論文集』エルマン社、パリ、一九七八年三六九—三七六頁。

5原注　……実際には盲目なので――このために〈ゾノクワ〉の伝統的な形態としては、眼窩が窪んでいるか、目が半分閉じているのである（前出、八七頁）。現代の彫刻家たちは、人食い鬼女のこの基本的性格に対する関心を全く失ったようである。彼らは鬼女の邪悪な側面を強調しているのだろうが、鬼女を大きく開いた目の持ち主として象っている。

6原注　……の集団に帰属している――ボアズの分析が証言している公準とは、少なくともこのようなものであった。実際には、事情はもっと曖昧なもののように思われる。ある種の人々は、幾つもの家系を主張するし、母方同様父方のそれも要求されており、たとえばクワキウトル族においては――というか、いずれにせよ、高貴な家系をもたないクワキウトル族のグループにおいては――無差別的な家系ということすら言えるほどである。

7原注　……灰のなかから……拾い集めた――フレーザー河下流域（ハルコメレム）のサリシュ方言では、銅を表わす〈スクワル〉という語が、〈焼いた〉とか〈焼かれた〉とかいう意味の語源に結びついていることは注目されてよい。

8原注　……意見の分れている問題である――マルキーズ諸島の住民が存在を信じていた人食い鬼女は、彼女の犠牲となる者をおびえさせるために、両眼を眼窩から飛び出すようにし、巨大な舌を出すのであった。

9七九年版原注　この異性装は、南はコロンビア川の河口からきわめて北方のユーコン川までの諸集団でこのように確認される信仰と結びつけることができよう。その信仰は「金属と特別に結びついた太陽および他の存在は『半人間』である」とする。（McClellan, *My Old People Say, An*

Ethnographic Survey of Southern Yukon Territory, National Museum of Canada, Publications in Ethnology, No. 6 (2), Ottawa 1975, II, p. 573)

第2部（原注）

1　原題は「ひとつの構造の歴史《Histoire d'une structure》」で、W. E. A. van Beek と J. H. Scherer が編集した *Explorations in the Anthropology of Religion. Essays in Honour of Jan van Baal*, The Hague, Martinus Nijhoff, 1975 に初出。

2　読者は、トンプソン・インディアンについてのわれわれにとって最良の権威である J. A. Teit と、フレーザー川中流でトンプソンに隣接する住民の Tait を混同されないよう。

3　*Culture, sciences et développment. Melanges en l'honneur de Charles Morazé*, Toulouse, Privat, 1979 初出の《Nobles Sauvages》に加筆修正。

4　双系体系もしくは択一体系（système bilatéral ou ambilatéral）においては、個人の地位にかかわる明確に規定された諸要素が、あるものは父系の系によって、あるものは母系の系によって引き渡される。それに対して無差別体系とは、事例によって、時には当事者の選択あるいは先行世代の選択によって、地位のいかなる要素であるかを問わず、ふたつの系のいずれかによって引き渡される体系である。クワキウトル族においては男系によるものと結婚によるものとでそれぞれ引き渡される地位の要素が性質を異にしているならば、それは双系体系である。そうなっていない場合は無差別体系である。資料の現状ではどちらであるか決定はできない。

5　「『アストレー』は貴族小説である（……）。出会いに際してひとりの貴族が相手の貴族にたずねる最初の問いは、『あなたはどちらの家、どちらの家族に属していますか』である。答えにしたがって相手に位階のなかで決まった場所が指定される」。N・エリアス『宮廷社会』（*Die Höfishe Gesellschaft*, 1969）*La société de cour*, Paris, Gallimard, 1974, p. 291〔邦訳、波田他訳、法政大学出版会、三九六頁、ここでは仏語にしたがって訳してある〕

6　同じ表題で、L'Homme, revue française d'anthropologie, XVII (I), 1977, p. 5-27 に掲載された論文に若干の修正追加をして再掲。

7　語頭のlはフランス語には対応するものがない摩擦音である。

8　不吉な者である人格化された「北」は、中心的登場人物の姉妹の愛人であり、そのことは姉妹に愛人（この人物と「北」とは同一人物であるように思われる）がいることに衝撃を受けた主人公は彼自身が月に変身する、というヴェニアミノフのヴァージョン（前出、二九一頁）につながる。

9　あるいは、上に位置する底が問題であるとすれば、表面すれすれにある。

10　「Nugunaks（クジラ、この語は、「水と取り違えられた」を意味する）」

11　トリンギット族の短いヴァージョンはひとりの人間の女と太陽のあいだに主人公たちを生ませている。クワキウトル族における逆転した主題は太陽の娘が自分の子を Seymour Narrows の近くの海に捨て、それが危険な急流となったと言う。これはわれわれを出発点に立ち返らせる。

12　ユーロク族はカミナリと地震を「一方は天で、一方は大地で、同じことをする仲良しの仲間」と見なしている。

図版目録

〈地震神〉を表わすクウェクウェ仮面 9
クワキウトル族。ニューヨーク、アメリカ自然史博物館（同館撮影）。
アメリカ自然史博物館の北西岸部に関する展示室 10
ニューヨーク。一九四三年撮影（同館撮影）。
チルカット織りのケープ 12
（マチウ・レヴィ＝ストロース撮影）。
彫刻のほどこされた粘土製のパイプ（長さ35cm） 13
ハイダ族。ニューヨーク、アメリカ・インディアン博物館、ヘイ財団（同館撮影）。
おっとせいを象った大魚撲殺用の棍棒（長さ51cm） 14
トリンギット族。ニューヨーク、アメリカ・インディアン博物館、ヘイ財団（同館撮影）。
家の柱 14
トリンギット族。フィラデルフィア、ペンシルヴァニア大学、附属博物館（同館撮影）。
家の柱 14
ハイダ族。オッタワ、国立人類博物館（同館撮影）。
バークリー海峡地域の「歓待の像」と呼ばれる彫像（高さ384cm） 16右
ヌートカ族。木製。ヴィクトリア、ブリティシュ・コロンビア地方博物館（同館撮影）。

サリシュ族の彫像……16左
木製彩色。ニューヨーク、アメリカ自然史博物館（同館撮影）。
クワキウトル族の開閉できる仮面（開いた図と閉じた図）……18右
F・ボアズ著『クワキウトル・インディアンの社会組織と秘密結社』第五図、三五七頁より借用（マチウ・レヴィ＝ストロース撮影）。
開閉できる仮面（開いた図と閉じた図）……18左
クワキウトル族。F・ボアズ、前掲書、第一〇〇図、四六五頁より借用（マチウ・レヴィ＝ストロース撮影）。
開閉できる仮面（開いた図と閉じた図）……19
ハイダ族。オッタワ、国立人類博物館（同館撮影）。
彩色彫刻入りの木箱（136×52×57）……20
ツィムシアン族。オッタワ、国立人類博物館（同館撮影）。
彩色彫刻入りの木棺（56.6×81.5×47.5）……21
クワキウトル族。ヴィクトリア、ブリティシュ・コロンビア地方博物館（同館撮影）。
人間を口にくわえた熊を象った彩色彫刻入りの木箱……21
ハイダ族。ヴァンクーヴァー、ブリティシュ・コロンビア大学、人類学博物館（同館撮影*）。
スワイフウェ仮面……25
サリシュ系、マスキーム族。ニューヨーク、アメリカ・インディアン博物館、ヘイ財団（同館撮影）。
スワイフウェ仮面……26
コウィチャン族。E・カーティス著『北アメリカ・インディアン』第九巻、一一四頁より借用（ロンドン、

エイリーン・トゥイーディ撮影）。

スワイフウェ仮面（40.7×30.5×22.9）……31
サリシュ系、マスキーム族。木製。ヴァンクーヴァー、ブリティシュ・コロンビア大学、人類学博物館（同館撮影）*。

スワイフウェ仮面の踊り手が持つ〈がらがら〉。木のたがに通した板屋貝の貝殻で作られている（直径17.8cm）……31
サリシュ族。ニューヨーク、アメリカ・インディアン博物館、ヘイ財団（同館撮影）。

スワイフウェ仮面の分布図……33

〈がらがら〉を手にしたスワイフウェ仮面の踊り手……35
コウィチャン族。E・カーティス、前掲書、第九巻、一一六頁より（ロンドン、エイリーン・トゥイーディ撮影）。

スワイフウェ仮面（高さ51.4、羽毛付きで81.3　幅27.7cm）……36
部族不詳。木材および羽毛製。ヴァンクーヴァー、ブリティシュ・コロンビア大学、人類学博物館（同館撮影）*。

スワイフウェ仮面（高さ50.8cm）……36
フレーザー下流地域（恐らくはマスキーム族）。ニューヨーク、アメリカ自然史博物館（同館撮影）。

衣裳を付けて踊るスワイフウェ仮面の踊り手……51
部族不詳。ヴァンクーヴァー、ブリティシュ・コロンビア大学、人類学博物館（同館撮影）*。

魚形の舌を持つスワイフウェを象った彫刻……55
部族不詳。ヴァンクーヴァー島。木製。E・フォン・シドウ著『未開民族における祖霊信仰と祖霊像』第

一八図より借用（マチウ・レヴィ＝ストロース撮影）。
墓碑柱……56
リロエト族。ニューヨーク、アメリカ自然史博物館（同館撮影）。
細工をほどこした銅板（54.3×30.5）……58
クワキウトル族。ヴァンクーヴァー、ブリティシュ・コロンビア大学、人類学博物館（同館撮影）。
クウェクウェ仮面……64
クワキウトル族。ニューヨーク、アメリカ・インディアン博物館、ヘイ財団（同館撮影）。
クウェクウェ仮面（42×29×13）……65右
クワキウトル族。ヴィクトリア、ブリティシュ・コロンビア地方博物館（同館撮影）。
クウェクウェ仮面（34.3×23.5×15.2）……65左
クワキウトル族。木製。ヴァンクーヴァー、ブリティシュ・コロンビア大学、人類学博物館（同館撮影）。*
切られた首を象った儀礼用の〈がらがら〉。〈食人〉結社の〈食人〉を「鎮める」役割の祭儀執行者が手にする（32×21×21）……67
クワキウトル族。木および樹皮製。ヴィクトリア、ブリティシュ・コロンビア地方博物館（同館撮影）。
部族分布図……69
儀礼用の壁布。下部に〈シシウル〉、その上に、虹に囲まれ、二羽の鳥が寄り添った銅板が描かれている（396.3×265.5）……71
クワキウトル族。木綿地に彩画。ヴァンクーヴァー、ブリティシュ・コロンビア大学、人類学博物館（同館撮影）。*
ゾノクワ仮面（39.4×31.1）……85

クワキウトル族。木製。ヴァンクーヴァー、ブリティシュ・コロンビア大学、人類学博物館（同館撮影*）。

クウェクウェ仮面（34.3×24.1×17.1）……85
クワキウトル族。木製。ヴァンクーヴァー、ブリティシュ・コロンビア大学、人類学博物館（同館撮影*）。

〈ゾノクワ〉の姿を彫んだ儀礼用大匙（長さ118.5cm　最大幅34cm）……86
部族不詳。ヴィクトリア、ブリティシュ・コロンビア地方博物館（同館撮影）。

眼窩に目の落ち窪んだ〈ゾノクワ〉の仮面（41×41.5×18）……88右
クワキウトル族。ヴィクトリア、ブリティシュ・コロンビア地方博物館（同館撮影）。

半ば目を閉じた〈ゾノクワ〉の仮面……88左
クワキウトル族。ミルウォーキー公立博物館（同館撮影）。

〈ゾノクワ〉の形をした儀礼用大皿の部分（115×71.1×38.1）……89
部族不詳。木製。ヴァンクーヴァー、ブリティシュ・コロンビア大学、人類学博物館（同館撮影*）。

目を閉じた〈ゾノクワ〉の仮面……89
クワキウトル族。オッタワ、国立人類博物館（同館撮影）。

眠ったような〈ゾノクワ〉の仮面（41.9×28.6×20.3）……92
部族不詳。木、綱、布地製。ヴァンクーヴァー、ブリティシュ・コロンビア大学、人類学博物館（同館撮影*）。

〈ゾノクワ〉の化身となった踊り手……93
E・カーティス著『北アメリカ・インディアン』第一〇巻、一八六頁より（ロンドン、エイリーン・トゥイーディ撮影）。

ナイト入江内の景観……97

（ブリティシュ・コロンビア、アラート・ベイ、ユミスタ結社撮影）。
半ば目を閉じた〈ゾノクワ〉の仮面（28×24）…… 98
部族不詳。木と毛髪製。ヴィクトリア、ブリティシュ・コロンビア地方博物館（同館撮影）。
クワキウトル族居住地の地図。地域集団と、〈ゾノクワ〉神話軸、〈クウェクウェ〉神話軸の両軸を示す …… 100
〈ゾノクワ〉を象るトーテム柱のあるクワキウトル族の廃屋 …… 103
現在はヴィクトリアのブリティシュ・コロンビア地方博物館に移されている（同館撮影）。
目を閉じた〈ゾノクワ〉の仮面（高さ33cm）…… 109
ヘイルツク族。ミルウォーキー公立博物館（同館撮影）。
大きく目を見開き、我が子を抱く〈ゾノクワ〉を象る現代の彫刻柱 …… 113
ヴィクトリア、ブリティシュ・コロンビア地方博物館（ピエール・マランダ撮影）。
〈ゾノクワ〉の仮面（43×34cm）…… 119
クワキウトル族。一八七〇―八〇年作。ベルリン人類学博物館、ヤコブセン・コレクション（同館撮影）。
銅板を売るクワキウトル族首長の彫像（高さ113cm）…… 121
一八六〇年頃の作。木製。ベルリン、人類学博物館、ヤコブセン・コレクション（同館撮影）。
ゲークムル・タイプの〈ゾノクワ〉の仮面（30.5×28×15.9）…… 122
クワキウトル族。木、毛髪、皮革製。ヴァンクーヴァー、ブリティシュ・コロンビア大学、人類学博物館（同館撮影）*。
ゲークムル・タイプの〈ゾノクワ〉の仮面 …… 122
クワキウトル族。ミルウォーキー公立博物館（同館撮影）。
熊の形をした銅切断用の鉄床（94×43.2×33）…… 123

クワキウトル族。木と鉄製。ヴァンクーヴァー、ブリティシュ・コロンビア大学、人類学博物館（同館撮影）*。

動物の顔を描いた部分的欠損のある銅板（76.2×45.1）……123
部族不詳。ヴァンクーヴァー、ブリティシュ・コロンビア大学、人類学博物館（同館撮影）*。

〈ゾノクワ〉の仮面……125
ベラ・クーラ族。ミルウォーキー公立博物館（同館撮影）。

〈ゾノクワ〉の顔の付いた銅切削用の鑿……125右
部族不詳。ヴァンクーヴァー、ブリティシュ・コロンビア大学、人類学博物館（同館撮影）*。

双面の〈ゾノクワ〉の飾りを付けた銅切削用の鑿（43.2×8.9）……125左
部族不詳。木製。ヴァンクーヴァー、ブリティシュ・コロンビア大学、人類学博物館（同館撮影）。

〈ゾノクワ〉を象る儀礼用皿一式（長さ259cm）……127
部族不詳。ニューヨーク、アメリカ自然史博物館（同館撮影）。

両手を広げた〈ゾノクワ〉の巨像……128
E・カーティス著『北アメリカ・インディアン』第一〇巻、二九六頁より（ロンドン、エイリーン・トゥイーディ撮影）。

〈ゾノクワ〉の頭（ふた）、乳房、臍、膝頭の形をした儀礼用皿一式……129
ミルウォーキー公立博物館（同館撮影）。

〈ゾノクワ〉の姿を彫った儀礼用大匙（39.4×165.1）……131
クワキウトル族。ニューヨーク、アメリカ・インディアン博物館、ヘイ財団（同館撮影）。

銅で裏打ちされた〈ゾノクワ〉の開閉できる仮面（69.9×43.1×21.6）……132〜133

木、銅、紐、端布《はぎれ》製。ヴァンクーヴァー、ブリティシュ・コロンビア大学、人類学博物館（同館撮影）*。

富の支配者〈コモグワ〉を象る仮面。頭部には動かし得る水鳥が乗っている（61×40.6×38.1、水鳥の寸法は嘴から尾まで63cm、翼の全長43.1cm）…… 142
部族不詳。ヴァンクーヴァー、ブリティシュ・コロンビア大学、人類学博物館（同館撮影）*。

嘴に銅板をくわえた双頭の海鴨《あび》（48.2×24.1×17.1）…… 143
ヴァンクーヴァー、ブリティシュ・コロンビア大学、人類学博物館（同館撮影）*。

〈コモグワ〉の妻を象った仮面（34.3×25.4×19.7）…… 143
クワキウトル族。木と釘。ヴァンクーヴァー、ブリティシュ・コロンビア大学、人類学博物館（同館撮影）*。

海の精霊としての〈コモグワ〉の仮面。そのてっぺんの小さな顔は尾鰭を、左右の突起は腕と脚を、顎の下の突起は鰭を象っている …… 145
クワキウトル族。ニューヨーク、アメリカ自然史博物館（同館撮影）。

ブリティシュ・コロンビア地方博物館玄関のタヌのトーテム柱（目の垂れ下った人物が中辺に見える） …… 148
（ピエール・マランダ撮影）。

動物のたてがみと体毛で飾られた〈ゾノクワ〉の仮面 …… 148
ニューヨーク、アメリカ自然史博物館（同館撮影）。

『海のゾノクワ』 …… 152
ムンゴ・マーチン（一八八〇—一九六二）。クワキウトル族の画家、彫刻家。紙に彩色画、一九五〇年頃作。ヴィクトリア、ブリティシュ・コロンビア地方博物館（同館撮影）。

〈バクスバクワラヌクシワエ〉を象った仮面 …… 153

F・ボアズ著『クワキウトル・インディアンの社会組織と秘密結社』第七七図、四四八頁より（マチウ・レヴィ＝ストロース撮影）。

クワキウトル族の首長の儀杖。下方に銅板をかかえた〈ゾノクワ〉の姿（全長203cm）……154
ヴィクトリア、ブリティシュ・コロンビア地方博物館（同館撮影）。

住居入口の〈コノカダ〉を象った彩色板……159
ハイダ族。J・R・スウォントン「ハイダ族に関する民族学的研究」『アメリカ自然史博物館紀要』第八巻、ニューヨーク、ライデン刊より。

銅板をいくつも並べた飾りのある首長の儀杖とその部分（170.2×20.3）……160〜161
クワキウトル族。木、銅、あわびの貝殻製。ヴァンクーヴァー、ブリティシュ・コロンビア大学、人類学博物館（同館撮影*）。

〈地震神〉を象った、眼瞼の開閉する仮面（43.2×30.5×24.1）……165
クワキウトル族。木、紐、釘、黒鉛製。ヴァンクーヴァー、ブリティシュ・コロンビア大学、人類学博物館（同館撮影*）。

銅の歯をした蛙を象る仮面（29.2×30.5×49.5）……167
クワキウトル族。木、樹皮、銅製。ヴァンクーヴァー、ブリティシュ・コロンビア大学、人類学博物館（同館撮影*）。

富を分ち与える呪具……167
ハイダ族。J・R・スウォントン「ハイダ族に関する民族学的研究」『アメリカ自然史博物館紀要』第八巻より。

銅をかかえる熊を象った墓の彫刻。銅板の上部が熊の頭部にそのままつながっている……182

クワキウトル族。ニューヨーク、アメリカ自然史博物館（同館撮影）。

スワイフウェ仮面（48.2×25.4×17.8）……187
サリシュ系、マスキーム族。木製。ヴァンクーヴァー、ブリティシュ・コロンビア大学、人類学博物館（同館撮影*）。

スワイフウェ仮面の舞踊を写した二十世紀初頭の写真……188〜189
ヴィクトリア、ブリティシュ・コロンビア地方博物館（同館撮影）。

蛙を頭部に戴き、動物に体中を蔽われた人物を象った墓守像（119.5×25.5）……191
トリンギット族。ニューヨーク、アメリカ自然史博物館（同館撮影）。

大魚を叩き殺すための棍棒を手にした漁師（58.5×170）……193
クワキウトル族。木彫彩色。ニューヨーク、アメリカ・インディアン博物館、ヘイ財団（カルメロ・ガダーニョ撮影）。

地震を支配する鯰が特権階級にお宝（金の富）を吐き出させ排泄させているの図（36×26）……194
作者不詳。日本版画、一八五五年頃作。ライデン、王立人類学博物館（同館撮影）。

飛び出した目と垂れ下った舌をした顔を象る彩色木彫……201
古代中国。周代。アルフレッド・ソーモニー著『枝角と舌——古代中国の象徴体系とその意味について』アスコナ、アルティブス・アシアエ社、一九五四年刊、図版頁Ⅳ、第九図より（マチウ・レヴィ＝ストロース撮影）。

スワイフウェ仮面（53.3×26.7×19）……206
サリシュ系、マスキーム族。木製。ヴァンクーヴァー、ブリティシュ・コロンビア大学、人類学博物館（同館撮影*）。

半ば目を閉じた〈ゾノクワ〉の仮面 …… 209
クワキウトル族。ベルリン、人類学博物館、ヤコブセン・コレクション（同館撮影）。
クウェクウェ仮面 …… 209
クワキウトル族。ミルウォーキー公立博物館（同館撮影）。
大型の装飾銅板 …… 213
トリンギット族。ニューヨーク、アメリカ自然史博物館（同館撮影）。
熊の顔を描いた銅板 …… 214
ハイダ族。トロント、王立オンタリオ博物館（同館撮影）。
熊の顔とその下に前肢を描いた銅板（高さ 74cm） …… 215
ハイダ族。ヴァンクーヴァー、ブリティシュ・コロンビア大学、人類学博物館（同館撮影）。*
「目」の飛び出した銅板をかかえるクワキウトル族の首長 …… 219
F・ボアズ著『クワキウトル・インディアンの社会組織と秘密結社』第六図、三四六頁より（マチウ・レヴィ＝ストロース撮影）。
ベラ・クーラ族の若い花嫁（一九二二年撮影） …… 221
オッタワ・カナダ国立博物館（同館撮影）
デネ族の小刀二振り …… 230〜231
銅製。フィラデルフィア、ペンシルヴァニア大学、附属博物館（同館撮影）。
オウギアイサ …… 287
ジョン・ジェイムズ・オーデュボン、水彩画
〈とんぼ〉を表わした壁面板画（天地 150×左右 300cm） …… カバー装画

ツィムシアン族。オッタワ、国立人類博物館（同館撮影）。

＊ヴァンクーヴァー、ブリティシュ・コロンビア大学附属人類学博物館の所蔵品のモノクロ写真は、一九六七年に、同館の所蔵品について書かれたアンドレー・ホーソン著『クワキウトル・インディアンならびに他の北西岸諸部族の芸術』を刊行したシアトルのワシントン大学出版局のご尽力によるものである。

〔一〇―一二頁〕C・レヴィ＝ストロース「アメリカ自然史博物館の北西岸芸術」C. Lévi-Strauss, “The Art of the Northwest Coast at the American Museum of Natural History”, *Gazette des Beaux-Arts*. New York, 1943, p. 175-182. 参照、同『構造的人類学』*Anthropologie structurale*, Paris, Plon, 1958, ch. XIII.

〔二四―二七頁〕H・G・バーネット「ブリティシュ・コロンビアの沿岸部サリシュ族」H. G. Barnett, “The Coast Salish of British Columbia,” *University of Oregon Monographs, Studies in Anthropology*, 4, 1955, p. 158.

〔三〇―三四頁〕バーネット、前掲 p. 170. M・W・スミス「ピュジェット海峡の沿岸部サリシュ族」M. W. Smith, “The Coast Salish of Puget Sound”, *American Anthropologist*, 43, 1941. Ch・ヒル＝タウト「ハルコメレム本島の民族学的研究」Ch. Hill-Tout, “Ethnological Studies of the Mainland Halkomelem”, *Report of the British Association for the Advancement of Science*, 72, 1902. E・S・カーティス『北アメリカ・インディアン』E. S. Curtis, *The North American Indian*, 20 vol., New York, 1907-1930; vol. IX, 1913, p. 115-116.

〔三四―三七頁〕ヒル＝タウト、前掲 p. 322, 409. バーネット、前掲 p. 170, 178-179. W・ダフ「ブリティシュ・コロンビア、フレーザー河流域の上スタロ・インディアン」W. Duff, “The Upper Stalo Indians of the Fraser Valley, British Columbia”, *Anthropology in British Columbia*, Provincial Museum, Victoria. Reprinted by Indian Education Resources Centre, University of British Columbia, 1972. O・N・ウェルズ『神話と伝説 ブリティシュ・コロンビア南西部のストーロー・インディアン』O. N. Wells, *Myths and*

Legends. Staw-loh Indians of South Western British Columbia, Vancouver, 1970. バーネット、前掲 p. 289, 293. H・コウデア「フレーザー河中流域のスワイフウェ仮面神話」H. Codere, "The Swai'xwe Myth of the Middle Fraser River", *Journal of American Folklore*, 61, no. 239, 1948. カーティス、前掲書 p. 37-39, 115-116. バーネット、前掲 p. 163. F・ボアズ『アメリカ北太平洋岸のインディアン伝説』F. Boas, "Indianische Sagen von der Nord-Pacifischen Küste Amerikas", *Sonder-Abdruck aus den Verhandlungen der Berliner-Gesellschaft für Anthropologie, Ethnologie und Urgeschichte*, 1891-1895, 23-27, Berlin, p. 85-86.

〔三七一三九頁〕W・W・エルメンドーフ「トワナ文化の構造」W. W. Elmendorf, "The Structure of Twana Culture", *Research Studies, Monographic Supplement No. 2*, Washington State University, Pullman, 1960, p. 346-347. W・クライン他「シンカイエトク族あるいはワシントン州南部オカナゴン族」W. Cline and *al.*, "The Sinkaietk or Southern Okanagon of Washington", *General Series in Anthropology*, vol. 6, Menasha, 1938, p. 227-228. J・A・テイト「リロエト・インディアン」J. A. Teit, "The Lillooet Indians", *Memoirs of the American Museum of Natural History*, vol. IV, New York, 1906, p. 267, 279, 291.

〔三九一四一頁〕ヒル＝タウト、前掲 p. 403-404, 409. コウデア、前掲。

〔四一一四四頁〕J・テイト「トンプソン・インディアンの神話」J. Teit, "Mythology of the Thompson Indians", *Memoirs of the American Museum of Natural History*, vol. XII, New York, 1912, p. 272-273. F・ボアズ「フレーザー河下流域のインディアン部族」F. Boas, "The Indian Tribes of the Lower Fraser River", *Report of the British Association for the Advancement of Science*, 64, 1894, p. 455. 同、前掲書『インディアン伝説』p. 27, 84-85. F・ボアズ編「サリシュ族およびサハプティン族の民間伝承」F. Boas, ed., "Folk-Tales of Salishan and Sahaptin Tribes", *Memoirs of the American Folk-Lore Society*, vol. XI, 1917, p.

132-133. F・ボアズ「ツィムシアン族の神話」F. Boas, "Tsimshian Mythology", *31st Annual Report, Bureau of American Ethnology* (1909-1910), Washington, D. C., 1916, p. 820.

〔四四―四六頁〕B・J・スターン「ワシントン州西部のルンミ・インディアン」B. J. Stern, "The Lummi Indians of Northwest Washington", *Columbia University Contributions to Anthropology*, vol. XVII, New York, 1934, p. 57-58, 113-115.

〔四九―五二頁〕A・H・カイパーズ「スクアミシュ語　文法とテクストおよび語彙集、第二部」A. H. Kuipers, "The Squamish Language. Grammar, Texts, Dictionary. Part II", *Janua Linguarum. Series Practica* LXXIII/2, La Haye, Paris, 1969, p. 22-23.

〔五二―五六頁〕F・ボアズ編、前掲「サリシュ族およびサハプティン族の民間伝承」p. 128. M・ジェイコブズ「クラッカマス・チヌーク族のテクスト」M. Jacobs, "Clackamas Chinook Texts", *International Journal of American Linguistics*, 2vol., 1959, vol. 2, p. 370. G・A・レチャード「クール・ダレーヌ・インディアン神話の分析」G. A. Reichard, "An Analysis of Cœur d'Alene Indian Myths", *Memoirs of the American Folk-Lore Society*, vol. XLI, 1947, p. 178.

〔五五―五六頁〕E・フォン・シドウ『未開民族における祖霊信仰と祖霊像』E. von Sydow, *Ahnenkult und Ahnenbild der Naturvölker*, Berlin, 1924, Pl. 18. J・テイト、前掲「リロエト・インディアン」p. 252-253, 258, 272-273, and fig. 95. G・M・ドーソン「ブリティシュ・コロンビアのシュスワプ族に関するノート」G. M. Dawson, "Notes of the Shuswap People of British Columbia", *Proceedings and Transactions of the Royal Society of Canada*, IX (1891), Montreal, 1892, p. 36-37.

〔五六―五九頁〕J・テイト「ブリティシュ・コロンビアのリロエト・インディアンの伝承」J. Teit, "Traditions of the Lilloet Indians of British Columbia", *Journal of American Folklore*, 25, 1912, p. 344-346.

〔五六―五九頁〕Ｊ・テイト、同 p. 343-344.

〔六〇頁〕Ｈ・ヘイバーリン「ピュジェット海峡地域の神話」H. Haeberlin, "Mythology of Puget Sound", *Journal of American Folklore*, 37, 1924, p. 433.

〔六〇―六二頁〕Ｆ・ボアズ「新集・クワキウトル族の説話」F. Boas, "Kwakiutl Tales, new series", *Columbia University Contributions to Anthropology*, vol. XXVI, 1935, p. 71-72. ヘイバーリン、前掲「ピュジェット海峡地域の神話」p. 28-32.

〔六三―六六頁〕Ｆ・ボアズ「クワキウトル・インディアンの社会組織と秘密結社」F. Boas, "The Social Organization and the Secret Societies of the Kwakiutl Indians", *Report of the U. S. National Museum for 1895*, Washington, D. C., 1897, p. 497.

〔六六頁〕Ｃ・レヴィ＝ストロース『神話体系　Ⅱ、蜜から灰へ』C. Lévi-Strauss, *Mythologiques II. Du Miel aux cendres*, Paris, Plon, 1967, p. 346-348.

〔六六―六八頁〕グロリア・クランマー・ウェブスター博士（談話）Dr. Gloria Cranmer Webster (communication personnelle). スターン、前掲「ルンミ・インディアン」p. 57-58.

〔六八―七〇頁〕Ｆ・ボアズ、Ｇ・ハント「クワキウトル族の民族学」F. Boas and G. Hunt, "Ethnology of the Kwakiutl", *35th Annual Report, Bureau of American Ethnology* (1913-1914), Washington, D. C., 1921, p. 891-896.

〔七〇―七二頁〕ボアズ、ハント、同 p. 951-959. Ｆ・ボアズ、Ｇ・ハント「クワキウトル族のテクスト」F. Boas and G. Hunt, "Kwakiutl Texts", *Memoirs of the American Museum of Natural History*, vol. V, 1902-1905, p. 236-239.

〔七二―七四頁〕Ｆ・ボアズ、前掲「新集・クワキウトル族の説話」p. 27-32.

〔七二頁、注（3）〕F・ボアズ「クワキウトル族の歌謡と舞踊」F. Boas, "On Certain Songs and Dances of the Kwakiutl of British Columbia", *Journal of American Folklore*, 1, 1888, p. 61. （三二七頁参照）

〔七六頁〕W・A・クレメンス、G・V・ウィルビー「カナダ太平洋岸の魚類」W. A. Clemens and G. V. Wilby, "Fishes of the Pacific Coast of Canada", *Fisheries Research Board of Canada, Bulletin no.* 68, 2nd ed., Ottawa, 1961, p. 250, 268. バーネット、前掲 p. 16. J・R・スウォントン「ハイダ族に関する民族学的研究」J. R. Swanton, "Contributions to the Ethnology of the Haida", *Memoirs of the American Museum of Natural History*, vol. VIII, New York-Leiden, 1905, p. 241. F・ボアズ「ベラ・ベラ族の説話」F. Boas, "Bella Bella Tales", *Memoirs of the American Folk-Lore Society*, vol. XXV, 1932, p. 32.

〔七七頁〕ボアズ、〝ヌートカ族の説話〟《Nootka Tales》前掲「ツィムシアン族の神話」所収 p. 898.

〔七七―八〇頁〕ボアズ、前掲「ツィムシアン族の神話」p. 297 sq., 898-899. カイパーズ、前掲 p. 84.

〔八〇―八二頁〕Ch・ヒル＝タウト「ブリティシュ・コロンビアのスクアミシュ族に関するノート」Ch. Hill-Tout, "Notes on the Skqómic of British Columbia", *Report of the British Association for the Advancement of Science*, 70, 1900, p. 525.

〔八四―八八頁〕ボアズ、ハント、前掲「クワキウトル族のテクスト」p. 199 sq. F・ボアズ「クワキウトル族の文化」F. Boas, "Kwakiutl Culture", *Memoirs of the American Folk-Lore Society*, vol. XXVIII, 1935, p. 144. 同「クワキウトル族の説話」"Kwakiutl Tales", *Columbia University Contributions to Anthropology*, vol. II, 1910, p. 49, 61. ボアズ、ハント、前掲「クワキウトル族の民族学」p. 1122, 1124. 同、前掲「クワキウトル族のテクスト」p. 104. ボアズ、前掲「クワキウトル族の説話」p. 444.

〔九〇―九四頁〕ボアズ、前掲「クワキウトル・インディアンの社会組織と秘密結社」p. 479-480.

〔九一―九四頁〕カーティス、前掲書、vol. X, p. 184-185. ボアズ、前掲「クワキウトル・インディアンの社会組織と秘密結社」p. 480. F・ボアズ『クワキウトル族の民族誌』F. Boas, *Kwakiutl Ethnography. Edited (...) by Helen Codere,* Chicago-London, 1966, p. 182.

〔九四―九五頁〕バーネット、前掲 p. 171, 293, 296. スターン、前掲 p. 51. M・W・スミス「プアラップ＝ニスクォリー族」M. W. Smith, "The Puyallup-Nisqually", *Columbia University Contributions to Anthropology,* vol. XXXII, 1940, p. 187. L・M・ジレック＝オール「サスクアッチとは何か 事実調査の問題点」L. M. Jilek-Aall, "What is a Sasquatch-Or, the Problematics of Reality Testing", *Canadian Psychiatric Association Journal,* vol. 17, 1972.

〔九六―一〇一頁〕F・ボアズ「クワキウトル・インディアンにおける地名」F. Boas, "Geographical Names of the Kwakiutl Indians", *Columbia University Contributions to Anthropology,* vol. XX, 1934.

〔一〇一―一〇二頁〕ボアズ、前掲「クワキウトル族の説話」p. 116-122. カーティス、前掲書 vol. X, p. 293-294.

〔一〇四―一〇六頁〕カーティス、前掲書 vol. X, p. 296-298.

〔一〇六―一〇七頁〕ボアズ、ハント、前掲「クワキウトル族のテクスト」p. 86-93, 103-104. ボアズ、前掲「クワキウトル族の説話」p. 442-445. 同、前掲「新集・クワキウトル族の説話」p. 69.

〔一〇八頁〕カーティス、前掲書 vol. X, p. 295-296.

〔一〇八―一〇九頁〕ボアズ、ハント、前掲「クワキウトル族のテクスト」p. 431-436.

〔一〇九―一一〇頁〕F・ボアズ、前掲「ベラ・ベラ族のテクスト」p. 92-105.

〔一一〇頁〕ボアズ、前掲「クワキウトル・インディアンの社会組織と秘密結社」p. 372. 同、前掲書『インディアン伝説』p. 135. ボアズ、ハント、前掲 p. 354-355.

〔一一一―一一四頁〕ボアズ、前掲「ツィムシアン族の神話」p. 903-913.

〔一一四頁〕C・レヴィ＝ストロース、前掲『神話体系 Ⅱ』p. 170. 同『神話体系 Ⅲ テーブル・マナーの起源』C. Lévi-Strauss, *Mythologiques III. L'Origine des manières de table*, Paris, Plon, 1968, p. 103. 同『神話体系 Ⅳ、裸の人間』*Mythologiques IV. L'Homme nu*, Paris, Plon, 1971, p. 377.

〔一一四―一一六頁〕ボアズ、前掲「クワキウトル族の説話」p. 38-83.

〔一一六頁〕ボアズ、前掲「新集・クワキウトル族の説話」p. 156-173.

〔一一六―一一七頁〕レヴィ＝ストロース「M・デチエンヌの報告　アドニスの庭園」C. Lévi-Strauss, "Compte rendu de M. Detienne, Les Jardins d'Adonis", *L'Homme, revue française d'anthropologie*, XII (4), 1972.

〔一二〇頁〕A・ホーソン『クワキウトル・インディアンならびに他の北西部諸部族の芸術』A. Hawthorn, *Art of the Kwakiutl Indians and other Northwest Coast Tribes*, Vancouver-Seattle-London, 1967, p. 153-155. ボアズ、前掲「クワキウトル族の説話」p. 490. ボアズ、ハント、前掲「クワキウトル族のテクスト」p. 96. F・ボアズ、G・ハント「クワキウトル族のテクスト・第二集」F. Boas and G. Hunt, "Kwakiutl Texts. Second Series", *Memoirs of the American Museum of Natural History*, vol. XIV, 1906, p. 111.

〔一二〇―一二五頁〕ボアズ、前掲「新集・クワキウトル族の説話」p. 70. 同、前掲『クワキウトル族の民族誌』p. 307.

〔一二六頁〕ボアズ、ハント、前掲「クワキウトル族の民族学」p. 816. 同「クワキウトル族のテクスト」p. 364, 398. カーティス、前掲書 vol. X, p. 296.

〔一二六―一三〇頁〕R・リッツェンセーラー、L・A・パースンズ「北西岸部の仮面　サミュエル・A・バレット・コレクション」R. Ritzenthaler and L. A. Parsons, "Masks of the Northwest Coast. The Samuel A. Barrett Collection", *Publications in Primitive Art 2*, Milwaukee Public Museum, 1966, p. 88-91.

〔一二六—一三二頁〕カーティス、前掲書 vol. X, p. 296.

〔一三〇—一三四頁〕ボアズ、ハント、前掲「クワキウトル族の民族学」p. 699-702, 1314. ボアズ、前掲「クワキウトル・インディアンの社会組織と秘密結社」p. 358-359. F・ボアズ「ブリティシュ・コロンビアのインディアンに関する一般報告、その二」F. Boas. "Second General Report on the Indians of British Columbia", *Report of the British Association for the Advancement of Science*, 60, 1890, p. 610.

〔一三四—一三六頁〕ホーソン、前掲書 p. 157, fig. 150.

〔一三六—一三七頁〕ボアズ、前掲『クワキウトル族の民族誌』p. 51-54.

〔一四〇—一四一頁〕F・ボアズ「ブリティシュ・コロンビアのインディアンに関する第五報告」F. Boas, "Fifth Report on the Indians of British Columbia", *Report of the British Association for the Advancement of Science*, 66, 1896, p. 579. 同、前掲「クワキウトル・インディアンの社会組織と秘密結社」p. 394. 同、前掲「インディアン伝説」p. 188-189. 同、前掲「クワキウトル族の説話」p. 275, 279, 468. 同、前掲「新集・クワキウトル族の説話」p. 73, 176, 185, 216. ボアズ、ハント、前掲「クワキウトル族のテクスト」p. 79, 83. 同、前掲「クワキウトル族のテクスト・第二集」p. 24, 60, 62. ホーソン、前掲書 p. 239-240.

〔一四一—一四四頁〕ボアズ、前掲「クワキウトル族の説話」p. 267-285. 同、前掲「新集・クワキウトル族の説話」p. 219-227.

〔一四四—一四七頁〕ボアズ、ハント、前掲「クワキウトル族のテクスト」p. 60-86.

〔一四四—一四七頁〕ボアズ、ハント、同、p. 81.

〔一四七—一四九頁〕J・R・スウォントン「トリンギット族の神話とテクスト」J. R. Swanton, "Tlingit Myths and Texts", *Bulletin 39, Bureau of American Ethnology*, Washington. D.C., 1909, p. 173, 292. 同「ハイダ族のテクストと神話」"Haida Texts and Myths", *Bulletin 29, Bureau of American Ethnology*,

Washington, D. C., 1905, p. 111, 143. ボアズ、前掲「ツィムシアン族の神話」p. 154sq.

〔一五一―一五三頁〕ボアズ、前掲「クワキウトル族の歌謡と舞踊」p. 55. 同、前掲「インディアン伝説」p. 164, 235. 同、前掲「クワキウトル・インディアンの社会組織と秘密結社」p. 372–374, 394, 462. 同「クワキウトル・インディアンにおける信仰の現状」F. Boas, "Current Beliefs of the Kwakiutl Indians", *Journal of American Folklore*, 45, 1932, p. 228. ボアズ、ハント、前掲「クワキウトル族の民族学」p. 862, 1222–1248.

〔一五三―一五七頁〕ボアズ、前掲「ベラ・ベラ族の説話」p. 67–69.

〔一五七―一五八頁〕A・クラウゼ『トリンギット・インディアン』A. Krause, *The Tlingit Indians*, transl. by E. Gunther, Seattle, 1956, p. 186. F・ボアズ「ベラ・クーラ族の神話」F. Boas, "The Mythology of the Bella Coola", *Memoirs of the American Museum of Natural History*, vol. II, 1900, p. 111–114. J・R・スウォントン「ハイダ族のテクスト」J. R. Swanton, "Haida Texts", *Memoirs of the American Museum of Natural History*, vol. XIV, 1908, p. 665. 同、前掲「ハイダ族のテクストと神話」p. 299, 316. 同、前掲「トリンギット族の神話とテクスト」p. 173, 292, 368. 同、前掲「ハイダ族に関する民族学的研究」p. 24, 95.

〔一五八―一六一頁〕G・T・エモンズ「チルカット・ブランケット」G. T. Emmonds, "The Chilkat Blanket", *Memoirs of the American Museum of Natural History*, vol. III, 1903, p. 330. 同「チルカット族の鯨の家」"The Whale House of the Chilkat", *Anthropological Papers of the American Museum of Natural History*, vol. XIX, 1916, p. 25 sq. スウォントン、前掲「トリンギット族の神話とテクスト」p. 119, 128, 173. 同、前掲「ハイダ族に関する民族学的研究」p. 29, 146, 258–259. ボアズ、前掲「ツィムシアン族の神話」p. 822–823, 835, 846. 同『原始芸術』*Primitive Art*, (Instituttet for Sammenlignende Kulturforskning, Serie B, vol. 8), Oslo, 1927, fig. 238, 256, 259, 260. L・F・ジョーンズ『アラスカ・トリンギット族に関する研究』L. F. Jones, *A Study of the Thlingets of Alaska*, Fleming H. Revell Co., 1914 (Johnson Reprint Co.,

1970), p. 188–189.

〔一六一—一六二頁〕スウォントン、前掲「トリンギット族の神話とテクスト」p. 119, 173, 293, 366–368. 同、前掲「ハイダ族に関する民族学的研究」p. 29, 109. J・M・モジーニョ「ヌートカ族に関する報告、一九七二年のヌートカ海峡部について」J. M. Moziño, "Noticias de Nutka. An Account of Nootka Sound in 1792", *American Ethnological Society Monograph 50*, Seattle-London. 1970, p. 27.

〔一六二—一六三頁〕ジョーンズ、前掲書 p. 163.

〔一六四—一六六頁〕B・デ・サハーグーン『フィレンツェ古写本。旧スペイン植民地、事物通史』B. de Sahagún, *Florentine Codex, General History of the Things of New Spain*, In 13 Parts: translated by A. J. O. Anderson and Ch. E. Dibble. Santa Fé, N. M., 1950–1963. Part XII, p. 68–70. ボアズ、ハント、前掲「クワキウトル族の説話」p. 378–382. ボアズ、前掲「ツィムシアン族の神話」p. 156, 948. スウォントン、前掲「トリンギット族の神話とテクスト」p. 173–175, 366–367. W・E・ロス「ギアナ・インディアンにおける精霊信仰と民間伝承に関する調査」W. E. Roth, "An Inquiry into the Animism and Folklore of the Guiana Indians", *30th Annual Report, Bureau of American Ethnology* (1908–1909), Washington, D. C., 1915, p. 242. C・マクレラン「タギシュ・インディアンにおける富＝姫および蛙」C. McClellan, "Wealth Woman and Frogs among the Tagish Indians", *Anthropos*, 58 (1–2), 1963. O・オリコ『アメリカ・インディアン神話』O. Orico, *Mitos Amerindios*, 2da ed., São Paulo, 1930, p. 109. レヴィ＝ストロース、前掲『神話体系 II』p. 168–169.

〔一六六—一六九頁〕ホーソン、前掲書 p. 253. バーネット、前掲 p. 26, 148, 164–165. スウォントン、前掲「ハイダ族に関する民族学的研究」p. 46. E・プティト『金属を持つ婦人 大奴隷湖の黄刀デネ族の民族伝説』É. Petitot, *La Femme aux métaux. Légende nationale des Dénés Couteaux-Jaunes du Grand Lac des*

Esclaves. Meaux, 1888.

〔一六九―一七〇頁〕カーティス、前掲書 vol. XVIII, p. 127-128. Ｅ・プティト『北西カナダ・インディアンの伝承』E. Petitot, *Traditions indiennes du Canada Nord-Ouest*, Paris, 1886, p. 412-423. Ａ・Ｇ・モリス「偉大なるデネ族」A. G. Morice, "The Great Déné Race", *Anthropos*, 1906-1910, t. V, p. 644-645. Ｓ・ハーン『ハドソン湾プリンス・オブ・ウェルズ・フォートから北海への旅』S. Hearne, *A Journey from Prince of Wales's Fort in Hudson's Bay, to the Northern Ocean*, London, 1795, p. 175-176. Ｐ・Ｅ・ゴダード「コールド・レイク方言チッペワイアンのテクストと分析」P. E. Goddard, "Texts and analysis of Cold Lake dialect, Chipewyan", *Anthropological Papers of the American Museum of Natural History'* vol. X, 2, 1912, p. 18. 同「ビーバー族のテクスト」"Beaver Texts", *ibid.*, vol. X, 5-6, 1917, p. 333.

〔一七〇頁〕レヴィ＝ストロース、前掲『神話体系 Ⅲ』p. 368-370.

〔一七一―一七三頁〕クラウゼ、前掲『トリンギット・インディアン』p. 183-186. スウォントン、前掲「トリンギット族の神話とテクスト」p. 20.

〔一七三―一七四頁〕ヒル＝タウト、前掲「ブリティシュ・コロンビアのスクアミシュ族に関するノート」p. 538-541. ボアズ、前掲「クワキウトル・インディアンにおける信仰の現状」p. 222. Ｅ・サピア「ウィシュラム族のテクスト」E. Sapir, "Wishram Texts", *Publications of the American Ethnological Society*, vol. II, Leyden, 1909, p. 308-311. ボアズ編、前掲「サリシュ族およびサハプティ族の民間伝承」p. 44.

〔一七四―一七七頁〕Ｊ・Ａ・テイト「トンプソン川流域インディアンの伝承」J. A. Teit, "Traditions of the Thompson River Indians", *Memoirs of the American Folk-Lore Society*, vol. VI, 1898, p. 32-34. 同、前掲「トンプソン・インディアンの神話」p. 313. 同「シュスワプ族」"The Shuswap", *Memoirs of the American Museum of Natural History*, vol. IV, 1909, p. 642.

〔一七五―一七七頁〕レヴィ=ストロース、前掲『神話体系 Ⅳ』p. 355-356.

〔一七七頁〕Th・アダムスン「大陸沿岸部サリシュ族の民間伝承」Th. Adamson, "Folk-Tales of the Coast Salish", *Memoirs of the American Folk-Lore Society*, vol. XXVII, 1934, p. 369-371.

〔一八四―一八六頁〕スウォントン、前掲「トリンギット族の神話とテクスト」p. 252-261.

〔一九一―一九五頁〕F・ボアズ「ツィムシアン族のテクスト」F. Boas, "Tsimshian Texts", *Bulletin 27, Bureau of American Ethnology*, Washington, D. C., 1902, p. 137. スウォントン、前掲「トリンギット族の神話とテクスト」p. 168.

〔一九九―二〇三頁〕C・オーエハント『鯰絵とその主題 日本の民族宗教の諸相に関する一解釈』C. Ouwehand, *Namazu-e and their Themes. An Interpretative Approach to Some Aspects of Japanese Folk Religion*, Leiden, 1964. A・ソーモニー『枝角と舌』補遺 A. Salmony, *Antler and Tongue*, Supplement, *Artibus Asiae*, 1954. D・フレーザー編『初期中国芸術と環太平洋地域 写真集』D. Fraser, ed. *Early Chinese Art and the Pacific Basin. A Photographic Exhibition*, Columbia University, New York, 1967. シュン・シェン・リン「舌を突き出した人面像……」Shun-sheng Ling, "Human Figures with Protruding Tongue etc.", *Bulletin of the Institute of Ethnology, Academia Sinica*, 2, 1956. M・バドナー「アメリカ北西岸、ニュージーランドおよび中国の芸術様式における突き出した舌とその関連モチーフ」M. Badner, "The Protruding Tongue and Related Motifs in the Art Styles of the American Northwest Coast, New Zealand and China", *Wiener Beiträge zur Kulturgeschichte und Linguistik*, 15, Wien, 1966.

〔二〇二―二〇三頁〕テイト、前掲「シュスワプ族」p. 350, 644, 651. レチャード、前掲「クール・ダレーヌ・インディアン神話の分析」p. 57-67. レヴィ=ストロース、前掲『神話体系 Ⅳ』p. 396. ボアズ、ハント、前掲「クワキウトル族の民族学」p. 175-608. F・ボアズ「クワキウトル・インディアンの宗教」F.

Boas, "The Religion of the Kwakiutl Indians", 2 parts, *Columbia University Contributions to Anthropology*, vol. X, 1930, Part 2, p. 242–243. E・V・スティードマン「トンプソン・インディアンの民族植物学」E. V. Steedman, "The Ethnobotany of the Thompson Indians", *45th Annual Report, Bureau of American Ethnology* (1927–1928), Washington, D. C., 1930, p. 508. テイト、前掲「トンプソン・インディアンの神話」p. 225. アダムソン、前掲 p. 160, 172, 175.

〔二〇四―二〇七頁〕F・A・ゴルダー「トリンギット族の神話」F. A. Golder, "Tlingit Myths", *Journal of American Folklore*, 20, 1907, p. 290–295. F・ボアズ「カトラメット族のテクスト」F. Boas, "Kathlamet Texts", *Bulletin 26, Bureau of American Ethnology*, Washington, D. C., 1901, p. 39–44, 253.

〔二〇八―二一一頁〕D・ジェニス「北アラスカ起源の神話と伝承」D. Jenness, "Myths and Traditions from Northern Alaska etc." *Report of the Canadian Arctic Expedition* (1913–18), vol. XIII, Part A, 1924, p. 73. テイト、前掲「シュスワプ族」p. 703. S・ヴィンセント「儀礼の構造　震える天幕とミスタ・ペ・ウの概念」S. Vincent, "Structure du rituel: la tente tremblante et le concept de mista. pe. w", *Signes et langages des Amériques. Recherches amérindiennes au Québec*, vol. III, 1–2, 1973. G・ライヘル＝ドルマトフ「デサナ　ヴォペスのトゥカノ・インディアンの象徴体系」G. Reichel-Dolmatoff, *Desana. Simbolismo de los Indios Tukano del Vaupés*, Bogotá, 1968, p. 36. A・スキナー「メノミニ・インディアンの社会生活と祭儀」A. Skinner, "Social Life and Ceremonial Bundles of the Menomini Indians", *Anthropological Papers of the American Museum of Natural History*, vol. XIII, 1913, p. 120–121. 同「アイオワ、カンサおよびポンカ族の社会」"Societies of the Iowa, Kansa and Ponca", *ibid.*, vol. XI, part 9, 1915, p. 760. A・スキナー、J・V・サッタリー「メノミニ・インディアンの民間伝承」A. Skinner and J. V. Satterlee, "Folklore of the Menomini Indians", *ibid.*, vol. XIII, Part 3, 1915, p. 361–364. W・ジョーンズ「オジブワ族のテクスト」

W. Jones, "Ojibwa Texts", 2 Parts, *Publications of the American Ethnological Society*, vol. VII, 1917-1919, part 2. p. 641.

〔二二二一二二四頁〕 E・L・キーサーン「首長の銅、あるいはティンネーの起源」E. L. Keithahn, "Origin of the Chief's Copper or Tinneh", *Anthropological Papers of the University of Alaska*, vol. XII, 1964, p. 59-78.

〔二二五一二二六頁〕 T・T・ウォータマン「北西岸芸術の謎」T. T. Waterman, "Some Conundrums in Northwest Coast Art", *American Anthropologist*, vol. 25, 1923, p. 448-451. P・S・ウィンガート『アメリカ・インディアン彫刻　北西岸の研究』P. S. Wingert, *American Indian Sculpture. A Study of the Northwest Coast*, New York, 1949, p. 60, n. 72.

〔二二八一二三〇頁〕 ボアズ、前掲「クワキウトル・インディアンの社会組織と秘密結社」Pl. 6, p. 346.

〔二三〇一二三一頁〕 T・A・リカード「ブリティシュ・コロンビアのインディアンによる鉄および銅の用途」T. A. Rickard, "The Use of Iron and Copper by the Indians of British Columbia", *British Columbia Historical Quarterly*, 3, 1939. J・ウィットホフト、F・アイマン「トリンギット、デネ、エスキモー諸族の冶金術」J. Witthoft and F. Eyman, "Metallurgy of the Tlingit, Dene, and Eskimo", *Expedition. The Bulletin of the University Museum of the University of Pennsylvania*, vol. 11, no. 3, 1969. A・クーチャー、J・O・エドゥワーズ「装飾付銅板製作において、カナダ西海岸インディアンが用いた銅の起源」A. Couture and J. O. Edwards, "Origin of Copper Used by Canadian West Coast Indians in the Manufacture of Ornamental Plaques", *Contributions to Anthropology 1961-1962, Part 2. Bulletin 194, National Museum of Canada*, 1964.

〔二三七一二三八頁〕 J・A・テイト『トンプソン・インディアンの神話』J. A. Teit, "Mythology of the Thompson Indians", *l.c.*, p. 273, n. 3, 272-273, 273, n. 4, 273-274

〔二三八―二四四頁〕J・A・テイト『トンプソン川流域インディアンの伝承』J. A. Teit, “Traditions of the Thompson River Indians” *Memoirs of the American Folk-Lore Society*, VI, 1898, p. 22. F・ボアズ『ベラ・クーラ族の神話』F. Boas, “The Mythology of the Bella Coola”, *Memoirs of the American Museum of Natural History*, II, 1900, p. 28

〔二四四頁〕Th・アダムスン『大陸沿岸部サリシュ族の民間伝承』Th. Adamson, “Folk-Tales of the Coast Salish”, *Memoirs of the American Folk-Lore Society*, XXVII, 1934, p. 160, 172, 175

〔二四六―二四七頁〕J. van Baal, *Symbols for communication. An Introduction to the Anthropological Study of Religion*, Assen, 1971, p. 100

〔二四八―二四九頁〕F・ボアズ『ブリティッシュ・コロンビアのインディアンに関する一般報告、その一』F. Boas, *First General Report on the Indians of British Columbia* (Report of the British Association for the Advancement of Science, LIX (1889) 1890. F・ボアズ『アメリカ北太平洋岸のインディアン伝説』*Indianische Sagen*, etc., *l.c.* F・ボアズ『クワキウトル・インディアンの社会組織と秘密結社』*The Social Organization and the Secret Societies of the Kwakiutl Indians*, *l.c.*

〔二五〇―二五一頁〕F・ボアズ『クワキウトル・インディアンの社会組織と秘密結社』Boas, *The Social Organization*, etc., *l.c.*, p. 334

〔二五一―二五二頁〕E. Durkheim, *Journal sociologique. Introduction et notes de Jean Duvignaud*, Paris, P. U. F., 1969, p. 216–219. M. Mauss, *Œuvres. Présentation de Victor Karady*, 3 vol. Paris, Éditions de Minuit, 1969, vol. III, p. 58. G・P・マードック『社会構造：核家族の社会人類学』G. P. Murdock, *Social Structure*. New York, The Macmillan Co., 1949, p. 190–191. W. H. Goodenough, “On the Origin of Matrilineal Clans: A ‘Just So, Story”, *Proceedings of the American Philosophical Society*, Vol. 120, No. 1, Philadelphie,

1976

〔二五二頁〕F. Boas, "The Social Organization of the Kwakiutl" *American Anthropologist*, n.s., XXII, 1920

〔二五三―二五四頁〕Boas, "The Social Organization of the Kwakiutl", *l.c.*, p. 115. F・ボアズ、G・ハント『クワキウトル族の民族学』Boas and Hunt, *Ethnology of the Kwakiutl, l.c.*, p. 823-824, 787, 782

〔二五六―二五七頁〕F・ボアズ『クワキウトル族の民族誌』Boas, *Kwakiutl Ethnography, l.c.*, p. 51, 50, 52, 60, 62

〔二六〇―二六三頁〕A. L. Kroeber, *Handbook of the Indians of California* (Bureau of American Ethnology, Bulletin 78) Washington, D.C., 1925, p. 21, 3. R. Spott and A. L. Kroeber, *Yurok Narratives* (University of California Publications in American Archaeology and Ethnology, Vol. 35, No. 9) Berkeley-Los Angeles, 1942, p. 144. A. L. Kroeber, *Yurok Myths*, Berkeley-Los Angeles-London, Univ. of California Press, 1976, p. 437. Spott and Kroeber, *l.c.*, p. 148. Kroeber, *Yurok Myths, l.c.*, p. 308

〔二六四―二六六頁〕K. Schmid, "Zur Problematik von Familie, Sippe und Geschlecht, Haus und Dynastie beim mittelalterlichen Adel. Vorfragen zum Thema 'Adel und Herrschaft im Mittelalter'", *Zeitschrift für die Geschichte des Oberrheins*, 105 Band, 1 Heft, Karlsruhe, Verlag G. Braun, 1957, p. 56-57, 3. C・レヴィ＝ストロース『悲しき熱帯』C. Lévi-Strauss, *Tristes Tropiques*, Paris, Plon, 1955, p. 418

〔二六六頁〕F・ボアズ、G・ハント『クワキウトル族の民族学』Boas and Hunt, *Ethnology of the Kwakiutl, l.c.*, p. 1107

〔二六七頁〕Ch・モンテスキュー『法の精神』Ch. de Montesquieu, *L'Esprit des lois*, XXI, XII

〔二六九頁〕M・モンテーニュ『随想録』M. de Montaigne, *Essais*, I, XLVI

〔二七〇頁〕D. Herlihy, "Land, Family and Women in Continental Europe, 701-1200", *Traditio*, Vol. XVIII,

1962
〔二七〇―二七一頁〕F・ボアズ、G・ハント『クワキウトル族の民族学』Boas and Hunt, *Ethnology of the Kwakiutl, l.c.*, p. 259. Schmid. "Zur Problematik, etc", *l.c.*, p. 10-11
〔二七一―二七二頁〕Chr. Bromberger (avec la collaboration de G. Porcell), "Choix, dation et utilisation des noms propres dans une commune de l'Hérault: Bouzigues", *Le Monde alpin et rhodanien*, 1er–2e trimestre, 1976
〔二七二頁〕Schmid, "Zur Problematik, etc.", *l.c.*, p. 13, 52 et *passim*
〔二七四頁〕J. B. de La Curne de Sainte-Palaye, *Mémoires sur l'ancienne chevalerie*, 2 vol., Paris, Duchesne, 1759, II, p. 171-282
〔二七五頁〕Sainte-Palaye, *Mémoires*, etc. *l.c.*, II, p. 262, 263
〔二七七頁〕G. Galopin, ed. *Flandria generosa seu çompendiosa series genealogiae comitum Flandriae... ab anno Domini 792 usque ad 1212*... Montibus, 1643, p. 6
〔二七九―二八一頁〕F. Boas, "Contributions to the Ethnology of the Kwakiutl", *Columbia University Contributions to Anthropology*, III, New York, 1925, p. 71. A. Rosman and P. Rubel, *Feasting with mine Enemy*. New York-London, Columbia University Press, 1971, p. 153-154. T. F. McIlwraith, *The Bella Coola Indians*, 2 vol., Toronto University Press, 1948, vol. I, p. 124
〔二八六―二八八頁〕F・ボアズ『ツィムシアン族の神話』F. Boas, *Tsimshian Mythology, l.c.*, p. 221-225
〔二八七頁〕W. E. Godfrey, *Les Oiseaux du Canada*, Ottawa, Musée national du Canada (Bulletin 203. Série biologique 73), 1967, p. 98
〔二八八―二八九頁〕M. Barbeau, *Tsimsyan Myths*, Ottawa, National Museum of Canada (Bulletin 174. An-

thropological Series 51), 1961, p. 71-75. Ｆ・ボアズ『ツィムシアン族の神話』Boas, *Tsimshian Mythology, l.c.*, p. 154-158

〔二九〇－二九一頁〕M. Barbeau, *Tsimsyan Myths, l.c.*, p. 72. *Totem Poles of the Gitksan*, Ottawa, National Museum of Canada (Bulletin of the Canada Department of Mines LXI) 1929, p. 92-93, 106. *Tsimsyan Myths, l.c.*, p. 75

〔二九一頁〕Veniaminov, *in* Krause. Ａ・クラウゼ『トリンギット・インディアン』A Krause, *The Tlingit Indians* (*Die Tlinkit-Indianer*, Iena, 1885), Seattle, University of Washington Press, 1956, p. 183-185

〔二九二－二九四頁〕J. R. Swanton. *Social Conditions, Beliefs and Linguistic Relationship of the Tlingit Indians*, Washington, Government Printing Office (Annual Report of the Bureau of American Ethnology XXVI), 1908, p. 434 et fig. 110, p. 432. Ｊ・Ｒ・スウォントン『トリンギット族の神話とテクスト』*Tlingit Myths and Texts*, Washington (Bureau of American Ethnology, Bulletin 39), 1909, p. 25, 22-25, 94-106, 297-298. F. de Laguna, *Under Mount Saint Elias : The History and Culture of the Yakutat Tlingit*. City of Washington, Smithsonian Institution Press, 3 vol. (Smithsonian Contributions to Anthropology 7), 1972, II, p. 875-879

〔二九四－二九五頁〕Ｊ・Ｒ・スウォントン『ハイダ族のテクストと神話』J. R. Swanton, *Haida Texts and Myths*. Washington, Government Printing Office, Smithsonian Institution (Bureau of American Ethnology, Bulletin 29), 1905, p. 252-261. Ｊ・Ｒ・スウォントン『ハイダ族のテクスト』*Haida Texts* (Publications of the Jesup North Pacific Expedition, 1905-1908, X. Leiden-New York, Brill-Stechert. Memoirs of the American Museum of Natural History XIV), 1908, p. 363, 376-382. Ｆ・ボアズ『アメリカ北太平洋岸のインディアン伝説』F. Boas, *Indianische Sagen, l.c.*, p. 306

〔二九六－二九八頁〕Ｊ・Ｒ・スウォントン『ハイダ族のテクストと神話』Swanton, *Haida Texts and Myths, l.c.*, p. 151-159. Ｊ・Ｒ・スウォントン『トリンギット族の神話とテクスト』*Tlingit Myths and Texts, l.c.*, p. 25

〔三〇〇頁、注（9）〕Ｊ・Ｒ・スウォントン『ハイダ族のテクストと神話』Swanton, *Haida Texts and Myths, l.c.*, p. 172, n. 22（三三〇頁参照）

〔三〇〇頁、注（10）〕Ｆ・ボアズ『アメリカ北太平洋岸のインディアン伝説』Boas, *Indianische Sagen, l.c.*, p. 291（三三〇頁参照）

〔三〇〇頁〕Ｆ・ボアズ『アメリカ北太平洋岸のインディアン伝説』Boas, *Indianische Sagen, l.c.*, p. 291-292; Ｆ・ボアズ『ツィムシアン族の神話』*Tsimshian Mythology, l.c.*, p. 285-292

〔三〇〇頁〕Barbeau, *Tsimsyan Myths, l.c.*, p. 71-72

〔三〇二頁〕Barbeau, *Totem Poles*, etc., *l.c.*, p. 92-93

〔三〇二頁〕Barbeau, *Totem Poles*, etc., *l.c.*, p. 104, 106, 105, n. 1, 105, 108, 106, 107

〔三〇四頁〕Chief K. B. Harris, *Visitors who never Left. The Origin of the People of Damelahamid.* Vancouver, University of British Columbia Press, 1974, p. 128-131

〔三〇五頁、注（11）〕Ｊ・Ｒ・スウォントン『トリンギット族の神話とテクスト』Swanton, *Tlingit Myths and Texts, l.c.*, p. 295-296（三三〇頁参照）

〔三〇六－三〇七頁〕Ｆ・ボアズ『アメリカ北太平洋岸のインディアン伝説』Boas, *Indianische Sagen, l.c.*, p. 137, 306. Ｆ・ボアズ『ツィムシアン族の神話』Boas. *Tsimshian Mythology, l.c.*, p. 622, Ｊ・Ｒ・スウォントン『トリンギット族の神話とテクスト』Swanton, *Tlingit Myths rnd Texts, l.c.*, p. 99

〔三〇七頁〕F. de Laguna, *l.c.*, II, p. 878. Ｊ・Ｒ・スウォントン『ハイダ族のテクストと神話』Swanton,

Haida Texts and Myths, l.c., p. 253

〔三〇七―三〇八頁〕Ｊ・Ｒ・スウォントン『ハイダ族のテクストと神話』Swanton, *Haida Texts and Myths, l.c.*, p. 149. Ｆ・ボアズ『アメリカ北太平洋岸のインディアン伝説』Boas, *Indianische Sagen, l.c.*, p. 181, 309. Ｆ・ボアズ『クワキウトル族の説話』*Kwakiutl Tales* (Columbia Contributions to Anthropology II, 1910), p. 245 sq

〔三〇八頁〕Ａ・クラウゼ『トリンギット・インディアン』Krause, *The Tlingit Indians, l.c.*, p. 190. E. S. Curtis, *The North American Indian, l.c.*, vol. XI, Norwood, 1916, p. 168. Ｆ・ボアズ『アメリカ北太平洋岸のインディアン伝説』Boas, *Indianische Sagen, l.c.*, p. 55-56, 259-260, 299-300. *Tshimshian Texts* (*New Series*). Leyden, Brill (Publications of the American Ethnological Society III), 1912, p. 147-192. Ｆ・ボアズ『ツィムシアン族の神話』*Tshimshian Mythology, l.c.*, p. 840, 843-845, Harris, *Visitors who never Left, l.c.*, p. 100-104

〔三〇九頁〕Ｊ・Ｒ・スウォントン『トリンギット族の神話とテクスト』Swanton, *Tlingit Myths and Texts, l.c.*, p. 297-298. Ｆ・ボアズ『アメリカ北太平洋岸のインディアン伝説』Boas, *Indianische Sagen, l.c.*, p. 21, 47, 60

〔三一五―三一六頁〕Ｊ・Ａ・テイト『リロエト・インディアン』J. A. Teit, *The Lilloet Indians*, Leiden-New York, Brill-Stechert (Memoirs of the American Museum of Natural History IV), 1906, p. 253, 290. Ｊ・Ａ・テイト『ブリティッシュ・コロンビアのリロエト・インディアンの伝承』"Traditions of the Lilloet Indians", *Journal of American Folklore*, XXV, 1912, p. 344-346. Ｊ・Ａ・テイト『リロエト・インディアン』*The Lilloet Indians, l.c.*, p. 258, 290

〔三一五―三一六頁〕D. Sauger, "The Chase Burial Site", *Contributions to Anthropology 6. Archaeology and*

Physical Anthropology, National Museums of Canada, Bulletin 224, Ottawa, 1968, p. 147-148

〔三一五―三一六頁〕F・ボアズ『ブリティッシュ・コロンビアのインディアンに関する一般報告、その一』Boas, *First General Report*, etc., *l.c.*, p. 824. F・ボアズ『ツィムシアン族の神話』*Tsimshian Mythology*, *l. c.*, p. 508. G・M・ドーソン『ブリティッシュ・コロンビアのシュスワプ族に関するノート』G. M. Dawson, "Notes on the Shuswap People of British Columbia," *Proceedings and Transactions of the Royal Society of Canada*, IX, Montreal, 1892, p. 36-37. A・H・カイパーズ『スクアミシュ語 文法とテクストおよび語彙集』A. H. Kuipers, *The Shuswap Language: Grammar, Texts, Dictionary*, The Hague-Paris, Mouton (Janua Linguarum. Series practica 225), 1974, p. 236. A・クラウゼ『トリンギット・インディアン』Krause, *The Tlingit Indians*, *l.c.*, p. 184. J・R・スウォントン『トリンギット族の神話とテクスト』Swanton, *Tlingit Myths and Texts*, *l.c.*, p. 24, 98

〔三一七頁〕J・R・スウォントン『ハイダ族のテクストと神話』Swanton, *Haida Texts and Myths*, *l.c.*, p. 156. F・ボアズ『アメリカ北太平洋岸のインディアン伝説』Boas, *Indianische Sagen*, *l.c.*, p. 238

〔三一九頁〕F・ボアズ『ツィムシアン族の神話』Boas, *Tshimshian Mythology*, *l. c.*, p. 355-392. W. Robinson, *Men of Medeek. As Told by Walter Wright.* Kitimat, Northern Sentinel Press, 1962

〔三一九頁〕J・R・スウォントン『ハイダ族のテクストと神話』Swanton, *Haida Texts and Myths*, *l.c.*, p. 256. J・R・スウォントン『トリンギット族の神話とテクスト』*Tlingit Myths and Texts*, *l.c.*, p. 104

〔三二〇―三二一頁〕F・ボアズ『アメリカ北太平洋岸のインディアン伝説』Boas, *Indianische Sagen*, *l.c.*, p. 268, 270-271

〔三二三頁〕G. F. Macdonald and R. I. Inglis, *The North Coast Archaeological Research Project. A Ten Year Evaluation*, Ottawa, National Museum of Man, miméogr., 1975

〔三三三頁〕 W. D. Jilek and L. M. Jilek-Aall. *Symbolic Processes in Contemporary Salish Indian Ceremonials*, miméogr., 1975

〔三三四頁〕 T・T・ウォーターマン『北西岸芸術の謎』T. T. Waterman, "Some Conundrums, etc.", *l.c.*,

J・R・スウォントン『トリンギット族の神話とテクスト』Swanton, *Tlingit Myths and Texts*, *l.c.*, p. 405

〔三三五頁〕 R. L. Olson, *Social Structure and Social Life of the Tlingit in Alaska* (Anthropological Records 26), Berkeley-Los Angeles, University of California Press, 1967, p. 105, 110, 121. F・ボアズ『ツィムシアン族の神話』Boas, *Tsimshian Mythology*, *l.c.*, p. 288

単行本版『仮面の道』解説

*

これまでのところレヴィ＝ストロースの最も新しい著作といえる本書が、最も古い「親族の原初構造」がまだ訳出されないうちに世に出るのはこの叢書の性質上仕方がないとはいえ、聊か忸怩たるものが無いでもない。

訳者の一人たる私（山口）は翻訳家でもないので、成るべくなら生涯レヴィ＝ストロースのように文体に凝《こ》る学者＝思想家の著作は訳さないで済ませることができるならそれに越したことはないと思っていたが、編集部の熱心な慫慂によってこういうことになってしまった。

レヴィ＝ストロースがこういう本を書いているということを知ったのは一九七二年春レヴィ＝ストロースのゼミで「西アフリカの瓢箪のパターン分析」という発表を行うための

打ち合わせをしている時のことであった。研究室で色々と話しているうちに、レヴィ＝ストロースは、「神話学大系四巻が出た今、次はどういう仕事を準備中ですか」という私の問いに答えて「今《創造の小径叢書》のために北西インディアンの仮面の分析の本を書きはじめていますが、その中には日本の地震の話も出て来ますよ」と言った。それは例のオウエハントの「瓢簞鯰」の本を使うのでしょうかというと「その通りです。あの本はすばらしい」と繰り返していた。勿論、その時、私はまさかこの本の訳者の一人になるとは夢想だにしなかったので、「本日は瓢簞の話がよく出ますね」などと冗談にまぎらわしたものである。この本が刊行されたのはそれから三年を経た一九七五年のことであるから、一気に書きあげられたように見えるこの本も結構少なからぬ年月を費したようである。

一般にこの本は、レヴィ゠ストロースの余興のようなものと考えられているようである。しかし、この本は、レヴィ゠ストロースが神話学のレヴェルで達成したような極めてラディカルな視点が、より限られた分野においてではあるが、貫かれている。それは「印象批評を排す」という姿勢に外ならない。仮面についての言説はこれまで数多く提出されている。しかし、その多くは、あくまでも、仮面の描写、それが与える印象についての説明、哲学的説明、民族誌的機能論がその多くの部分を占めて来た。レヴィ゠ストロースは、ともすれば、この分野においては西欧美術の分析に使い古された印象批評的ディスクールを未開芸術に流用するという安易さを含みがちである。これに対してレヴィ＝ストロースが、造型芸術においても、方法論的アプローチに従って、芸術表現が、潜在的に属する匿れた意味論的秩序を明らかにして、それが働いているより包括的な、時には宇宙論的な大系に照明をあてる方向を示したのが本書である。

本書に対してこれまで示された反響には、私がナンテール大学の客員教授をしていた頃の友人であるダン・スペルベルの次のような評価がある。スペルベルは嘗てはレヴィ＝ストロースの弟子格であったが、六八年頃からむしろバランディエに接近し、T・トドロフ編の『構造主義とは何か?』（スイユ社一九六八年）に「民族学における構造主義」と題するレヴィ＝ストロースの親族理論の批判を書いている。彼は次のように述べる。

「今度の本ではイコノグラフィが大変巧みに使われ、信じられない程生真面目であり、レヴィ＝ストロースのいつもやる奔放な展開はイラストレーションの方に投下したような印象を与える。各章はこれまでの著作のようなタイトルも気取った章句もつけられていない。以前の本なら複雑で意味あり気な数々の図表が挿入されていたのに、今度の本では、あたかもそれらが単なる発見教授法的な支柱にすぎず正式のモデルでないとでも言うように、いくつかの手書きの簡単な図形がある丈である……」

続いてスペルベルは箱カバー表紙〔本文庫版の第1部「第一巻」扉〕に使われている写真の仮面と、その裏表紙〔本文庫版の第1部「第二巻」扉〕のそれを対比して、若し読者が第一の仮面が第二のそれと対を成していることを見抜けば、読者はこの本のポイントの半分は把握したことになると言う。

次にスペルベルは、サリシュ族の眼が突きでて舌が垂れ下っているスワイフウェ仮面とクワキウトル族のクスウェクスウェあるいはクウェクウェ仮面の対比——つまりスワイフウェ仮面が富をもたらし、クウェクウェ仮面が吝嗇であるという神話における対比をとりあげながら、レヴィ＝ストロースは、こうした特性を大いに強調するが証拠は稀薄であると言う。スペルベルは、レヴィ＝ストロースのあげる証拠では充分でないとして次のように述べる。つまり、仮面に関係ありとされる神話的な赤かさご魚が吝嗇であるとか、クウェクウェ仮面の踊り手達が踊りの最中に撒く贈物を子供達が拾うのを妨げるというが、富に関して言われていること丈でクウェクウェ仮面がスワイフウェ仮面と対極にあると果して言い切ることができるのであろうかというのである。

スペルベルの疑問は次の如く意地悪い。若しクウェクウェが吝嗇だとすれば、クワキウトル族の仮面で他のどの仮面がサリシュ族のスワイフウェ仮面の特色、すなわち致富の特性を持つのであろうか、と。

その答えは極めてレヴィ＝ストロース的である。つまり彼は造型的観点から言って極めてスワイフウェとも、クウェクウェ仮面とも全く対極にあるのは、眼窩が窪んでて、唇を丸くすぼめ、毛深く暗黒色の、つまり裏表紙〔第1部「第二巻」扉〕に使われたゾノクワだとしているのである。

本文でも述べられているように、ゾノクワはクワキウトルの神話的鬼女で、子供を盗み、富――特に儀礼的に大変貴重なものとされているティンネー銅――を与える。ゾノクワ仮面の踊り手は黒一色で我が身を覆い、儀礼の最中には睡魔に襲われたように装うか、盲人のように手探りでつまずきながら移動する。

レヴィ＝ストロースの筆法をもってすれば、サリシュ族のスワイフウェ仮面は、二つのクワキウトル仮面に変換されたかのようである。つまり一つは形が似ているが吝嗇なクウェクウェであり、他の一つは一般的な特性において似ているが、外的な特徴や踊り手達の行動においては全く相反するゾノクワである。そこでレヴィ＝ストロースは次のように特徴づける。「一つの集団から他の集団へと、造型的な形が保有されるときには、意味上の機能は逆転する。反対に、意味上の機能が保有されるときには、造型的な形の方が逆転する」（本文一三七頁）

この図式では、スワイフウェとゾノクワは「寛恕性」という「意味論的機能」で一括して理解される。ところが、スペルベルは言う、この両者は他の面で象徴論的に対立し合うものなのだと。

スワイフウェは天空―水という垂直軸、つまり水中の産物、祖先、出自集団の恒常性といった観念に結びつく。それに反し、ゾノクワは村―森という水平軸、森の産物、子供を攫うことによる出自集団の破壊といった観念と結びつく。そこで「意味論的機能」(要素)の一部だけが残る。クウェクウェについて言えば、吝嗇という要素は辛うじて立証されるに過ぎず、これがこの仮面の主たる「意味論的要素」だと考えられる根拠はないとスペルベルは言う。更に、スワイフウェ仮面の「造形」的に重要な側面がクウェクウェでは抜け落ちていることもある。スワイフウェの顎は極めて低く付けられているために顎先そのものは殆ど見えなくなっている。

ところで本書の分析の示すところでは、造型芸術においては、神話におけるごとく、単なる差異と思われるものが、一貫した対立関係を帯びているのであり、こうした構造的対立は、その酷似性と同様に、文化の理解に役立つ。こうして、レヴィ゠ストロースは神話研究における仮説を芸術研究に拡大するのである。この点についてスペルベルは、同じく北米インディアンのマンダン族とヒダツァ族の神話における倒置を論じたレヴィ゠ストロースの「隣接する諸族の儀礼と神話」Rites et mythes de peuples voisins in "The

Translation of Culture", ed. by T. O. Beidelman, Tavistock, London, 1971.) をめぐって、こうした仮説は重要であるが、余り単純化すると、得るところはさほどない、と言っている。

この批判に続いて、スペルベルは性的対立についての注意を喚起する。つまり、スワイフウェは男で極めて男性的である。ゾノクワの方は女であって、造形的特徴を表しにくい存在である。目が突き出ていることに男性的な特徴が現われていないのであろうか。うつろなことに女性的な表現が託されていないのであろうか。この点についてレヴィ＝ストロースは何故疑問を投げかけないのかとスペルベルは問いかける(Dan Sperber, The myth behind the mask, T. L. S. March 12, 1976. p. 286.)

比較的忠実にスペルベルの論旨を追って来たのは、レヴィ＝ストロースの仮説を、その華麗な論旨に幻惑されないで、より包括的に読みとるために、異議申し立てを知ることも無駄ではなかろうと思ったからである。すでに述べたようにスペルベルは基本的に反レヴィ＝ストロースの立場に立ち、彼の現在の師匠《パトロン》は、レヴィ＝ストロースと感情的に真向から対立しているオックスフォード大学社会人類学教授ロドニー・ニーダムである。更に、このTLS紙に対してニーダム教授が多大の影響力を持っていることも考慮に容れなければならない。こういう背景を私は私小説的興味をそそるために述べているのではない。スペルベルの書評の歯切れの悪さの根拠を説明するために述べているのである。歯切れの悪いというのは、この書評がスペルベルの立場から来る批判を部分的に含んでいるにもかかわらず、全体としてこの分析を容認しているというより批判的ではありえないという実感が透けて見えるということである。その背景をもう少しスペルベル個人に引きつけて考えると、スペルベルは数理的思考に大変たけた人類学者であるが、分析概念においてはそれほど独創的でなく、結局は、レヴィ＝ストロースの概念装置に頼っているという点にある。更に、スペルベルはエチオピア南部をフィールドとする人類学者で、アメリカ・インディアンについての知識を全く持ち合わせないので、資料的な他の可能性《オールタナティヴ》を提出することができない。この点について彼が大して広い民族誌的知識の持ち主でないことを私は身近に知っているからほぼ間違いない。

スペルベルが見落したのは、サリシュ族の仮面スワイフウェが、その中に両義性を秘めていて、クワキウトルの二つの仮面がその各々の可能性を展開したという事実である。

特にゾノクワは、スワイフウェが潜在的に持つ異人性の方向を展開したものと考えることができる。この点をたしかめるために、我々は、手許にあるゾノクワについてのもう一つの異伝に当ってみよう。

或る日首長の息子達が野生《マウンテン》の山羊狩りに出る支度をしていた。彼らの祖母が「この油と野生山羊の毛皮と、櫛と、研磨石を持っていきなさい。若し人食い鬼《ゾノクワ》がお前達を襲ったら、彼らの道をこれらで遮りな。そうすれば難を逃れることができるよ」と諭した。若者達は一人一つずつこの呪物を携えて出発した。

海岸の山地の崖っ縁を越えて行くと、谷間の木蔭から立ち登る淡く彩られた煙を認めた。「あれが父が警戒しろといっていた人食い鬼の棲家に違いない」と若者の一人が言った。「そうだ、この獰猛な化物を一目見ようではないか」と兄弟の一人が提案したので、父親の警告を忘れて兄弟達は進んでいった。

山から降りる途中、最年少の弟が足に深い裂傷を負った。傷口からは血が夥しく流れたが、若者は何のこれしきと思ってさほど気にもとめなかった。煙の見えた場所の近くに行くと、彼らは小屋を偵察した。「気をつけろ」と、この薄暗い家に侵入するに際して一人が注意を与えた。暖炉の傍には大きな子供を抱いた巨人の女が坐っていた。女は彼らを見つめた。

突然、最年少の弟は、毛で覆われた母親が脚の血を見つめていることに気づいた。彼女は唸るように「その足の血をこすり取って私の赤ん坊にやってくれないかね」と言った。

棒切れをとって、最年少の弟は血を足からこすり取り、その棒切れを人食い鬼女に渡した。鬼女が棒切れを赤ん坊に渡すと、赤ん坊はそれをひったくるようにして取り、それを綺麗に嘗めてしまった。それを見て兄弟達はいよいよ彼らが食人鬼の家に這入り込んでしまったことに気づき、如何にこの家から脱出するかについての案を練った。自分達の弓術をひけらかすために、兄弟達は扉のふし穴から矢を射かけた。一人ずつ、矢を取り戻そうと戸外に走り出て森の中に逃げ込んだ。

彼らを追って人食い鬼女は外へ出て来たが一旦停って口笛を吹いて夫を呼んだ。若者達はこれを聴くや、口笛吹きのゾノクワにてっきり捕まるだろうと思った。彼らはすぐ間近に人食い鬼女の夫に追われて崖っ縁を命からがら村の方へ逃げていった。

「人食い鬼が迫って来たぞ」と兄弟の中の最年長の若者が叫んだが、その時祖母が呉れた研磨石のことを想い出した。彼がその石を人食い鬼の方に投げると、険しい山が出現したので、若者達は、山を登るのに時間をとられている人食い鬼から遠ざかることができた。

しかし間もなく若者達は背後にゾノクワが足を踏みしめ口笛を吹く音を聴いた。「僕は祖母のくれた油を道に撒こう」と次兄が言った。

彼が撒くやいなや、油は巨大な湖になったので、人食い鬼はまたしても遥か後方にとり残されてしまったのであった。海岸沿いの父の家まで約半分の行程に来た時に、ゾノクワがまたも接近して来た。

「道に木の櫛を投げる時が来たようだ」と第三子が言って櫛を投げた。すると櫛は巨大な野生リンゴの樹となった。人食い鬼はもつれた樹の枝をはらい除けるのに手間取った。尚も走り続けるうちに兄弟達はまた、ゾノクワが怒り狂い口笛を吹き鳴らすのを聴いた。ついに怪力を使って人食い鬼は障害物を突破して、村の近くで兄弟達に追いついた。

最年少の弟は「では、野生山羊の毛皮を捨てて行くよ」と言った。今度は人食い鬼は濃い霧のなかに閉じ込められてしまったので、兄弟達はまたしてもまんまと逃げおおせることが出来た。家に近づくと父親が彼らを迎えた。

「父上、人食い鬼が後を追って来ます」と長子は叫んだ。「人食い鬼の侵入を防ぐために、杉皮の縄を家の廻りにめぐらせ！」父子はタッチの差で家の中に逃れた。杉皮で編んだ縄を通り抜けることができないのでゾノクワは屋根の上に登り、上下に揺さぶりはじめた。突如として屋根板がその重圧によって外れたため、人食い鬼は顔をのぞかせた。

「明日家族同伴で戻って来てくれ、ゾノクワ」と首長は命じた。

燻製の鮭を腹一杯食べさせたあとで、首長は四人の息子達に屋根のふき替え方を教えた。それから、父の指示通りに、いろり端の首長の座の傍に穴を掘って板でそれを覆った。

「人食い鬼の一家が来たら、この板の上に坐るように仕向けよう」と父親は言った。彼らは四匹の犬を殺しその内臓を落し穴の傍に積み重ね、屍体は埋めた。

「さて客が来る頃までに真赤に焼けているように沢山の石を炉の火の中に置け」と首長は

命じた。その後皆は寝床についた。

　翌日昼頃、多くのつんざくような口笛の音が聴えた。

「人食い鬼が来た」と召使が報告した。首長は一番立派な山羊の毛皮の服を着用して客を戸口のところで迎えた。男、女、子供のゾノクワを家の中に押し入れて、首長は彼を炉の傍の落し穴のところへ導いた。

　首長は、死んだように横たわっている四人の息子の傍に積み上げた内臓を指して「御馳走を用意して待っていましたよ」と言い、次のように要請した。「でも、宴会を始める前に私の語りを聴いて下さい。手に語りの杖を持っていますよ。私のクラン伝承を聴いて下さい」と首長は告げた。

　クワキウトルでは、首長は語り杖で大地を突きながら語りの重要な部分を強調する習わしであった。少し経つと人食い鬼の家族は居眠りを始めた。間もなく彼らは熟睡した。「さて」と首長が叫ぶと、彼の四人の息子が飛び起きて板を素早く取り除けたので、ゾノクワ一族は穴の底へ真逆様に落ちていった。他の一族も同様に素早く真赤に焼けた石を穴の中に落し、息子達は熱湯を人食い鬼に向って注いだ。

　ゾノクワの屍体が、地獄の熱火によって焼きつくされると、首長とその息子達はその灰を東西南北に向う風に、首長の「これからお前達は蚊《か》になるのだ」という呪いと共に撒布した。

さて、その後クワキウトル族は人食い鬼の踊りを祝いこの常緑樹の鬼神を象った仮面を沢山造った。この踊りは人々に如何にして自らを防衛するかを教え、シャーマンは魂を人食い鬼の家に侵入させて盗まれたインディアンの魂を入手できた。(Joseph H. Wherry, *Indian Masks and Myths of the West*, 1969, NY., p. 117.)

この説話は、ゾノクワが富を与えるという要素を欠落させている。とはいうもののゾノクワに、「自然」「野生」という記号作用を担わせていることは直ちに見てとれるであろう。それは適切/巨大、静寂/騒音、調理された食物/生の食物(=人肉、内臓)、知恵/無智、人里/原野といったパラダイムの一方の極をゾノクワが担っていることからも明らかであろう。こうしたゾノクワの属性は、ゾノクワが、日常生活と儀礼の秩序を脅かす周縁的存在として形象化されていることを物語るものである。

こういったゾノクワの特性は、決してインディアン文化のみに限定されるものでなく、他の文化においても、或る種の説話素が存在すれば物語化されるものである。

日本の神話及び昔話に通じている読者なら、この説話が二つの部分でそれらのあるものに対応するということがわかるであろう。第一に首長の息子達の逃走は、次々に呪物を投げて障害物を造り、追手を妨害し逃走に成功する展開は、イザナギの呪的逃走のそれに相当する。イザナギは黄泉の国でイザナミの醜い姿を見たために追いかけられる。

「ここに伊邪那岐命《の》、見畏《みかしこ》みて逃げ還る時、その妹伊邪那美命《の》、「吾《あれ》に辱《はぢ》見せつ。」と言ひて、すなはち黄泉醜女《よもつしこめ》を遣《つか》はして追はしめき。ここに伊邪那岐命《の》、黒御鬘を取りて投げ棄《う》つれば、すなはち蒲子《えびかづらのみ》生《な》りき。こを摭《ひろ》ひ食《は》む間に、逃げ行くを、なほ追ひしかば、またその右の御角髪《みみずら》に刺せる湯津津間櫛を引き闕《か》きて投げ棄《う》つれば、すなはち笋《たかむな》生《な》りき。こを抜き食む間に、逃げ行きき。且後には、その八はしらの雷神に、千五百の黄泉軍を副へて追はしめき。ここに御佩《はか》せる十拳劒を抜きて、後手に振きつつ逃げ来るを、なほ追ひて、黄泉比良坂の坂本に到りし時、その坂本にある桃子三箇を取りて、待ち撃てば、悉に逃げ返りき」

イザナギの投げた黒御鬘は葡萄の実となり、櫛は竹の子になるという展開は、殆どゾノクワ説話を想わせるものである。

関敬吾氏の「日本昔話の型」の要約によれば、「三枚の護符」は次のように展開する。

「1、子供（小僧）が山姥の家に泊る、または追はれる。2、山姥が腰に結ひつけた縄を護符ととりかへる。三枚の護符（鏡・櫛・針・玉）を投げ、⑴川（海）、⑵山（剣の山）、⑶火（藪）をつくつて逃げる。3、（a）山姥は火で焼け死ぬ、または（b）寺まで逃げ帰り、和尚に救けを求める。4、和尚は山姥と化けくらべをして豆に化けさせて食い小僧を救ふ」（三・A・一〇一）

この説話の小僧を首長の息子達、和尚を首長、山姥をゾノクワと置きかえると、この話はクワキウトル族のものとして語られても少しも不思議ではない。勿論この呪的逃走譚は普遍的な説話で全世界的分布を示している。

更に、後段の家へたどりついてからの饗応と称してトリックを仕掛けて眠らせ、怪物を打ち取る筋の展開はスサノオノミコトの八岐の大蛇退治を想起させよう。

別にこうした事実をもって伝播云々というレヴィ＝ストロースの最も忌み嫌う方法に従おうとするものではない。只、ゾノクワ説話のこうした展開の可能性を知ることは、本書において説かれている神話に対する我々の親近感を増すであろう。一見我々の文化と無縁のように見える北西インディアンの文化伝統が思考のレヴェルにおいて我々のそれと共通の層を持つということを感じさせる。

事実、ゾノクワは、我々の説話の世界においては鬼又は山姥、安達原の鬼女といった形で現われうるものである。ゾノクワは結局は、我々の精神の深層から浮び上って来る「存在の不安」のごときものである。そこで、こうした原初的不安の感情を顕在化させる仕掛けの一つが説話である。こうした不安を顕在化させる最も基本的な技術は、我々でないもの、つまり異人という形で示すことである。そこで異人は我々の理想を裏返した状態で表現される。

このように、本書は、神話と仮面という二つの軸で、構造論的原理が如何に貫徹されるかという点での明確な方法意識に基づいて書かれたものであるが、それを更に宇宙論的に開かれるような次元で読むことを可能にする方向を示している。未だ試みた人は居ないが、能面における表現（癋見《べしみ》、大飛出《おおとびで》系狂言のうそふき）と反表現のダイナミズムも、こうした方法に副って再考することは不可能ではないかも知れない。

レヴィ＝ストロースには、この著作以外に、本書の冒頭に引用された『北西岸の芸術』（書誌参照）を始めとして北米インディアンについて触れた分析は尠くない。とは言え北米インディアンに構造分析の方法を最初に適用したのはレヴィ＝ストロースではなく、学派的には本書において彼が挙げた『瓢簞鯰』の著者オウエハントが属するオランダ・ライデン学派のG・W・ロッヘルが、本書にも取り挙げられているクワキウトル神話を対象として『クワキウトル宗教における蛇』という研究を一九三三年に上梓して、クワキウトル・インディアンの二元的宇宙観を構造論的に分析している（G. W. Locher, "*The Serpent in Kwakiutl Religion*. A Study in *Primitive Culture*" Leiden, 1933.）。こうした神話をシステムとして研究する方法に対して、神話の歴史性により強い関心を持っていたフランツ・ボアズは、ロッヘルが挙げる事例がクワキウトル族に比較的近い過去に取り入れられたものばかりであると批判した（Franz Boas, Review of G. W. Locher, "The Serpent in Kwakiutl Religion," in Boas, *Race, Language and culture*, 1940 & 1966.）。但しレヴィ＝ストロースは、本書において仮面及び神話の近隣諸族における伝播経路及び伝播という事実そのものを考察の対象としているために、構造論の方法の中に歴史性を歴史的事実として取り込むことによってボアズの批判に応えているようである。

弛緩した造型芸術の分析に対する活性剤として本書が読まれることを原著者も望んでいようし、専門家ばかりでなくそうした関心を持つ読者を得ることが出来るならば、訳者の喜びこれに過ぐるものはない。

始めに触れた会話から四年を経た昨年の初夏、私は「世界」のための対談の打ち合わせのために、レヴィ＝ストロースの研究室で再び言葉を交わしていた。前の打ち合わせの時に予告されていたこの本は既に出ていた。インドネシア調査の資金源であるウェンナ＝グレン人類学財団の申請の際推薦状を書いて貰った御礼を言い、一応調査の報告を済ました後、私は、この『仮面の道』を訳すことになったのだが、瀆聖にならなければよいのだが、と言った。何ごとにつけて丁寧なレヴィ＝ストロースは、あなたのようなすぐれた友に訳して貰うのは光栄だと言ってくれた。『野生の思考』の英訳の責任者であったロドニー・ニーダムを批判して、英訳は自分の本でないみたいだと、「マン」誌に書簡を送って絶交のきっかけを作った人と同じ人物とは思えない寛容ぶりであった。

我々は、ブリティシュ・コロンビアにおけるレヴィ＝ストロースの「野生の」世界との出遭いなど、本書をめぐる様々の問題について愉しい語らいの一時を過した。彼は、旅をするならブリティシュ・コロンビアか、北海道のような自然の中に野生の香りが残る、寒冷な地域がよいとも言った。

また、棚の中から十数枚の大津絵の写真を取り出して、『仮面の道』で使った大津絵の写真は、オウエハントの本に使われているもので、これらの写真の原画は、自分がオークションで落したものだと説明して、私に、色々とイコンについて質問した。更にオウエハントについて、私が人類学を正式に始めた第一日目に馬淵東一教授宅で会った話をして、人間の出遭いというのも面白いものがあると語り合った。

レヴィ＝ストロースは今秋〔一九七七年〕始めて日本を訪れるので、大変この旅行を愉しみにしていたが、私がその頃海外に出て日本にはいないのを残念がっていた。私も同感で、代りに『仮面の道』の日本語版がレヴィ＝ストロースを日本で迎えることになるでしょうと言っておいた。

来日時は丁度、千里の民族学博物館の開館の頃に当り、レヴィ＝ストロースも記念講演

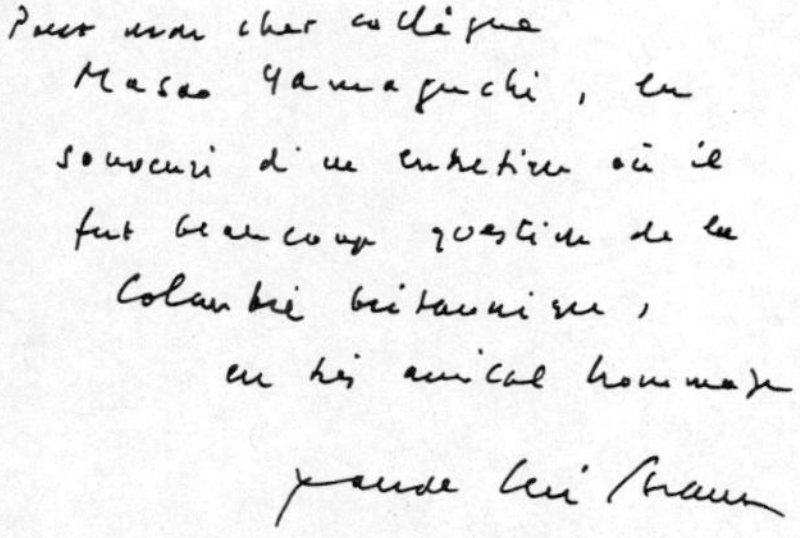
Pour mon cher collègue
Masao Yamaguchi, en
souvenir d'un entretien où il
fut beaucoup question de la
Colombie britannique,
en très amical hommage
Claude Lévi-Strauss

レヴィ＝ストロースが書いてくれた献辞

を行うとのことである。実は私も、本年春からこの博物館の併任メンバーに加わっており、物質文化についてのこうした刺戟的な著書の訳者としてこうしたイヴェントに間接的に参加する奇妙なめぐり合わせを愉しく思っている。

（山口昌男）

＊＊

仮面は、私自身の演劇作業のなかでも重要な関心事の一つであったから、一昨年（一九七五年）、パリに居て、この『仮面の道』が刊行されるや、すぐに買って読んだ。何しろ対象がアメリカ北西岸インディアンの仮面であるだけに、馴染みのない部族名や神話の人物名に悩まされつつも――それはフランス人の通常の読者にとっても同じ苦労の種であるらしいが――読み進むにつれて、始めは全く途方もないと言おうか、異形性を絵に描いたものに過ぎなかったあれらの仮面が、次第に輪郭の鮮明な言葉を語り始めていた。特に、〈サリシュ族〉と〈クワキウトル族〉という対比される二大集団の間で起こる仮面の変形作業のドラマは、確かに原著の裏表紙の解説にもあるとおり、〈神話〉というものを対比的関係構造《パラディグム》における変形過程の総体として読んでいくレヴィ＝ストロースの方法を、〈造型的作品〉に適用したものとして、極めて知的刺戟に富むものであった。

ここで取り上げられているのは〈呪術面〉であるから、演劇の仮面とは一線を画して考えらるべきものであろうし、語られる神話も呪術面である限りの仮面の起源神話である。勿論、〈祭儀〉との関わりを追いつめていけば演劇と境を接する領域に入り込むことになると思われるが、本書におけるレヴィ＝ストロースの〈目〉は、《創造の小径》の企画に忠実に、あくまでも造型的なレベルでの〈問い〉に焦点を合わせている。

言いかえれば、本書においてレヴィ＝ストロースが問題にしているのは、単に仮面がそれを用いる社会の内部で果している宗教的、政治的、経済的な役割や意味だけではなく、一般に造型作品の〈形〉とか〈様式〉とか言うものを理解するときの基本的な〈手続き〉なのである。たとえば、サリシュ族の突起した目玉と舌を吐いているような様式的顎を持つ〈スワイフウェ仮面〉と、それとは造型的に正反対の――つまり鋳型と鋳造品のように対立して照応する――クワキウトル族の窪んだ目、すぼめた口の〈ゾノクワ仮面〉と、同じくクワキウトル族における〈スワイフウェ仮面〉の引き写しである〈クウェクウェ仮面〉の変形関係について発見された命題――

「一つの集団から他の集団へと、造型的な形が保有されるときには、意味上の機能は逆転する。反対に、意味上の機能が保有されるときには、造型的な形の方が逆転する」

この命題が集約的に表現しているように、レヴィ＝ストロースは、〈形〉とそれが担う〈意味内容《メッサージュ》〉とを、対比的関係構造内における変形作業を再構成することによって読み解こうとする。何故なら、「一つの仮面とはそれ自体においては存在」せず、「その傍らに常に存在するものとして、それの代りに選ぶことのできるような、現実の、あるいは可能性としての他の仮面を前提としている」からであり、言いかえれば、「一つの仮面とはまずそれが表わしているものではなく、それが変形するもの、つまり、表わさないことを選んだもの」だからなのである。「神話と同じく、仮面もまた、肯定するのと同じに、否定する」のであり、仮面は、

「それが語り、あるいは語っていると信じているものによってのみ成立しているのではなく、それが排除しているものによっても成立しているのである」（傍点渡辺）

仮面のように、〈意味内容〉を担った〈造型的形態〉が、その〈形〉そのものによって〈謎めいた言葉〉を発し、個人の主観性を人類の共有体験の幻想へと繋ぐという意味では、見る者にそれを読み解けと誘ってやまないような存在を前にして、〈主観性〉の発言を抑えることは難しいかも知れぬ。近代人にとっては〈諸聖人の通功《コミユニオン・デ・サン》〉のドグマの代用をしてもいる〈想像の美術館〉、それが多くの場合、無反省な、あるいは楽天的な形での〈類推〉と〈同一性〉の魔の徴の下に置かれていると考えるならば、レヴィ＝ストロースの手続きはその正反対の道を辿るものだとは言えないだろうか。

少なくともレヴィ＝ストロースは、北西海岸諸部族の造型作品を前にして、この「生きた柱」が「混沌とした言葉を発する」「象徴の森」を、安易に自分の主観性の宇宙と類比的に重ねたりはしない。この〈森〉に引かれた〈創造の小径〉を彼が認識するのは、それ

らの作品の〈差異性〉そのものの認識によってである。仮面や神話についてのその詳細を極めた調査や裏付けは、この〈幻視者〉が如何に慎重に自分の主観性や想像力に轡《くつわ》をかませ、それを統禦しようとしているかを物語っている。しかしそのような実証的な手続きによってこそ、私たちは、仮面が機能し意味を持っていた〈集団〉の了解の地平へと導かれるのであり、そこで始めて仮面を観ることが可能になるのであった。

このような感想を抱いたのも、私自身がフランス人に日本の伝統的芸態の持つ仮面を語る際に感じていた苛立ち、彼我の〈目〉の構造のずれから来る苛立ちの体験があるからかも知れぬ。勿論、演劇の仮面は、呪術面以上に、独立した造型的作品として静止状態で見られるべきものではなく、具体的な個々のパフォーマンスの内部で用いられてその機能も意味も最大限に発揮されるものであってみれば、〈形〉といっても、それを捉える手続きは、呪術面よりも複雑であろう。しかしそれにしても、共有された文化が互いに相異なる二つの集団にそれぞれ属する人間の〈目〉に、同じ形が同じように立ち現われるはずがないとしたら、その仮面自体がその内部に置かれているところの対比的関係構造と、その仮面がはらみ、背後に持っている文化的意味のそれとの関係で、仮面の形も語られる必要があるだろう。

そのためには、差し当りは、フランス人の文化人類学者レヴィ＝ストロースの目にアメリカ北西海岸諸部族の仮面が映じたあの幻惑的〈異形性〉に見合った何物かを、たとえば能面について、自分自身のなかに保たねばならないのかも知れぬ。余りにも馴れ親しんだ〈形〉とそれを見る〈目〉とを共に異化する〈距離〉と〈仕掛け〉、それを取り返すことだと言ってもよい。そのための〈外部の視座〉ということでなら、本書に分析されているいくつかの仮面を出発点として、〈類推の魔〉による探索を企てることも、あながち否定すべきことではなかろう。たとえば、レヴィ＝ストロース自身が指摘するスワイフウェ仮面と古代中国の竜とにおける〈突出した目玉〉と〈垂れた舌〉の共通点は、単にバリ島の鬼女ランダにおいてのみならず、日本の蛇体である般若の面にも窺えようし、また、面が割れて〈銅〉という〈本性〉を顕わすゾノクワの鬼女と、文楽で言う〈がぶ〉の頭《かしら》――娘の目が反転して金泥の目玉となり、口が裂けて牙をむき、鬼女の相になる――とは、共に同一の〈仕掛け〉に酷似した意味論的価値が託されている。

確かに『仮面の道』に描かれ分析されている北西海岸部族の仮面や神話には、私たちにとって馴染みの薄いこの文化を理解するためのとっかかりとなるようないくつかの類似点があって、レヴィ＝ストロースの言説そのものの内部で言えば、その好例が〈地震を起し、富の分配の不均衡を匡す鯰〉の神話であった。しかし、私達の想像力を刺戟するこれらの細部以上に重要なのは、やはりレヴィ＝ストロースの〈仮面読解〉の手続きが、〈形〉を見る私たちの姿勢そのものに要求している変更ではなかろうか。

プルーストが作家の〈文体《スタイル》〉について語った言葉をもじって、造型的な〈様式《スタイル》〉もまた、〈世界像〉の問題であり、世界の〈立ち現われ方〉における質的差異の啓示だとするならば、アメリカ北西海岸諸部族の〈仮面〉の〈様式〉についてレヴィ＝ストロースが企てた構造分析は、それ自体ですでに、私たちの視像を変更させるという作用を持っている。仮面を通じて一つの世界を〈テクスト〉として読むための〈読解格子〉の探求とそれを支える〈関係構造〉の構築の手続き、それがここではプルーストの言う〈文体〉に匹敵する働きをしており、そのような手続きを語る言説を通じて、私たちの一つの未知の世界が立ち現われてくる。しかも、レヴィ＝ストロースと共にこの〈創造の小径〉を歩んだ私たちは、今、森の出口にあって、あれらの仮面たちの異形性の輝きに何かしら親しみの地肌のようなものさえ付け加わっているのに気付くのである。

そこに、この構造人類学者に固有の〈創造の美術館学〉の秘密が隠されていたのかも知れない。

（渡辺守章）

（なお、本書の翻訳に際しては、第一章は山口と渡辺が共同で行い、第二章より第五章までは山口が、第六章以下は渡辺が、責任をもって分担し、必要に応じて訳語等の統一をはかった。

原書で大文字で表記されている神話的人物名、ならびに特殊な事項には〈　〉を付し、引用は「　」で、補足は〔　〕で示した。原書のイタリックは、書名、学名を除いて傍点で示したが、その他にも訳文の読解を助けるために傍点を付した場合がある）。

山口昌男・渡辺守章

ちくま学芸文庫版『仮面の道』のための後書き

クロード・レヴィ＝ストロースの『仮面の道』は、先ず一九七五年に、スイスのスキラ社から、『創造の小径』シリーズの一点として刊行された。原典は二冊本であるが、一九七七年に新潮社から邦訳が刊行された時には、体裁はスキラ版を守りつつも一冊本として、山口昌男と渡辺守章が翻訳した。二十世紀における文化人類学の巨人であり、その言説は、文化人類学という個別研究領域を遥かに超えていたレヴィ＝ストロース。一九六〇年代の《知》の変革を担った「構造主義」の《四天王》の一人として、文学批評のロラン・バルト、精神分析学のジャック・ラカン、そして哲学者のミシェル・フーコーと並び称されたことは、その時代を生きた者にとっては忘れ難い。思えば、既に四十年前のことであり、例外的な長寿を保たれたとはいえ、原著者は言うまでもないが、日本における知の変容に大きく貢献した翻訳者の一人、山口昌男も既にない。

一九七七年に初版を翻訳した時は、この偉大な文化人類学者が、初めて来日されるという機会に合わせた計画が、出版社のほうにはあったのだが、その「後書き」にも書いてあるように、前半・後半に分けて二人で分けて行った翻訳の作業は、決して容易なものではなかった。しかし、その初来日にさいして、いくつかの局面で、直接お付き合いをするようになったこの文化人類学の巨人から、『仮面の道』の増補版が出たので、という「献辞」付きの書物を頂いた時には、いつかはやはり「初版」を改訂しつつ、この増補版を出さねばなるまいという思いに駆られたことを、今でも思い出す。

初来日以降、主としてパリで、個人的にお付き合いをするようになって、その思いは一層強くなったのだが、山口昌男も私も、それぞれがそれぞれの領域で多忙になったこともあって、共訳者の一人山口昌男が亡くなるまでには、企画は立ち上がらなかった。私個人としては、レヴィ＝ストロース先生の百歳の誕生日に、パリのショームの薔薇をお送りして、御懇篤な自筆のお礼状を頂いたり、亡くなる直前にも、かつて「書簡」の形で頂いていた「芸能分析」についてのメモ書きを、自分の論文集に入れる御許可をお願いして、文字通り絶筆になるであろう「自筆の」お返事を頂いて恐縮するというような、お付き合いが続いたから、『仮面の道』の増補版の翻訳・刊行は、ずっと気になっていたことだった。

ただ、四十年という歳月は、単純に「翻訳」のレベルでも、すでに「過去」の帳《とばり》に覆われ始めているし、フィールド研究的な加筆部分の言説の翻訳は、正直なところ、私の手には負えないと思っていた。

幸い、かつて東京大学教養学部教養学科で教えた、優れた文化人類学者であり、翻訳家としても一家をなしている渡辺公三氏が、「改訂版」部分を訳してくれることになって、『仮面の道』（改訂版）の翻訳が完成することになったのである。

初版の翻訳について一言書いておくならば、共訳者であった山口昌男が、いかに優れた文化人類学者であり、あるいはそれ以上に「文化の分析学」に優れた才能があったとはいえ、「翻訳」という作業を本業としていたわけではない。私としては、これはこちらの職掌柄、翻訳をなおざりには出来ない。初めに書いた「四十年」の歳月は、訳者の側における知見の変化をも引き起こしているし、特に「翻訳」の作業における現場的な標準が、大いに変わってきてもいる。従って、七七年版を、一種の「記念碑」としてそのまま残すのか、それとも四十年後の日本語文献として読むにたえるものにするのかは、大きな問題であった。わたし自身も、八十代となった時点で、まだしなければならない仕事はある。しかし、個人的にも負うところの多いレヴィ＝ストロース先生の書物を、七〇年代の翻訳のままで再版することは、先生に対して申し訳ないだけではなく、自分としても気が済まない。その際、一応私の分担であったところのみを改訳して、山口訳をそのままにしておくのも、共訳者としては、妙な言い方だが、忍びがたい。そこで、未亡人の御了解も得て、この際「旧版」の部分は、全面的に改訳した。それが原著者にも共訳者にも、その最良の部分を活かす方策だと考えたからである。

最後になるが、本書第二部の翻訳をしてくださった渡辺公三氏が、昨年十二月に急逝されるという痛ましい事件で稿了が終った。氏は、先に書いたように、「東大駒場」での御縁から、立命館大学副学長職という超多忙な職にあられたのに、快く「第二部」の翻訳という手のかかる仕事を引き受けて下さった。その過労が、死を早めたのではないかと思うと、居たたまれぬ思いである。

いずれにせよ、レヴィ＝ストロース先生の名著の一つに数えられるべき本書が、四十年という時間的な遅れにもかかわらず——と言うか、ほとんど、そのお蔭で——今、「ちくま学芸文庫」の一冊として、日本の読者のものとなったことは、「知の変革」に、あれほどの貢献をされ、しかも日本の文化を愛してやまなかった「偉大な師」への、慎ましやかではあるが誠実な恩返しだと考えている。

この書物の再版〈プロン版〉が出るや、すぐに送って下さった際の、先生の自筆の献辞をここに引いて、渡辺公三氏への追悼の言葉と読みかえたい。

「このテクストのために苦労された渡辺守章氏に、その再版をお送りしますが、その御苦心にまたご苦心を増やそうというつもりではさらさらなく、深い友情に満ちた献辞として。
クロード・レヴィ＝ストロース」

二〇一八年六月

渡辺守章

本書は、一九七九年刊行のプロン社版にもとづき、「第1部」は一九七七年八月に新潮社から刊行された『仮面の道』を改訂修正し、「第2部」はちくま学芸文庫のために訳しおろしたものである。

フーコー・コレクション3 言説・表象
ミシェル・フーコー
小林康夫／石田英敬／松浦寿輝編

ディスクール分析を通しフーコー思想の重要概念も精緻化されていく。『言葉と物』から『知の考古学』へ研ぎ澄まされる方法論。（松浦寿輝）

フーコー・コレクション4 権力・監禁
ミシェル・フーコー
小林康夫／石田英敬／松浦寿輝編

政治への参加とともに、フーコーの主題として「権力」の問題が急浮上する。規律社会に張り巡らされた巧妙なるメカニズムを解明する。（松浦寿輝）

フーコー・コレクション5 性・真理
ミシェル・フーコー
小林康夫／石田英敬／松浦寿輝編

どのようにして、人間の真理が〈性〉にあるとされてきたのか。欲望的主体の系譜を遡り、「自己の技法」の主題へと繋がる論考群。（石田英敬）

フーコー・コレクション6 生政治・統治
ミシェル・フーコー
小林康夫／石田英敬／松浦寿輝編

西洋近代の政治機構を、領土・人口・治安など、権力論から再定義する。近年明らかにされてきたフーコー最晩年の問題群を読む。（石田英敬）

フーコー・ガイドブック
ミシェル・フーコー
小林康夫／石田英敬／松浦寿輝編

20世紀の知の巨人フーコーは何を考えたのか。主要著作の内容紹介・本人による講義要旨・詳細な年譜で、その思考の全貌を一冊に完全集約！

間主観性の現象学 その方法
エトムント・フッサール
浜渦辰二／山口一郎監訳

主観や客観、観念論や唯物論を超えて「現象」そのものを解明したフッサール現象学の中心課題。現代哲学の大きな潮流「他者」論の成立を促す。本邦初訳。

間主観性の現象学Ⅱ その展開
エトムント・フッサール
浜渦辰二／山口一郎監訳

フッサール現象学のメインテーマ第Ⅱ巻。自他の身体の構成から人格的生の精神共同体までを分析し、真の関係性を喪失した孤立する実存の限界を克服。

間主観性の現象学Ⅲ その行方
エトムント・フッサール
浜渦辰二／山口一郎監訳

間主観性をめぐる方法、展開をへて、その究極の目的（行方）が、真の人間性の実現に向けた普遍的目的論として呈示される。壮大な構想の完結篇。

内的時間意識の現象学
エトムント・フッサール
谷徹訳

時間は意識のなかでどのように構成されるのか。哲学・思想・科学に大きな影響を及ぼしている名著の新訳。詳密な訳注を付し、初学者の理解を助ける。

ちくま学芸文庫

仮面《かめん》の道《みち》

二〇一八年十二月十日　第一刷発行

著　者　クロード・レヴィ＝ストロース
訳　者　山口昌男（やまぐち・まさお）
　　　　渡辺守章（わたなべ・もりあき）
　　　　渡辺公三（わたなべ・こうぞう）
発行者　喜入冬子
発行所　株式会社　筑摩書房
東京都台東区蔵前二―五―三　〒一一一―八七五五
電話番号　〇三―五六八七―二六〇一（代表）
装幀者　安野光雅
印刷所　株式会社加藤文明社
製本所　株式会社積信堂

ISBN978-4-480-09647-0 C0139